Begegnungen 7

Geschichte Sozialkunde Erdkunde

Ausgabe B

Herausgegeben von
Ambros Brucker und Karl Filser

Autoren
Ambros Brucker, Karl Filser,
Andreas Mack, Heidrun Stiehler,
Reinhard Wanka

EIGENTUM der
Volksschule Hackelberg

Inhaltsverzeichnis

Die Europäer kommen! 4
„Wir Indianer waren vor Kolumbus da" 6
So lebten die Inkas 8
Erreicht man den Osten, wenn man nach Westen segelt? 10
Amerika, eine Beute der Europäer 12
„Sind dies nicht Menschen?" 14
Das dramatische Ereignis in Cajamarca aus unterschiedlichen Perspektiven 16
  Warum wollten sie nach Amerika? 18
Die „Neue Welt" in den Vorstellungen der Europäer 20
Wir lesen alte Karten 22
  Wir lesen alte und neue Karten 23
Peru – ein Land mit Gegensätzen 24
  Peru: Von der Selbstversorgung zum Marktanbau 27
  Von den Feldern der Indios 28

Das Klima der Erde 30
  Klima – Warum ist es nicht überall gleich? 32
  Wir zeichnen ein Klimadiagramm 33
  Wir erklären ein Klimadiagramm 34
Klima- und Pflanzengürtel umspannen die Erde 36
  Kältefrei ab minus 55 Grad! 38
Das Klima der Erde verändert sich 40
Wir verändern unser Klima! 42
Ozonloch und Ozonsmog: die doppelte Gefahr 44
  Die Bedeutung der Weltmeere für unser Klima 46
Mach mit beim Klimaschutz! 48
Gebt den Flüssen mehr Raum! 50
  Klima – ein Thema der Politik 52
  Unser Klima – Wer kennt sich aus? 54

Die Gemeinde – Basis der Demokratie 56
  Eine Stadt mit Geschichte 58
Merkmale einer Gemeinde 60
Gemeinden haben viele Aufgaben 62
  Gemeinden bekommen Aufgaben übertragen 64
Wer soll das bezahlen? 66
Gemeinden arbeiten zusammen 68
  Welche Aufgaben haben die Landkreise? 70
Der Gemeinderat entscheidet 72
Das Baugebiet – ein gemeindliches Projekt 74
Die Wahl zum Gemeinderat 76
Die Wahl des Bürgermeisters 78
Bürger können mitentscheiden 80
Jugendliche, die sich engagieren 82
  Ehrenamt – wofür? 83
  Wir planen eine Ortsbegehung 84
  Pro und Kontra: Wir diskutieren 85
  Gemeinderallye 86

Christen contra Christen 88
Die Kirche war reformbedürftig 90
Wer war Martin Luther? 92
Martin Luther gewinnt Anhänger 94
Die Spaltung der Kirche in Konfessionen 96
  Konfessionalisierung in Bayern 97
Konfessionelle Spannungen überall in Europa 98
Der Dreißigjährige Krieg (1618–1648) 100
Alltag im Dreißigjährigen Krieg 102
  Wir lesen ein Flugblatt aus dem Dreißigjährigen Krieg 104
Endlich Frieden! 106
  „Peace Wall" für den Frieden? 108
  Ein Mönch macht Geschichte 109

Leben unter „Sonnenkönigen" 110
Herrschaft als Schauspiel 112
Der „Sonnenkönig" von Frankreich 114
Ludwig XIV.: „Der Staat bin ich!" 116
- Ludwig XIV.: „Der Staat bin ich" 117
- Der bayerische „Sonnenkönig" 118

An der Spitze der Gesellschaft: die Adeligen 120
... und so lebten die Untertanen 122
- Wir werten Schaubilder aus 125

Was heißt Barockzeit? 126
- Wir besuchen eine Barockkirche 128
- Wer sucht, der findet – ein Silbenrätsel zur Barockzeit 130
- Was geschah, was bleibt? 131

Die Französische Revolution 132
Ein stürmischer Tag in Caligny 134
- Wir werten Karikaturen aus 136
- Warum bricht eine Revolution aus? 138

Warum bricht eine Revolution aus? 139
„Es ist eine Revolution" 140
Die Revolution gewinnt an Fahrt 142
Menschenrechte – Bürgerrechte 144
- Menschenrechte – Bürgerrechte auch für Frauen! 146
- Ich, Napoleon Bonaparte 148
- Napoleon, Herr über Europa 150
- Bayern – am Anfang war Napoleon 152

Der König, ein Revolutionär? 154
- Was geschah, was bleibt? 156
- Die Menschenrechte 157

Jugend und Recht 158
Harry Rübezahl auf dem „Rechtsweg" 160
Das Recht begegnet uns überall 162
Aus Gesetzen ergeben sich Pflichten und Rechte 164
Mit dem Gesetz im Konflikt 166
Vor dem Jugendgericht 168
Sicherung von Frieden und Freiheit 170
- Gleiches Recht für alle 172
- Grundlagen für das menschliche Zusammenleben 173
- Wir arbeiten mit Gesetzestexten 174
- Wir besuchen eine Gerichtsverhandlung 176

Deutschland 178
Deutschland – vom Tiefland bis zum Hochgebirge 180
Die Bundesrepublik Deutschland 182
- Deutschland – ein Industriestaat 184

Das Ruhrgebiet früher: Kohlenpott und Eisenschmiede Deutschlands 186
- Krise und Wandel des Ruhrgebietes 188

Das Ruhrgebiet heute – vielseitiger Wirtschaftsraum 190
- Deutschland und die Weltwirtschaft 192

Berlin – Hauptstadt und Dienstleistungszentrum 193
Hauptstadt Berlin 194
- Landwirtschaft – Produktion wie in der Industrie? 196

Was macht ein Industrieland aus? 198
- Kennst du dich in Deutschland aus? 200

Naturkräfte bedrohen den Menschen 202
Ein Vulkan bricht aus 204
Erdbeben erschüttern die „feste" Erdkruste 206
Stürme fegen über das Land 208
Lawinen – die weiße Gefahr in den Bergen 210
Flüsse treten über ihre Ufer 212
Der Mensch setzt sich mit den Naturgewalten auseinander 214
- Wir gestalten eine aktuelle Karte der Naturkatastrophen 216
- Was weißt du über Naturkatastrophen? 218

Stichwortverzeichnis 220

- Kennzeichnung eines Kapitels
- Methodenseiten
- Wiederholen, Üben, Vertiefen ...
- Seiten für M-Klassen
- Materialien, Texte für M-Klassen
- Erläuterung
- Kurze Zusammenfassung innerhalb des Kapitels

Der 12. Oktober 1492 ist ein Tag von großer Bedeutung für die Welt: Christoph Kolumbus landet auf seinem Weg nach Indien an der Küste eines bisher unbekannten Kontinentes. Freundlich begrüßen Einwohner des Landes die fremden Gäste.
Schon bald aber erleben sie, dass diese sich überhaupt nicht wie Gäste benehmen.

Selbstherrlich nimmt Kolumbus das Land für Spanien in Besitz. Dem Entdecker folgen in den Jahrzehnten und Jahrhunderten danach Millionen Europäer, die die Neue Welt in Besitz nehmen.
Die beiden Bilder erzählen das Ereignis von 1492 zu unterschiedlichen Zeitpunkten und aus verschiedenen Perspektiven (Blickwinkeln). Welche Fragen werfen sie auf?

1492: Christoph Kolumbus trifft auf Bewohner der Neuen Welt.
Geschichtsbild des niederländischen Künstlers Theodor de Bry, hergestellt 100 Jahre nach dem Ereignis

2 000 vor Chr.

1 500 vor Chr.

1 000 vor Chr.

500 vor Chr.

Christi

Die Europäer kommen!

So sieht ein Karikaturist das Ereignis 500 Jahre später.

 500 nach Chr.

 1 000 nach Chr.

 1 500 nach Chr.

2 000 nach Chr.

Die Europäer kommen!

„Wir Indianer waren vor Kolumbus da"

Als die Spanier nach Amerika kamen, stießen sie auf Menschen, die teilweise Hochkulturen entwickelt hatten, zum Beispiel auf die Inkas.

Großreich der Inkas ▶ „Inka" („Mann von königlichem Blut") war der Titel für den König und für die mit ihm verwandten Adeligen der Oberschicht. Heute werden alle Bewohner des Inkareiches als „Inkas" bezeichnet.

Die Heimat der Inkas war Cuzco, eine Stadt, die 4000 Meter über dem Meeresspiegel in den Anden liegt. Von hier aus errichteten die Inka-Herrscher in der Zeit zwischen 1400 und 1500 ein riesiges Reich, das sich über 4000 Kilometer entlang der Westküste Südamerikas erstreckte und 12 Millionen Einwohner hatte.

Das Inkareich war ein „Vielvölkerstaat" mit etwa 500 Stämmen und Völkern. Sie hatten sich freiwillig der Inkaherrschaft unterworfen oder waren mit Waffengewalt dazu gezwungen worden. Die Inkas übernahmen vieles von den unterworfenen Völkern, zum Beispiel Architektur, Keramik und Kunst.

M 1 Geschichtskarte: Die Ausdehnung der Hochkulturen der Azteken, der Maya und der Inkas in Mittel- und Südamerika vor der Ankunft der Spanier.

Inka-Herrschaft ▶ Der Inka betrachtete sich als Sohn des Sonnengottes Inti. Aus dieser göttlichen Abstammung leitete er das Recht ab, ohne Einschränkungen (absolut) über seine Untertanen zu herrschen. Ihm gehörten das Land und die Leute. Die adelige Oberschicht sorgte dafür, dass überall Ordnung herrschte und die angeordneten Arbeiten verrichtet wurden. Das Inkareich gilt als der Staat, der so gut wie kein anderer in Amerika vor der Ankunft der Europäer organisiert war.

Geschichtskarten ▶ Karten, die geschichtliche Sachverhalte, zum Beispiel die Ausdehnung früher existierender Staaten, wiedergeben.

Hochkultur ▶ Kultur mit staatlicher Ordnung, gegliederter Gesellschaft, Religion, spezialisierten Handwerkern und Künstlern sowie einer hoch entwickelten Landwirtschaft.

M 2

„Schweiß der Sonne" ▶ Im Inkareich gab es viel Gold. Die Untertanen wuschen es aus den Flüssen oder bauten es in Bergwerken ab. Jedes Gramm Gold wurde registriert, da es dem Inka gehörte. In Cuzco wurde das Edelmetall zu wertvollen Gegenständen verarbeitet. „Schweiß der Sonne" wurde es genannt, da das Gold als Symbol für den Sonnengott betrachtet wurde. Von den goldenen Kunstwerken (M 2) ist nur noch wenig erhalten geblieben, weil die Eroberer das erbeutete Gold sofort eingeschmolzen und abtransportiert haben.

M 3 Die Inkastadt Machu Picchu liegt 2500 Meter hoch in den Bergen (Anden). Um 1450 vor Christus wurde sie erbaut. Die 260 Gebäude der Stadt drängen sich auf der Fläche eines Fußballfeldes zusammen. Links und rechts stürzen die Abhänge steil hinunter. Nur ein schmaler Pfad führte zur Stadt hinauf. 15 000 Menschen sollen hier gelebt haben. Man weiß nicht, warum diese Stadt hier erbaut wurde. Ihre Ruinen wurden erst 1911 wiederentdeckt. Die Eroberer hatten sie nie gesehen.

M 5 „ ... dass niemand müßig gehe"
Aus einem Bericht des 1551 in Peru geborenen Blas Valera:
▶ Das Gemeindegesetz befahl allen, mit Ausnahme der Greise, jungen Burschen und Gebrechlichen, für das Gemeindewohl zu arbeiten, Tempel sowie Paläste für die Herrscher und die Vornehmen zu erbauen, Wege zu verbessern. [...]
Verbrüderungsgesetz nannten sie ein weiteres, welches anordnete, dass alle Nachbarn eines Dorfes einander beim Ackern, beim Säen, bei der Ernte, beim Hausbau helfen mussten. [...]
Ihrem Armengesetz zufolge mussten Blinde, Lahme, Aussätzige, Greise, Gebrechliche und andere Unglückliche, welche weder Felder bebauen noch durch ihrer Hände Arbeit Nahrung und Kleidung sich verdienen konnten, aus öffentlichen Vorratshäusern ernährt und gekleidet werden. Ein anderes Gesetz befahl, aus denselben Speichern Fremde, Pilger und Reisende unentgeltlich zu speisen und in den staatlichen Herbergen zu bewirten. [...]
Die Alten und Kranken waren zwei- bis dreimal im Monat zu öffentlichen Gastmahlen einzuladen, damit sie bei der allgemeinen Belustigung ihr Elend vergessen sollten.
Das so genannte Hausgesetz verordnete, dass niemand müßig gehe. Schon fünfjährige Kinder mussten je nach Alter angemessene Tätigkeiten verrichten.

M 4 Griff eines Opfermessers aus Gold, aus dem Grab eines reichen Würdenträgers in Nordperu (um 1000). Die dargestellte Person trägt reichen Kopfschmuck und „Ohrpflöcke". So nennt man die meist aus Gold bestehenden Scheiben, die in den durchstochenen Ohren getragen wurden.

A 1 Über die Azteken und die Maya gibt es viel Interessantes nachzulesen: Verkehr, Architektur, Goldschmiedekunst, Keramik ... Wähle ein Thema aus und stelle es in der Klasse vor.

A 2 Beschreibe das Inkareich auf der Karte M 1, verwende dazu den Text „Großreich der Inkas".

A 3 Der Inka war ein absoluter Herrscher. Erkläre.

A 4 Die Inkas mussten für die Allgemeinheit arbeiten. Sie konnten aber auch damit rechnen, dass ihnen geholfen wurde, wenn sie es nicht mehr konnten (M 5). Berichte.

A 5 Was sagt der in M 4 dargestellte Gegenstand über seinen Hersteller aus?

A 6 Unter dem Stichwort „Machu Picchu" findest du noch mehr Informationen zu dieser geheimnisvollen Inkastadt.

Die Europäer kommen!

So lebten die Inkas

Der junge Mann in spanischen Hosen bin ich, Guamán Poma de Ayala. Mein Name ist halb indianisch und halb spanisch – so wie ich selbst. Meine Mutter war eine Inka, mein Vater ein Spanier. Er war es, der mir sagte, ich solle mit möglichst vielen Leuten reden, um zu erfahren, wie die Inkas früher gelebt haben, und was geschah, als die Spanier kamen. Ein dickes Buch mit vielen Bildern habe ich verfasst.

M 1 Die Bauern ▶ Man sieht eine Bauernfamilie bei der Kartoffelernte. Alles Land gehörte dem Inka, für den die Bauern arbeiten mussten. Für die Versorgung ihrer Familien wurde ihnen ein Stück Land, eine Hütte und ein Lamapaar überlassen. Zum Ausruhen gab es drei Feiertage im Monat. An den Markttagen mussten die Bauern in die Stadt kommen, um die Befehle des Inkas entgegenzunehmen.

M 2 „Auserwählte Frauen" ▶ Jedes Jahr wurden die schönsten Inkamädchen für eine besondere Schule ausgesucht. Hier lernten sie alles über die Sonnenreligion und wie man wertvolle Stoffe für die Kleider der Herrscherfamilie herstellte. Auf meinem Bild lernen die Mädchen unter den Blicken der strengen Mamacona Spinnen. Die Mädchen wurden später Priesterinnen oder Frauen von Würdenträgern.

M 3 Der Hohepriester ▶ Im Festgewand tritt er auf das Lama zu um dem Sonnengott, dem Schöpfer allen Lebens, zu opfern. Er wird von Priesterinnen und Adeligen begleitet. Man sagte mir, dass es im Inkareich mehr Priesterinnen und Priester gegeben habe als Soldaten. Fast nichts wurde unternommen, ohne die Geister zu beschwören und den Göttern zu opfern. Der Sonne sollen sogar Kinder geopfert worden sein.

A 1 Aus den Texten und Bildern der Seiten 8 und 9 kannst du einiges über die gesellschaftlichen Schichten im Inkareich erfahren. Erstelle kurze Texte über die Aufgaben der einzelnen Schichten.

M 4 Quipu-Leser ▶ Der Inka ließ über alles Buch führen – mit Schnüren, in die Hunderte von Knoten geknüpft sein konnten (Quipu). Mit den Knoten wurden Zahlen ausgedrückt, sie waren aber auch Gedächtnisstützen für Gesetze und Meldungen. Das Knoten und Lesen der Schnüre wurde neben Religion, Sprache, Geschichte und anderen Fächern auf den Schulen gelernt, die von den Söhnen der Großohren besucht wurden.

A 2 Berichte, was aus den Bildern und Texten über die Stellung der Frauen im Inkareich zu erfahren ist.

A 3 Berichte, wie sich der Inka mit seinen Beamten in weit entfernten Gebieten des Reiches verständigen konnte.

M 5 Die „Großohren" ▶ Da steht ein Großohr. Ihm ist eine Brücke anvertraut. Sobald der Inka sprach: „Hier werde eine Straße!", prüften die Straßenbauer das Gelände und jedes Dorf musste ein Teilstück bauen. Die Großohren, das waren Adelige mit besonders großen Goldscheiben in den Ohren, kontrollierten alles. Nur Adelige konnten leitende Beamte, Priester und Heerführer werden.

M 6 Der Inka und die Königin ▶ In goldener Sänfte zieht der Inka durch das Land. Die Coya reist mit ihm, die Königin. Ein Laubdach spendet Schatten. Sänftenträger, die niemals einen anderen tragen als den Inka, ziehen geschwind und lautlos ihren Weg. Es sind ausgesuchte Männer aus dem Stamm der Rucana, der die Sänftenträger stellt. Sie brauchten keine Steuern zu entrichten.

Kurz und klar

▶ Bevor Kolumbus in Amerika landete, lebten dort zahllose einheimische Völker. Zu den bekanntesten gehören die Azteken, die Maya und die Inkas.

▶ Der Inkastaat war auf das Beste organisiert. Der absolute Herrscher regierte mithilfe einer adeligen Oberschicht und ließ Bauern, Handwerker und Künstler für sich und die Allgemeinheit arbeiten. Der Staat sorgte aber auch für die Armen und Kranken.

Die Europäer kommen!

Erreicht man den Osten, wenn man nach Westen segelt?

Kolumbus fasst einen Plan ▶ Um 1450 war allen gebildeten Europäern klar: Da die Erde eine Kugel ist, muss man mit dem Schiff in den Westen segeln, um nach Indien zu gelangen. Christoph Kolumbus war der erste Europäer, der sich entschloss diese Annahme zu überprüfen. Den König von Portugal versuchte er vergebens für sein Vorhaben zu gewinnen.

Nach jahrelangem Zögern war schließlich das spanische Königspaar Ferdinand und Isabella bereit Kolumbus zu unterstützen. Es erwartete, dass er nicht nur den Handel mit Asien beleben, sondern auch neue Länder für Spanien in Besitz nehmen werde. Zur Finanzierung seines Unternehmens hatte Kolumbus eine große Summe Geld geliehen. Dafür sicherte er sich zehn Prozent vom Gewinn, den er in den entdeckten Ländern zu erzielen hoffte.

Kolumbus geht ein Risiko ein ▶ Zur Zeit des Kolumbus hatte man keine genaue Vorstellung von der Größe der Erde. Niemand konnte deshalb sagen, ob die Überquerung des Atlantik Wochen oder gar Monate dauern würde. Auch gab es keine genauen Karten über die Lage des asiatischen Kontinents. Kolumbus kannte diese Unsicherheiten. Trotzdem war er nach seinen Berechnungen davon überzeugt, dass Spanien und Indien nicht sehr weit auseinander liegen.
Am 3. August 1492 brach er mit drei Schiffen auf, der Niña, der Pinta und der Santa Maria. Nach einem Zwischenstopp auf den Kanarischen Inseln begann am 6. September die Reise ins Ungewisse, über die er selbst Buch führte (M 3).

M 1 Christoph Kolumbus (1451 – 1506), als Sohn eines Tuchmachers in Genua (Italien) geboren, wurde Seemann und Hobbygeograph, ließ sich in Portugal, dann in Spanien nieder. (Kein wirkliches Porträt, sondern nach der Beschreibung seines Sohnes im 16. Jahrhundert gemalt)

A 1 Welches Risiko ging Kolumbus ein, als er seine Entdeckungsfahrt begann?

A 2 Erläutere die beiden Tagebucheinträge vom 9. und 29. September 1492. Beachte dabei auch M 2 und M 5.

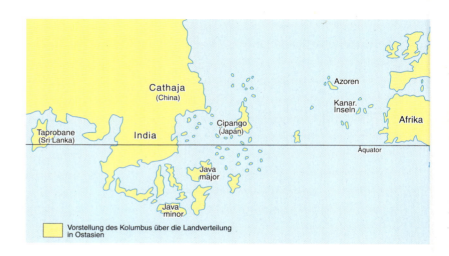

M 2 Die Welt zwischen Europa und Asien, wie sie sich Kolumbus vorgestellt hat. Er errechnete 4400 km bis Cipango, in Wirklichkeit wären es 18 000 km gewesen.

M 3 Meine Reise nach Indien
Aus dem Bordtagebuch des Christoph Columbus

Sonntag, den 9. September 1492 ▶ Gestern und in der vergangenen Nacht legten wir nur 36 Meilen zurück. Heute waren es 60. Ich trug weniger ein, damit die Mannschaft nicht allzu sehr den Mut verliert, falls die Fahrt länger als angenommen dauern sollte. Ich sehe nur schreckensblasse Gesichter und angstgeweitete Augen. Alle sind verzweifelt und glauben, dass sie ihre Heimat, ihre Frauen und Kinder nie wiedersehen werden.

Samstag, den 29. September ▶ Sanchez bat mich heute händeringend, den Befehl zur Rückkehr zu geben. Die aufständischen Matrosen würden uns alle ins Meer werfen, meinte er.

Freitag, den 12. Oktober, drei Uhr früh ▶ Um zwei Uhr ertönte auf der Pinta ein Kanonenschuss. Ein Matrose, Rodrigo de Trianan, sah das Land als erster. Es liegt ganz nahe vor uns. Was werden wir zu sehen bekommen? Marmorbrücken? Tempel mit goldenen Dächern? Gewürzfelder? Menschen, die uns gleichen, oder irgendein fremdartiges Geschlecht von Riesen?

Freitag, den 12. Oktober, morgens ▶ Am Strand erblickten wir Eingeborene, nackt, wie Gott sie geschaffen hat. Ich stieg, begleitet von den Kapitänen der anderen Schiffe, den beiden königlichen Beamten und zehn bewaffneten Matrosen, in ein Boot. Während wir uns dem Land näherten, strömten immer mehr Bewohner aus den Wäldern herbei und ich konnte von ihren Mienen nur Erstaunen und keine feindseligen Gefühle ablesen. Nach Häusern, nach Tempeln, nach Zeichen des Reichtums hielt ich vergeblich Ausschau.
Ich kniete nieder und dankte Gott, indem ich die Erde küsste. Dann entfaltete ich das königliche Banner und ergriff im Namen des Königs und der Königin von Spanien von der Insel Besitz.

Sonntag, den 20. Januar 1493 ▶ Ich werde aus den Indianern gute Christen machen. Fast alle beten nun schon das Vaterunser und das Ave Maria.

M 4 „Santa Maria", ein robustes Segelschiff (30 Meter lang, 40 Mann Besatzung), mit dem Kolumbus den Atlantik befuhr.

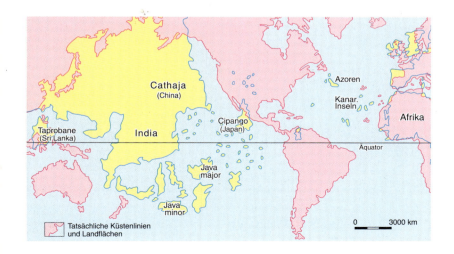

A 3 Berichte, was Kolumbus auf dem entdeckten Land erwartete und was er tatsächlich vorfand.

A 4 Betrachte noch einmal das Bild auf Seite 4. Entwirf kurze Gespräche, die die Spanier und die Indianer untereinander geführt haben könnten. Warum wird ein Kreuz errichtet?

M 5 Rot: Die Welt zwischen Europa und Asien, wie sie der Wirklichkeit entspricht. Gelb: Die Vorstellungen des Kolumbus. Er nahm an, dass der Erdumfang 28 000 Kilometer beträgt. In Wirklichkeit sind es 40 075 Kilometer.

Die Europäer kommen!

Amerika, eine Beute der Europäer

Kolumbus kehrte im Frühjahr 1493 nach Spanien zurück. In den folgenden Jahren fuhr er noch dreimal nach „Westindien". Bis zu seinem Tod im Jahre 1507 war er der festen Überzeugung Asien und nicht einen neuen Kontinent betreten zu haben.

Dem Entdecker Kolumbus folgten spanische Eroberer, Siedler und Missionare, die große Teile Süd- und Mittelamerikas in Besitz nahmen. Nach den Spaniern kamen andere Völker Europas und teilten den Rest Amerikas unter sich auf.

Spanier und Portugiesen ▶ Als der spanische Eroberer Hernando Cortez 1519 in das Reich der Azteken eindrang, wurde er in der Hauptstadt Tenochtitlan freundlich empfangen. Die Spanier aber plünderten den Staatsschatz, verhöhnten die Götterbilder der Azteken und ihre religiösen Bräuche. Als sich die Azteken zur Wehr setzten, mussten sich die Spanier zurückziehen. 1521 kamen sie wieder und zerstörten die Stadt. Cortez gründete auf ihren Ruinen die Hauptstadt der Kolonie „Neuspanien": Mexico City (Stadt der Azteken, die sich selbst „Mexika" nannten).

Gerüchte über ein sagenhaftes Goldland (Eldorado) zogen viele Abenteurer in den Norden und Westen Südamerikas. Zu ihnen gehörte der Spanier Francisco Pizarro, der zwischen 1531 und 1533 das Inkareich eroberte. In Cajamarca ließ er den Inka Atahualpa gefangen nehmen und später töten.

Der portugiesische Seefahrer Vasco da Gama entdeckte 1498 den Seeweg nach (Ost-)Indien, indem er um Afrika herum segelte. Nach der Entdeckung Südamerikas im Jahre 1500 richtete sich das Interesse Portugals aber auf dieses Land. Zunächst wurden die Küstenregionen, später das Hinterland, erschlossen. Sao Paulo (Brasilien) wurde 1532 und Buenos Aires (Argentinien) 1536 gegründet.

Kolonie ▶ Im Lateinischen bedeutet colonia „Ansiedlung" oder „Niederlassung". Die heutige Bedeutung ist: Ein europäischer Staat (Mutterland) gründete in einem überseeischen Gebiet Niederlassungen. Die einheimische Bevölkerung musste den Europäern Platz machen oder sich ihnen fügen. Manche Mutterländer eigneten sich große Kolonialreiche an.

M 1 Spanische Eroberer müssen sich gegen angreifende Azteken verteidigen. Aus einer spanischen Geschichte „Indiens", erschienen 1579.

A 1 Erstelle eine Zeitleiste mit den auf den Seiten 12 und 13 genannten Jahreszahlen und den damit verbundenen Ereignissen.

A 2 Das Bild M 1 enthält Gründe, warum eine kleine Anzahl Spanier den Widerstand einer großen Zahl Indianer relativ leicht brechen konnte.

A 3 Erkläre das Wort „kolonisieren".

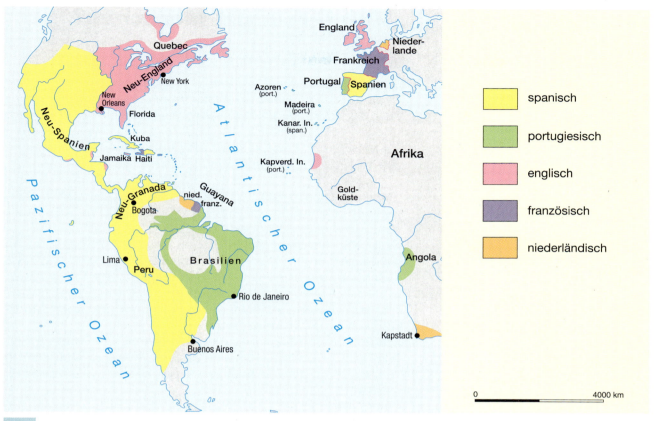

M 2 Europäische Kolonien in Amerika um 1770

Engländer und Franzosen ▶ Sie suchten den Seeweg nach Indien im Norden Amerikas (Nordwestpassage). Dabei erkundeten sie große Teile des Kontinents und errichteten hier ihre Kolonien.
Die Franzosen drangen entlang des St. Lorenz-Stromes in das Gebiet um die Großen Seen ein und brachten das gesamte Mississippi-Gebiet unter ihre Kontrolle. Englische Siedler ließen sich an der Ostküste nieder. Dort entstanden bis zum Jahr 1720 13 englische Kolonien mit insgesamt 250 000 Einwohnern. Gebietsstreitigkeiten unter den Kolonien, aber auch Kriege zwischen den Mutterländern in Europa hatten zur Folge, dass sowohl Frankreich als auch Spanien ihre Kolonien in Nordamerika England überlassen mussten.

1776 erklärten die 13 englischen Kolonien ihre Unabhängigkeit vom Mutterland und schlossen sich zu den Vereinigten Staaten von Amerika (USA) zusammen. Die Freiheiten, die die amerikanische Verfassung garantierte, und das riesige Land zogen von nun an Millionen europäischer Auswanderer an.

Kurz und klar

▶ Im Jahre 1492 entdeckte Christoph Kolumbus den in Europa bisher unbekannten Kontinent Amerika.

▶ Innerhalb von zwei Jahrhunderten teilten ihn europäische Staaten unter sich auf und errichteten ihre Kolonialreiche (Neu-Spanien, Neu-England, Neu-Frankreich).

Die Europäer kommen!

„Sind dies nicht Menschen?"

M 1 Eine mutige Predigt

Spanische Dominikanermönche, die zur Missionierung der Indios in die eroberten Länder gekommen waren, protestierten 1512 als erste gegen die schlechte Behandlung der Indios auf der Insel Haiti.

Zu ihnen gehörte Bartolome de las Casas, der beschreibt, wie sie den Verantwortlichen ihre Meinung sagten:

„Warum tut ihr das?" ▶ Als nun der Sonntag und die Predigtzeit gekommen war, bestieg der Pater Anton Montesino die Kanzel und nahm das Wort: [...]
Sagt: Mit welchem Recht haltet ihr diese Indianer in so grausamer und schrecklicher Knechtschaft? Wer hat euch Vollmacht gegeben, so verabscheuungswürdige Kriege gegen diese Menschen zu führen, die ruhig und friedlich ihre Heimat bewohnten? Ihr habt Unzählige durch unerhörte Mord- und Gewalttaten ausgelöscht.
Warum unterdrückt ihr sie und beutet sie aus, ohne ihnen Nahrung zu geben und sie zu pflegen, wenn sie krank sind, sodass sie von der übermäßigen Arbeit, die ihr ihnen zumutet, sterben?
Oder besser gesagt: Warum tötet ihr sie, nur um Tag für Tag Gold zu graben und zu gewinnen? Was tut ihr, um sie zu lehren, dass sie Gott, ihren Schöpfer, erkennen, getauft werden, Messen hören, Feiertage und Sonntage halten? Sind dies nicht Menschen? [...]

Die Betroffenen, darunter der Statthalter Don Diego, ein Sohn des Kolumbus, und königliche Beamte, waren über diese Predigt empört und beschwerten sich bei den Mönchen:

„Wir protestieren!" ▶ Er [Don Diego] sagte, dieser Pater habe sich unterstanden, Dinge zu predigen, durch die dem König ein schlechter Dienst erwiesen werde und dem ganzen Land Schaden erwachse. Er habe gesagt, sie dürften die Indianer nicht behalten, die ihnen doch der König gegeben habe, der Herr über ganz Indien sei. Auch hätten ja die Spanier diese Inseln mit großer Mühe gewonnen und die darin wohnenden Ungläubigen unterworfen. Diese Predigt habe ein derartiges Ärgernis hervorgerufen, dem König solchen Nachteil und allen Bewohnern der Insel solchen Schaden gebracht, dass sie zu dem Beschluss gekommen wären, der Pater müsse alles widerrufen, was er gesagt habe.

Der Pater nahm nichts zurück. Las Casas fuhr nach Spanien und forderte den König auf, die Missstände abzuschaffen.

Die Neue Welt war von Hunderten von Indianervölkern bewohnt. In Nordamerika gab es etwa 600 einheimische Völker mit 200 verschiedenen Sprachen.
In Nordamerika wurden die Indianer aus ihrer angestammten Heimat vertrieben. In Mittel- und Südamerika mussten sie sich den Europäern unterordnen und für sie arbeiten.
Ob im Norden oder im Süden, überall galten die Indianer als Menschen, die in den Augen der Europäer weniger Würde und weniger Rechte besaßen als sie selbst.

Indianer ▶ So nannte Kolumbus die Einwohner der von ihm entdeckten Inseln, da er glaubte, an der Küste Indiens gelandet zu sein. Später nannte man alle Ureinwohner des Kontinents „Indianer". „Indio" ist das spanische Wort für Indianer.

A 1 Im ersten Teil von M 1 findest du einige Hinweise, zu welchen Arbeiten die Indios gezwungen wurden.

A 2 Formuliere in kurzen Sätzen, wie die Spanier die Indios behandelten.

A 3 Mit welchen Argumenten verteidigen sich die Angesprochenen im zweiten Teil von M 1?

Spanisch-Amerika ▸ Alle von Spaniern entdeckten und eroberten Länder und Völker kamen unter die Herrschaft des spanischen Königs. Dieses spanische Amerika wurde in Vizekönigtümer eingeteilt, die von seinen Statthaltern verwaltet wurden.

Zwangsarbeit ▸ Die Indios wurden gezwungen, bei den spanischen Siedlern, Kaufleuten und Unternehmern zu arbeiten. Am härtesten hatten es die Arbeiter in den Silber- und Goldbergwerken. Vom Gewinn, den der Handel mit Silber und Gold in Europa abwarf, erhielt der spanische König ein Fünftel.

Rückgang der Bevölkerung ▸ Zwangsweise wurden Indios auch zum Transport von Lasten eingesetzt. Dabei waren sie oftmals aneinander gekettet. Zahllose Indios kamen bei dieser Behandlung zu Tode. Ihre Zahl ging in kurzer Zeit zurück. Von den Spaniern eingeschleppte Seuchen, gegen die die Indios keine Abwehrkräfte hatten, beschleunigten den Rückgang weiter.

Missionierung ▸ Alle Spanier – nicht nur die Geistlichen – hatten von ihrem König den Auftrag die Eingeborenen für das Christentum zu gewinnen. Viele kümmerten sich nicht darum. Andere wandten Gewalt an, vor allem als sie erfuhren, dass die Azteken ihrem Sonnengott Menschen opferten. Die Azteken glaubten nämlich, nur so sein Wohlwollen zu erhalten. Die Spanier zerstörten überall die Tempel der Indios, stürzten deren Götterbilder und verboten die Menschenopfer. Wer von den Indianern die Taufe verweigerte, dem drohte 1513 der spanische König: „Wer sich nicht taufen lässt, wird nach einem Erlass des Königs versklavt und verkauft."

Es gab aber auch Missionare, die die Christianisierung der Indios auf friedliche Weise versuchten. Vor allem die Mönche des Dominikanerordens setzten sich dafür ein, dass die Indios als Menschen angesehen und behandelt wurden, die dieselben Rechte wie die Europäer für sich beanspruchen konnten. Aber es dauerte lange, bis sie sich durchgesetzt hatten.

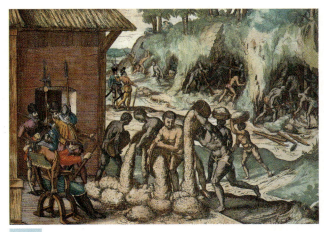

M 2 Arbeit im Bergwerk, Abbildung von Theodor de Bry (um 1600) – als die Zahl der indianischen Bergarbeiter zurückging, wurden Sklaven aus Afrika nach Amerika gebracht; sie sind auf dem Bild deutlich zu erkennen

M 3 Indianische Lastenträger und ihre spanischen Herren, Abbildung von Theodor de Bry (um 1600)

M 4 Zerstörung eines aztekischen Götterbildes, Abbildung aus dem 16. Jahrhundert

Die Europäer kommen!

M 1 Der Inka Atahualpa auf einer Sänfte, aus einem Bild des Theodor de Bry (1616). Als die Spanier in das Inkareich eindrangen, herrschte dort Bürgerkrieg zwischen Atahualpa und seinem Bruder Huascar. Nach einem Sieg über ihn wurde Atahualpa 1532 Alleinherrscher des Reiches. Er erfreute sich nicht lange seiner Herrschaft. 1533 ließ ihn der spanische Eroberer Pizarro hinrichten.

A 1 Versetze dich in die Situation eines Sänftenträgers von Atahualpa und schildere das Ereignis in Cajamarca aus seiner Perspektive.

A 2 Die beiden Augenzeugenberichte geben das Geschehen in Cajamarca aus unterschiedlichen Perspektiven wieder. Nenne die Sätze, an denen man den indianischen und den spanischen Augenzeugen erkennt.

A 3 Wie rechtfertigen die Spanier ihre Gewaltanwendung gegen den Inka und seine Untertanen?

A 4 Beschreibe das Geschehen, das in M 4 dargestellt wird. Vergleiche es mit den beiden Texten M 2 und M 3. Welche Perspektive nimmt der Zeichner ein?

A 5 Abbildung M 4 gibt Auskunft, warum die Spanier den Indios im Kampf überlegen waren. Nenne mehrere Sachverhalte.

Das dramatische Ereignis in Cajamarca aus unterschiedlichen Perspektiven

M 2 Sie nahmen ihm sein Reich

Im November 1532 empfing der Inka Atahualpa den Spanier Francisco Pizarro in der Inka-Stadt Cajamarca. Darüber wird berichtet:

▸ Als er in all seiner Majestät und umgeben von seinen Häuptlingen in Cajamarca angekommen war, setzte sich Atahualpa in der Mitte des öffentlichen Platzes auf seinen Thron.

Das Angebot ▸ Durch den Dolmetscher Felipe, einen Indio, sagte Pizarro zu Atahualpa, er sei Gesandter eines großen Herrschers und er solle dessen Freund werden. Der Inka antwortete mit großer Majestät, er müsse keine Freundschaft schließen, denn auch er sei ein großer Herrscher in seinem Reich.
Danach brachte Bruder Vicente sein Anliegen vor, er trug in der rechten Hand ein Kreuz und in der linken das Gebetbuch. Und er sagte zu Atahualpa, auch er sei Botschafter eines anderen Herrschers, der ein großer Freund Gottes sei und er solle nun dessen Freund werden und das Kreuz anbeten und an das Evangelium Gottes glauben und sonst nichts anbeten.

Die Antwort ▸ Atahualpa antwortete, er müsse nichts anbeten als die Sonne, die niemals stirbt. Darauf fragte er den Bruder, wer ihm denn das gesagt hätte. Vicente antwortete, das Evangelium, das Buch habe es ihm gesagt. Atahualpa sagte: „Gib mir das Buch, damit es selbst zu mir rede." Er nahm es in die Hände und begann die Blätter des Buches genau zu betrachten. Darauf sagte der Inka: „Warum spricht es nicht zu mir, dieses Buch?" Und er schleuderte das Buch aus seinen Händen.

Die Folgen ▸ Da stimmte Don [Herr] Pizarro ein Geschrei an und rief: „Kommt herbei, Caballeros, auf sie, die gegen unseren christlichen Glauben und unseren Kaiser und König sind, auf sie!" Die Caballeros feuerten ihre Gewehre ab und begannen das Gefecht und die Soldaten töteten Indios wie Ameisen. [...] Und so ergriffen sie Don Francisco und Don Diego de Almagro Atahualpa und zerrten ihn von seinem Thron herab und fesselten ihn und nahmen ihn gefangen. Er war sehr traurig. Seiner Würde beraubt saß er auf dem Boden. Sein Thron und sein Reich waren ihm genommen.

M 3 So geriet er in Gefangenschaft

Ein Augenzeuge berichtet, was geschah, nachdem die Spanier aufgefordert wurden, sich auf die Indios zu stürzen:

▶ Der Marqués [Graf] Franzisco Pizarro ging auf Atahualpas Sänfte zu, sein Bruder auf die des Herrn von Cincha [ein hoher Würdenträger aus dem Gefolge des Inkas], der auf der Stelle in seiner Sänfte getötet wurde. Dasselbe Schicksal hätte Atahualpa ereilt, wenn der Marqués nicht zugegen gewesen wäre. Vergebens versuchten sie den Herrscher aus der Sänfte zu zerren; denn kaum war ein Träger blutend zu Boden gegangen, schob sich ein anderer unter die Sänfte, um sie auf seine Schultern zu nehmen. Eine gute Weile ging das so fort, die Indios wurden mit Gewalt weggerissen und getötet. Schließlich warf ein Spanier sein Messer nach Atahualpa um ihn zu töten. Pizarro wehrte es ab, dabei wurde er an der Hand verletzt. Laut verkündete er: „Keiner verletze diesen Indio bei Todesstrafe!" Nun stießen sieben oder acht Spanier zu der Sänfte vor, hängten sich gemeinsam an eine Seite und zerrten daran, bis sie kippte. So geriet Atahualpa in Gefangenschaft und Pizarro führte ihn in seine Gemächer, wo er Tag und Nacht bewacht wurde. Als es dunkelte, sammelten sich die Spanier und dankten dem Herrn, dass er sie behütet und beschützt hatte. (*Tausende Indios wurden getötet, aber außer einem schwarzen Diener kein Spanier.*)

Verrat ▶ Für die Freilassung Atahualpas aus der Gefangenschaft forderte Pizarro eine große Menge Gold. Als es beisammen war (nach heutigem Goldpreis etwa 250 Millionen Euro), ließ er Atahualpa töten. Die Spanier eroberten das Inkareich und setzten einen Herrscher auf den Thron, der ihnen völlig ergeben war.

M 4 Das dramatische Geschehen in Cajamarca im November 1532, Geschichtsbild von Theodor de Bry (1616)

Die Europäer kommen!

Warum wollten sie nach Amerika?

A 1 Auf den Seiten 4 bis 17 findest du viele Motive, die die Europäer bewogen haben, die Neue Welt zu erkunden, zu erobern und zu besiedeln. Schreibe diese Motive auf, bevor du die Seiten 18 und 19 liest.

A 2 Überprüfe deine Ergebnisse aus A 1 anhand der Texte auf den Seiten 18 und 19. Wenn nötig, ergänze deine Ergebnisse.

Neue Handelswege erkunden ▶ Gewürze, Seide, Teppiche und Edelsteine waren in Europa begehrte Waren. Jahrhundertelang kamen sie auf dem Landweg aus Indien und China in den Westen.
Als diese Handelswege im 15. Jahrhundert immer unsicherer und die Waren immer teurer wurden, suchte man von Europa aus den direkten Seeweg nach Asien. Die Portugiesen segelten um Afrika herum. Kolumbus und andere Seefahrer nach ihm wollten den Orient im Westen finden. Sie erreichten zwar nicht das gesuchte Ziel, öffneten aber dem Handel zwischen Europa und Amerika die Tür.

Neue Rohstoffquellen erschließen ▶ Ein wichtiger Grund, den amerikanischen Kontinent zu erkunden, war die Suche nach Gold und Silber. Das sagenhafte Eldorado wurde zwar nie gefunden, dafür aber reiche Lagerstätten von Silber und Gold. Am erfolgreichsten waren die Spanier in Mexico und in Peru.

Große Mengen dieser Edelmetalle wurden ins Mutterland verschifft, wo sie die leeren Staatskassen füllten. Viel Silber gelangte auch in andere europäische Länder, die Spanien mit Gütern aller Art belieferten. Aus der Neuen Welt kamen auch andere Rohstoffe: Felle und Pelze aus den kanadischen Wäldern, Zucker, Baumwolle und Tabak von den Plantagen Mittel- und Südamerikas sowie Edelhölzer aus dem Regenwald.

Neue entdeckte Länder besiedeln ▶ Die europäischen Kolonien konnten nur bestehen, wenn sie von Menschen aus den Mutterländern erschlossen, besiedelt und geschützt wurden.
In den spanischen Kolonien wurden dazu Menschen aus allen Ständen benötigt. Die zumeist adeligen Eroberer gründeten Städte und verteilten Land samt den Indios an spanische Siedler.
In den Kolonien wurden Beamte, Lehrer, Richter, Ingenieure, Soldaten und Priester aus dem Mutterland benötigt.

In den englischen Kolonien Nordamerikas siedelten sich im 16. Jahrhundert vorwiegend Menschen an, die in Europa aus religiösen und politischen Gründen verfolgt wurden. Für sie bot Amerika die Möglichkeit ein freieres Leben als in Europa zu führen.

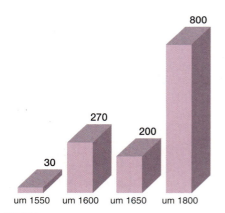

M 1 Silberimporte aus den spanischen Kolonien in Mittel- und Südamerika in Tonnen

M 2 Herrenhaus eines portugiesischen Plantagenbesitzers an der brasilianischen Küste. Auf dem Bild sind deutlich schwarze Arbeitskräfte zu sehen. Es sind Sklaven, die in großen Mengen von Afrika in die europäischen Kolonien gebracht und dort verkauft wurden. Man schätzt, dass bis zum Verbot des Sklavenhandels – in Brasilien erst 1888 – Afrika an die 50 Millionen Menschen verloren hat. Gemälde des deutschen Malers Johann Moritz Rugendas (1802 – 1858), der sich jahrelang in Mittel- und Südamerika aufgehalten hat.

Neue Christen gewinnen ▶ Kurz nach der Entdeckung Amerikas bestätigte der Papst den Spaniern das Recht, über die neuen Länder zu herrschen. Gleichzeitig verpflichtete er sie, deren Bewohner zum katholischen Glauben zu bekehren. Doch viele waren nur an der Arbeitskraft der Indios interessiert. Andere wandten Gewalt an, indem sie die indianischen Tempel zerstörten und an deren Stelle Kirchen bauten. Erst als in den eigenen Reihen Kritik aufkam, änderten sich die Methoden. Mönche verschiedener Orden lernten die Sprache der Indios, erforschten ihre Kultur, gründeten Schulen und versuchten so ihren Missionsauftrag zu erfüllen. Im Gegensatz zu den Spaniern hielten die Siedler der englischen Kolonien die Indianer in Nordamerika nicht der Christianisierung würdig.

A 3 Über die hier angesprochenen Themen (Handelswege, Rohstoffquellen, Kolonisierung und Missionierung) findest du in Lexika, Sachbüchern und im Internet weitere Informationen. Verwende sie für ein kurzes Referat, das du der Klasse vortragen kannst.

Die Europäer kommen!

Die „Neue Welt" in den Vorstellungen der Europäer

1492 suchte Christoph Kolumbus den westlichen Seeweg nach Indien. Die Inselgruppe, die er fand, wurde daher Westindien genannt.

1498 umsegelte der Portugiese Vasco da Gama die Südspitze Afrikas und fand so den östlichen Seeweg nach Indien, das nun Ostindien genannt wurde.

1519 startete Fernando de Magellan im spanischen Auftrag zur ersten Weltumseglung. Sie dauerte über zwei Jahre.

Ein neues Weltbild ▶ Die Entdeckungsfahrten, die von Kolumbus und vielen anderen Seefahrern unternommen wurden, veränderten in kurzer Zeit das Wissen der Europäer über die Welt grundlegend.

Ein neuer Kontinent wurde entdeckt ▶ Die Kugelgestalt der Erde wurde bewiesen. Niemand mehr konnte die Ansicht vertreten, die Erde sei eine auf dem Ozean schwimmende Scheibe. Als Irrtum galt nun auch die Lehre, man könne die südliche Halbkugel der Erde wegen der allzu großen Hitze nicht befahren.

Das neue Bild der Welt verbreiteten hauptsächlich italienische und deutsche Kartographen. 1507 erschien die Weltkarte von Martin Waldseemüller, der dem neuen Kontinent den Namen „Amerika" gab. Amerigo Vespucci hatte nämlich als erster erkannt, dass ein neuer Kontinent entdeckt wurde. Sebastian Münster trug als erster den ganzen amerikanischen Kontinent in eine Karte ein (M 2).

A 1 M 2 zeigt die Neue Welt, aber auch, dass alte Vorstellungen noch nicht ganz überwunden waren. Erkläre.

M 1 Ältester Erdglobus, auf dem Amerika zu sehen ist (1515), von dem Kartographen Johannes Schöner, in einer heutigen Rekonstruktion

M 2 „Die Nüw Welt", Novus orbis (Die Neue Welt). Erste gedruckte Karte des amerikanischen Kontinents von Sebastian Münster (1540). Eingetragen sind: die Magellan-Straße, Gegenden, in denen es Gold (abundat auro), Kannibalen und Giganten geben sollte.

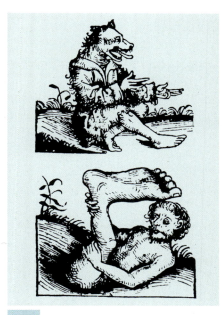

M 3 Aus einem geographischen Werk (1493)

M 4 Deutsches Flugblatt (1505)

Ein neues Menschenbild? ▶ „Was werden wir zu sehen bekommen? Menschen, die uns gleichen oder irgend ein fremdartiges Geschlecht von Riesen?", fragte sich Kolumbus, bevor er das gefundene Land betrat. Er hatte – wie die meisten Europäer – die Vorstellung, dass in den unbekannten Teilen der Erde Geschöpfe lebten (M 3), die eher Monstern als Menschen glichen. Seit der Antike wurde diese Vorstellung in Bildern und Reiseberichten verbreitet. Kein Wunder, dass Kolumbus sehr erstaunt war, als er weder Riesen noch Monster antraf.
Nach der Entdeckung Amerikas verschwanden die Monster aus den gedruckten Reiseberichten, die Riesen aber blieben. Sebastian Münster zeichnet in seine Amerikakarte (M 2) noch eine Regio Gigantum ein, eine Region der Giganten. Welche neuen Bilder über die Ureinwohner Amerikas sich in den Köpfen der Europäer festsetzten, zeigt die Abbildung M 4:

Männer und Frauen sind weitgehend nackt und tragen Kleidungsstücke aus Federn. Frauen stellen sich zur Schau und bieten sich den Männern an. Männer tragen Schmuck und sind zärtlich zueinander. Sie sind Kannibalen, denn sie räuchern Menschenfleisch und essen es auch.
Solche starren Bilder (Stereotype) wurden auf die Bewohner ganz Amerikas übertragen. Sie dienten den Eroberern dazu, die Indianer als Menschen zu behandeln, die weniger Würde und Rechte besitzen als sie selbst.

A 2 Nenne mindestens zwei neue Merkmale im geographischen Weltbild der Europäer nach 1492.

A 3 Vergleiche Cipango / Zipangu (Japan) auf den Karten (Seite 10, M 2 und Seite 20, M 2). Was stellst du fest?

A 4 Was versteht man unter einem Stereotyp? Belege deine Aussage durch Beispiele auf der Seite 21.

Die Europäer kommen!

Wir lesen alte Karten

Alte Karten ▸ Karten aus früheren Zeiten – sie werden auch „historische Karten" genannt – sind wertvolle Bildquellen. Sie zeigen uns, was die Kartographen (Kartenzeichner) vor Jahrhunderten über die Erdoberfläche wussten und wie sie dieses Wissen ins Bild setzten.

Karten zu Amerika ▸ Karten aus der Zeit nach der Entdeckung Amerikas berichten, wie die Gestalt des Kontinents immer genauer erkannt wurde. Kartographen arbeiteten nach Skizzen und Berichten der Seefahrer. Nur wenige waren selbst vor Ort.

Gestaltung der alten Karten ▸ Früher gab es noch keine Regeln für das Zeichnen von Karten. Manche sind künstlerisch ausgeschmückt. Deshalb muss man genau hinsehen, was die Zeichen und die Farben bedeuten.

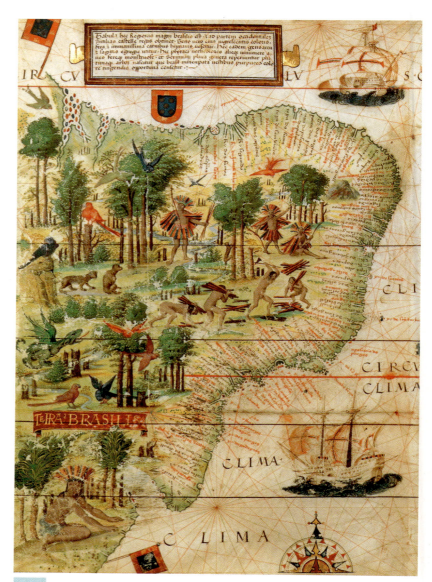

M 1 „Terra Brasilis" (das Land Brasilien).
Die erste Karte Brasiliens aus dem Jahr 1519, hergestellt von den portugiesischen Gebrüdern Reinel.
Die lateinische Inschrift in der Umrahmung besagt: Brasilien gehört zu Portugal. Die Eingeborenen haben eine dunkle Hautfarbe. Im Lande gibt es rotes Holz* (das in Europa zur Herstellung von Farben verwendet wurde).
* Rotes Holz = Brasil-Holz
 Terra Brasilis = Land des roten Holzes

A 1 Die Karte M1 zeigt den Verlauf der brasilianischen Küste relativ genau. Was sagt das über den Kartographen aus?

A 2 Beschreibe, wie der Kartograph in M 1 das Innere des Landes darstellt. Warum wohl verwendet er dieses Gestaltungsmittel?

A 3 Die Neue Welt beflügelte die Fantasie der Kartenzeichner. Welchen Beleg dafür findest du in der Karte M 1?

Wir lesen alte und neue Karten

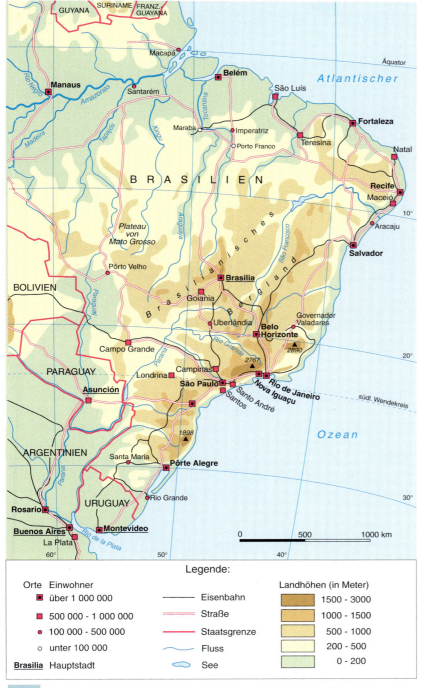

M 1 Der Ostteil Brasiliens auf einer modernen geographischen Karte

Moderne Karten ▸ Heute hergestellte Karten – wie die geographische Karte M 1 – sind das Ergebnis moderner Messmethoden. Oft werden dafür Aufnahmen verwendet, die aus Flugzeugen und Satelliten gemacht werden.

Geographische Karten ▸ Sie liefern möglichst genaue Informationen über die Erdoberfläche. Dazu gehört nicht nur die Naturlandschaft mit ihren Bergen und Tälern sowie Flüssen und Seen, sondern auch die Lage und oft auch die Größe der Siedlungen sowie die Verkehrsverbindungen.

Kartensprache ▸ Geographische Karten können wir lesen, wenn wir die „Sprache" der Kartographen verstehen. Die Kartenlegende hilft uns, sie zu entschlüsseln. Ohne sie blieben viele Karten stumm.

Der Maßstab sagt uns etwas über das Maß der Verkleinerung, in der ein Land dargestellt wird.
Die Signaturen kennzeichnen Städte, Verkehrsverbindungen, Grenzen und Besonderheiten des Landes.
Die Farben geben uns in der geographischen Karte Hinweise auf die Höhe des Landes über dem Meeresspiegel. In thematischen Karten haben Farben eine andere Bedeutung.

A 1 Vergleiche die Karten (Seite 22, M 1 und Seite 23, M 1) und nenne mindestens fünf Punkte, in denen sie sich unterscheiden.

A 2 Warum sind moderne Karten viel genauer als alte?

Die Europäer kommen!

Peru – ein Land mit Gegensätzen

M 1 Peru auf dem Globus

M 2 Blick auf das Hochland nahe Cuzco

Größe	1 285 000 km²
Einwohner Perus	26 350 000
Einwohner der Hauptstadt Lima	7 500 000
Anteil der städtischen Bevölkerung	73 %
Bruttosozialprodukt pro Einwohner *	1 980 $
Erwerbstätige in der Landwirtschaft	30 %

(* Der Wert aller in einem Land innerhalb eines Jahres erzeugten Produkte und der erbrachten Dienstleistungen = BSP)

M 3 Peru in Zahlen (2003)

A 1 Beschreibe die Lage Perus (Atlas und M 1).

A 2 Erläutere die Oberflächengestalt Perus (M 2, M 5 und M 7).

A 3 Beschreibe das Klima in der Küstenebene und im Hochland (M 4 und M 6). Nenne die Unterschiede. Wie wirkt sich das unterschiedliche Klima auf die Pflanzenwelt und den Anbau aus?

Gegensätze in den Oberflächenformen ▸ Am Pazifik zieht sich eine 20 bis 100 Kilometer breite Küstenebene entlang. Daraus erheben sich steil die gewaltigen Gebirgsketten der Anden mit ihren hoch ragenden Vulkanen. Sie schließen das Hochland des Altiplano ein. Auf ihm liegt in 3812 Metern Höhe der Titicacasee, der höchste schiffbare See der Erde. Nach Osten hin fallen die Anden steil ab zu einem weit gedehnten Tiefland.

Gegensätze in Klima und Pflanzenwelt ▸ An der Pazifikküste fließt eine kalte Meeresströmung entlang. Sie bewirkt, dass sich die von Westen kommenden Winde abkühlen und schon über dem Meer abregnen. Trockenheit, Hitze und Schwüle kennzeichnen deshalb das Tiefland an der Pazifikküste. Nur dort, wo die Flüsse aus den Anden eine Bewässerung ermöglichen, werden Bananen, Baumwolle und Zuckerrohr auf Plantagen angebaut. Auf dem wesentlich kühleren Hochland leben die meisten Indios. Sie nutzen selbst die steilsten Hänge bis in über 4000 Meter Höhe für den Anbau von Kartoffeln, Mais und Gerste sowie für die Viehwirtschaft. Das Tiefland im Osten trägt weithin noch dichten tropischen Regenwald. Dort fallen sehr viele Niederschläge.

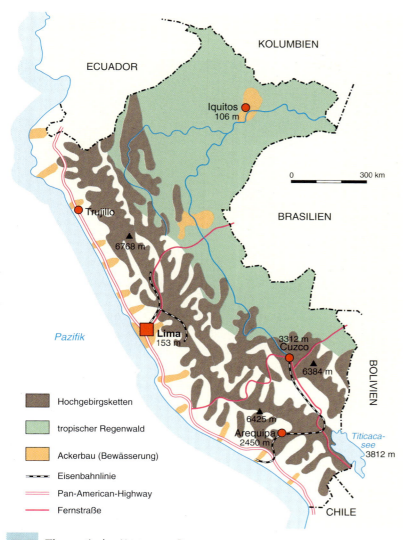

M 5 Thematische Karte von Peru

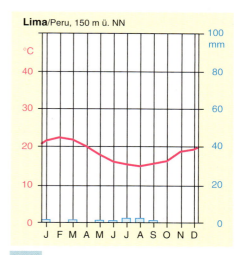

M 4 Klimadiagramm von Lima

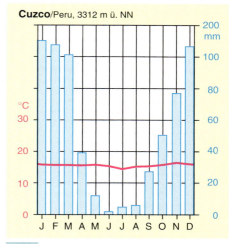

M 6 Klimadiagramm von Cuzco

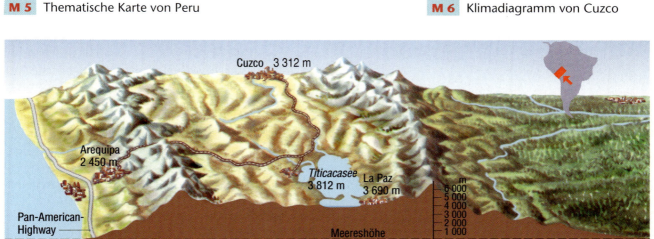

M 7 Querschnitt durch das Andenhochland

25

Peru – ein Land mit Gegensätzen

▶ Als die Europäer nach Südamerika kamen, war Cuzco die Hauptstadt des mächtigen Inkareiches. Sie gründeten Lima als neue Hauptstadt. Das Land der Indianer vergaben sie an spanische Soldaten und Beamte. Die Indios mussten auf dem Grund und Boden, der früher ihnen gehört hatte, für die fremden Großgrundbesitzer schuften.

M 1 Aus der Geschichte Perus

A 1 Nenne die drei Gesellschaftsschichten Perus und ihre Anteile an der Bevölkerung.

A 2 Erkläre die Ursachen für die Landflucht und für die Verstädterung. Nenne ihre möglichen Folgen.

A 3 Begründe: Peru – ein Land der Gegensätze (M 1 und M 2 und Seite 24/25, M 3 – M 7).

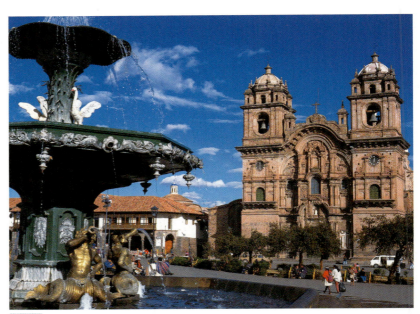

M 2 Gegensatz der Kulturen: Plaza de Armas in Cuzco. Die Spanier errichteten auf den Grundmauern der Gebäude aus der Zeit der Inkas ihre Prachtbauten, zum Beispiel Kirchen und Paläste.

Gegensätze in der Gesellschaft ▶ Nur wenige Peruaner sind wohlhabend. Sie sind die Nachkommen der früheren Großgrundbesitzer.
Etwa ein Fünftel der Bevölkerung gehört dem so genannten Mittelstand an. Sie sind Beamte, Facharbeiter oder Kaufleute. Die Masse der Peruaner lebt in Armut – etwa die Hälfte; auf dem Lande sogar zwei Drittel. Es sind in erster Linie Indios. Einzelne Rebellengruppen (Guerillas) kämpfen gegen die Regierung und wollen soziale Reformen durch Entführungen und Überfälle erzwingen.

Gegensatz Stadt-Land ▶ Auf dem Lande leben in erster Linie Kleinbauern und Landarbeiter. Unter ihnen sind Hungerlöhne, Unterbeschäftigung, Besitzlosigkeit, Landmangel, Arbeitslosigkeit, Kinderreichtum weit verbreitet. Sie verlassen das Land und ziehen in die Städte (= Landflucht). Dort erhoffen sie sich Arbeit und Verdienst, Ausbildungsmöglichkeiten und Wohnungen. Häufig werden sie enttäuscht.
Am Rande der wachsenden Städte wuchern die Elendsviertel.

M 3 Elendsviertel in Cuzco

Peru: Von der Selbstversorgung zum Marktanbau

Die Wirtschaftsform der Selbstversorgung ▶ In den entlegenen Regionen der Anden sind die Indios fast ganz auf sich alleine gestellt. Der nächste Markt ist oft eine Tagesreise weit entfernt. Was sie zum täglichen Leben benötigen, müssen sie selbst erzeugen und verarbeiten: ihre Nahrungsmittel, einen Teil ihrer Kleidung, ihre Unterkünfte und ihre Werkzeuge. Man bezeichnet dies als Subsistenzwirtschaft (engl. subsistence = Versorgung).

M 1 Anbau zur Selbstversorgung in den Anden

Der Anbau für den Markt ▶ Wenn die Indios auf ihren Feldern etwas mehr ernten können, als sie zur Eigenversorgung benötigen, bringen sie diese Früchte zum Verkauf auf den Markt. Auch die Handwerker bieten ihre Waren den Bauern zum Kauf an. So entwickelt sich ein lebhaftes Handeln und Treiben. Diese Märkte werden hauptsächlich am Sonntag vor der Kirche abgehalten.

M 2 Sonntagsmarkt in Pisac

Cashcrops auf Plantagen ▶ (engl. cash = Bargeld, crop = Frucht) Auf den riesigen Pflanzungen der Großgrundbesitzer werden nur Früchte angebaut, die für den Verkauf und den Export bestimmt sind. Solche Marktfrüchte sind Bananen, Baumwolle, Ananas, Erdnüsse, Tee, Kakao oder Kaffee. Damit die Ernten gut ausfallen, werden viele Düngemittel und Schädlingsbekämpfungsmittel eingesetzt. Die Arbeit auf den Plantagen verrichten Landarbeiter und Tagelöhner.

M 3 Auf einer Bananenplantage bei Lima

A 1 Unterscheide zwischen Subsistenzwirtschaft und Marktproduktion (M 1 und M 2).

A 2 Nenne Früchte, die die Indios für den heimischen Markt liefern (M 2).

Die Europäer kommen!

Von den Feldern der Indios

Das Gold und das Silber, das die Europäer in der Neuen Welt erbeutet haben, war bald verbraucht. Die wirklichen Schätze kamen von den Feldern der amerikanischen Ureinwohner.

Kartoffel ▶ Francisco Pizarro beschrieb sie als „wohlschmeckende Trüffel", als er sie bei den Inkas zum erstenmal gegessen hatte. Aus den „Tartuffeln" wurden in Deutschland die „Kartoffeln". Hier wurden sie aber erst im Laufe des 18. Jahrhunderts zum Grundnahrungsmittel. In Kriegs- und Notzeiten haben die Kartoffeln Millionen Menschen vor dem Hungertod bewahrt.

M 1 Nahrungs- und Genussmittel, die aus der Neuen Welt stammen und auch bei uns angebaut werden, wie die Kartoffeln (1), die Tomaten (2), der Mais (3) und der Tabak (6) oder die bei uns beliebt sind, wie der Kakao (4), die Erdnüsse (5), die Avocados (7), die Papayas (8) und die Ananas (9).

Schokolade ▶ Als erster Europäer trank Hernando Cortez am Hofe des aztekischen Kaisers Montezuma ein Getränk aus Maismehl, gerösteten Kakaobohnen und Pfeffer, das ihm überhaupt nicht schmeckte, weil es sehr bitter war. Den süßen Geschmack erhielt es erst durch spanische Mönche, die das Kakaopulver mit Zucker vermischten. In Europa konnten es sich anfangs nur vermögende Adelige leisten, Schokolade (aztekisch xococ = herb, atl = Wasser) zu trinken. Kakaobohnen waren sehr teuer. Die feste Schokolade ist eine europäische Erfindung aus dem 19. Jahrhundert.

A 1 Weißt du, dass es in Deutschland ein Schokoladenmuseum gibt? Unter www.schokoladenmuseum.de erhältst du Auskunft.

Tomate ▶ Der Name stammt von den Azteken, die die Pflanze mit den gelben Blüten und den goldgelben Früchten „Tomatl" nannten. In Europa wurde die Tomate zunächst als Zier- und Heilpflanze verwendet. Die rote Farbe erhielt sie durch Züchtung. Auf dem Speisezettel der Deutschen tauchten Tomaten erst zu Beginn des 20. Jahrhunderts auf.

Mais ▶ Das indianische Korn, das Kolumbus mitbrachte, gedieh lange Zeit nur in den warmen südeuropäischen Ländern. Seit es den Züchtern im vorigen Jahrhundert gelang, robustere Sorten heranzuziehen, wird Mais auch in nördlicheren Breiten angebaut, bei uns in erster Linie als Viehfutter. Das Rohmaterial für Popcorn, eine Erfindung der Indios, kommt nach wie vor aus Amerika.

Tabak ▶ Schon Kolumbus waren rauchende Indianer aufgefallen. Sie nannten ihre Glimmstängel „Tabaco". In Spanien wurde das Rauchen zunächst abgelehnt. Der Rauch, der aus Mund und Nase drang, galt als Zeichen des Teufels. Über 200 Jahre lang wurde Tabak als Heilmittel verwendet.
Im 17. Jahrhundert brachten englische Seefahrer das Pfeifenrauchen aus Nordamerika mit. Im 19. Jahrhundert wurde die Zigarette zum Standessymbol für Künstler, Schriftsteller und Offiziere. Erst seit dem 20. Jahrhundert werden Zigaretten maschinell in großen Mengen hergestellt.

> **m Europa und die neue Welt** ▶ Die vielen Entdeckungsfahrten, die nach 1492 (Entdeckung Amerikas) unternommen wurden, veränderten das Weltbild der Europäer gewaltig:
> ▶ Die Kugelgestalt der Erde wurde bewiesen.
> ▶ Neue Länder wurden entdeckt und für die europäischen Mutterländer in Besitz genommen.
> ▶ Langsam veränderte sich auch das Bild, das in Europa über die Menschen in bisher unbekannten Teilen der Erde verbreitet war.
> ▶ Es dauerte jedoch noch lange, bis sie auch in ihrer Menschenwürde als gleichwertig anerkannt wurden.

Rauchen führt zur Verstopfung der Arterien und verursacht Herzinfarkte und Schlaganfälle

M 2 Spätfolgen der Entdeckung Amerikas

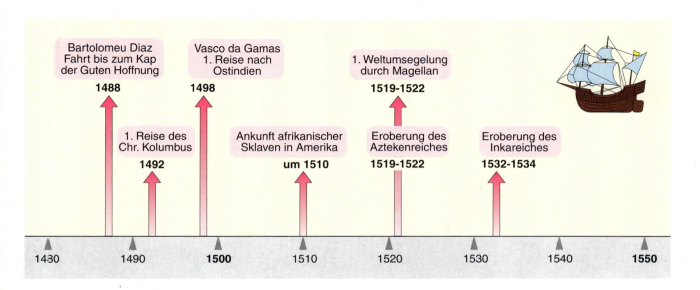

Das Klima der Erde

Ein Satellit in 36 000 Kilometern Höhe hat dieses Bild unserer Erde aufgenommen. Im Mittelpunkt des Bildes erkennen wir den Kontinent Afrika, nördlich davon Europa. Jenseits des Atlantischen Ozeans ist noch ein Teil Südamerikas abgebildet.

Im äußersten Norden und Süden umgürten riesige Wolkenbänder unseren Planeten, ebenso in der Mitte. Sie verhindern, dass wir die Erdoberfläche sehen können. Dazwischen liegen wolkenfreie Gebiete.

Das Bild dokumentiert, dass es auf der Erde unterschiedliche Zonen gibt: feuchte und trockene, heiße am Äquator und kalte an den Polen.

Das Klima – Warum ist es nicht überall gleich?

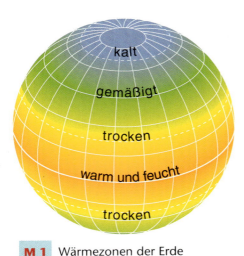

M 1 Wärmezonen der Erde

Was ist der Unterschied zwischen Wetter und Klima?
▸ Als **Wetter** bezeichnen wir den Regenschauer, den Sonnenschein, das Gewitter, den Sturm – lauter Erscheinungen, die nur ein paar Stunden oder einen Tag lang andauern. Das Wetter kann sich also rasch ändern.

Ganz anders verhält es sich mit dem **Klima**. Als Klima bezeichnen wir das durchschnittliche Wetter, das an einem Ort über viele Jahre hin beobachtet wurde.

Unser Klima ist zum Beispiel dadurch gekennzeichnet, dass es im Winter kalt und im Sommer warm ist und dass es zu jeder Jahreszeit Niederschläge gibt. Im Unterschied zum Wetter ändert sich das Klima nicht innerhalb kurzer Zeit, sondern vielleicht im Laufe von Jahrhunderten.

Die Klimafaktoren sind entscheidend!
▸ Entscheidend ist die **Lage eines Ortes im Gradnetz** der Erde, und zwar die **geographische Breite**. In den Gebieten nahe des Äquators ist es warm, in den Gebieten nahe der Pole kalt. Die Räume dazwischen gelten als gemäßigt.

▸ Auch auf die **Höhenlage** eines Ortes kommt es an. Mit zunehmender Höhe nehmen die Temperaturen ab. Deshalb liegt zum Beispiel auf den Bergen noch lange Schnee, wenn in den Tälern schon die Frühlingsblumen sprießen.

▸ Bedeutsam für das Klima ist die **Lage und Entfernung zu den Meeren**. Meere wirken ausgleichend auf die Temperaturen. In Meeresnähe sind die Sommer kühler und die Winter milder als in meerfernen Gebieten. Dort sind auch die Niederschläge höher als im Kontinentinneren.

▸ Auch **Meeresströmungen** beeinflussen das Klima, zum Beispiel der warme Golfstrom im Nordatlantik. Er ist die „Warmwasserheizung" Europas.

A 1 Unterscheide zwischen Wetter und Klima.

A 2 Nenne die vier so genannten Klimafaktoren, die das Klima an einem Ort bestimmen (M 1).

A 3 Erläutere, warum das Klima am Meer ausgeglichener ist als im Landesinneren.

Unser Experiment
▸ Füllt eine Kunststoffschüssel mit Wasser und eine gleich große Schüssel mit Sand. Bestrahlt beide Schüsseln mit Tischlampen gleicher Stärke. Steckt in beide Schüsseln ein Thermometer und messt die Temperaturen zur jeweils gleichen Zeit ab, etwa alle 15 Minuten. Schaltet dann die Lampen aus und messt die Temperaturen während der Abkühlung.

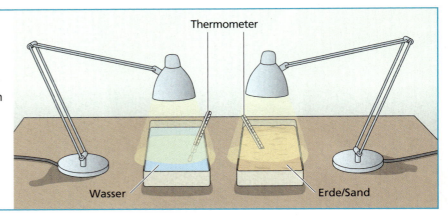

Wir zeichnen ein Klimadiagramm

Auf allen Kontinenten der Erde hat man Klimastationen eingerichtet, in denen die Temperaturen, die Niederschläge, die Bewölkung, die Windstärke und andere Klimawerte gemessen und aufgezeichnet werden. Aus allen diesen Werten errechnet man anschließend die monatlichen Durchschnittswerte.
Wenn man das Klima eines Ortes grafisch darstellen möchte, muss man nicht alle Klimaelemente zeichnen, es genügen der Verlauf der Temperaturen und der Niederschläge.

So wird der Verlauf der Temperaturen gezeichnet (M 1)
▶ Auf der waagrechten Achse werden die zwölf Monate eingetragen. Auf der senkrechten linken Achse wird die Skala für die Temperaturwerte eingezeichnet. Die Nulllinie muss auf jeden Fall über der Grundlinie liegen. Dann werden die Monatswerte mit einem Punkt über dem jeweiligen Monat markiert. Die Punkte verbindet man mit einer Linie und erhält nun eine Temperaturkurve oder ein Temperaturdiagramm.

So wird ein Niederschlagsdiagramm gezeichnet (M 2)
▶ Auf der Grundlinie werden die zwölf Monate eingetragen. Auf der rechten senkrechten Linie werden die Werte für die Niederschläge in Millimetern eingetragen. Achtung! In der Werteskala werden 20 Millimeter Niederschlag gleich hoch eingezeichnet wie in der Temperaturskala 10 Grad Celsius. Alle Niederschlagssäulen setzen auf der Nulllinie an.
Ab 100 Millimeter wird der Maßstab bei den Niederschlägen auf ein Fünftel gekürzt, damit das Klimadiagramm bei sehr hohen Niederschlägen nicht zu hoch wird.

Wir entwickeln ein Klimadiagramm (M 3)
▶ Wenn wir das Temperatur- und das Niederschlagsdiagramm zusammenfügen, erhalten wir ein Klimadiagramm. Es zeigt uns auf einen Blick den Verlauf und die Höhe der Temperaturen und der Niederschläge während des ganzen Jahres an einem bestimmten Ort. Klimadiagramme machen also das Klima anschaulich.

Was wir aus einem Klimadiagramm ablesen können
▶ Die Niederschlagssäulen sind höher als die Temperaturwerte. Dies bedeutet: In diesen Monaten regnet es mehr als Wasser verdunsten kann. Einen solchen Monat oder gar ein ganzes Jahr nennen wir „feucht".
Die Temperaturwerte sind höher als die Niederschlagssäulen. Dies bedeutet: In diesen Monaten kann mehr Wasser verdunsten als Regen fällt. Solche Monate bezeichnen wir als „trocken".

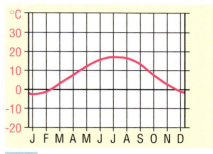

M 1 Temperaturdiagramm

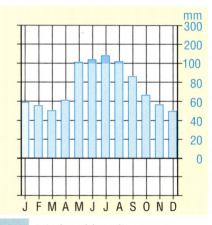

M 2 Niederschlagsdiagramm

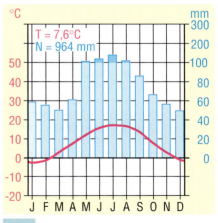

M 3 Klimadiagramm

Wir erklären ein Klimadiagramm

So gehen wir bei der Erklärung vor
1. Wir lesen ab, in welcher Höhe die Klimastation liegt.
2. Wir betrachten den Verlauf der Temperaturkurve während des Jahres. Welchen Wert erreicht die höchste, welchen die tiefste Temperatur?
3. Wir betrachten die Höhe der Niederschläge während des Jahres. Wie viele Niederschläge fallen im Monat mit den meisten Niederschlägen, wie viele im Monat mit den niedrigsten?
4. Wir vergleichen den Verlauf der Temperaturkurve mit den Höhen der Niederschlagssäulen. In welchen Monaten sind die Niederschlagssäulen höher als die Temperaturwerte, in welchen sind sie niedriger? Welche Monate sind also feucht und welche sind trocken?

Beispiel München
München liegt in rund 500 Metern Höhe. Die Temperaturen erreichen im Sommer etwas über 17 Grad, im Winter sinken sie auf unter minus 2 Grad. Die Niederschläge sind im Sommer mit 140 Millimetern pro Monat am höchsten, im Winter und Frühling mit rund 50 Millimetern am niedrigsten. Während des ganzen Jahres übersteigen die Niederschlagssäulen die Temperaturkurve: alle Monate sind feucht.

Wir fassen zusammen (Beispiel München)
▸ Das Klima von München ist gemäßigt (mäßig warm), weil die Durchschnittstemperaturen im Sommer nicht sehr hoch und im Winter nicht sehr niedrig liegen.
▸ Zu allen Jahreszeiten fallen Niederschläge. Das Klima von München ist feucht.

Name der Klimastation und des St

Höchster Niederschlag im Juli: 14

Geringster Niederschlag im März: 5

Höchste monatliche Durchschnittstem im Juli: 17 °C

Temperaturkurve mit den Durchschnittswert

Niedrigste monatliche Durchschnittstemperatur

Temperaturwerte in Grad Celsius (°C). Sie werden auf der linken senkrechten Achse

Unterschied zwischen den Durchschnittswerte und des wärmsten Monats: 19 °C

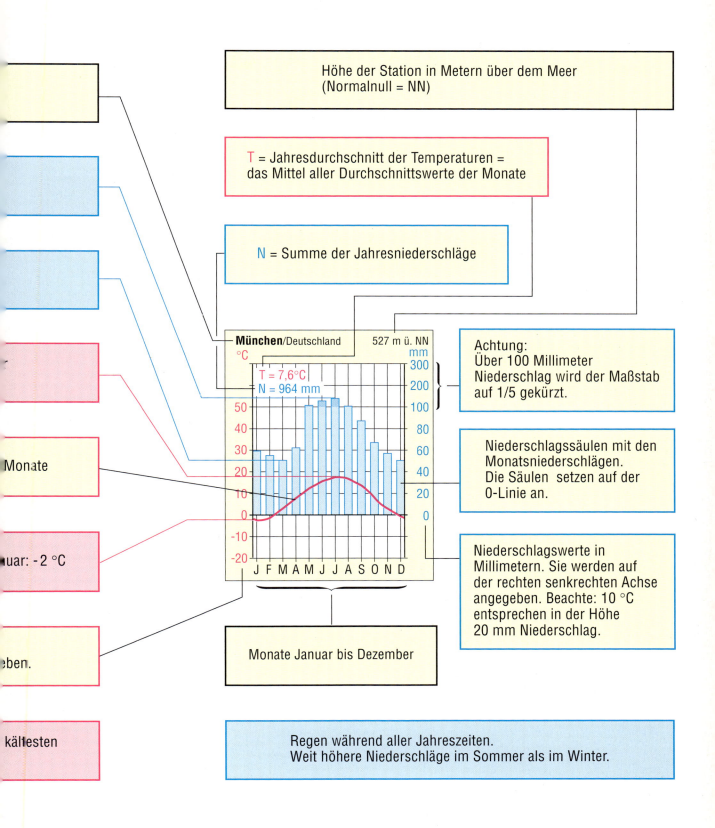

Das Klima der Erde

Klima- und Pflanzengürtel umspannen die Erde

Die Klimazonen der Erde ▶ Beiderseits des Äquators breitet sich die warme Zone aus, die Tropen. Dort fallen die Sonnenstrahlen am steilsten ein und erwärmen die Erde am stärksten. In der Zone der Subtropen ist es zwar überall warm, aber die Niederschläge sind sehr ungleichmäßig verteilt.

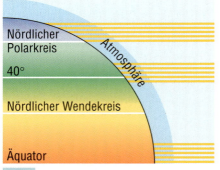

M 1 Gleich viele Sonnenstrahlen beleuchten unterschiedlich große Flächen.

Unser Experiment ▶ Beleuchtet einen Globus im verdunkelten Klassenzimmer mit einer Taschenlampe oder (noch besser) mit einem Diaprojektor. Wenn ihr einen Gegenstand (z. B. kurzes Stück Kreide) in unterschiedlichen Breiten auf den Globus stellt, könnt ihr die verschiedene Länge des Schattens messen.

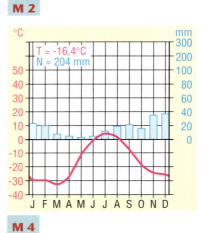

M 4

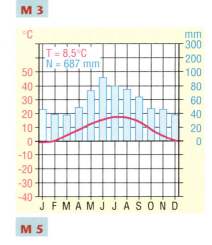

M 5

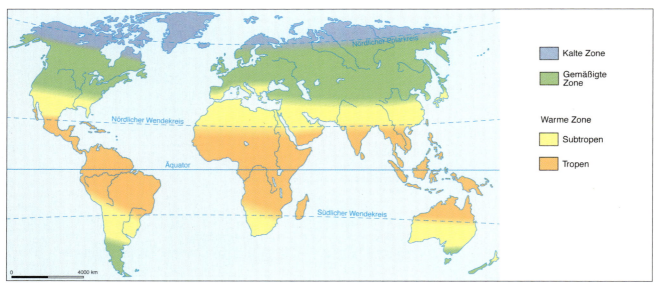

M 6 Klimazonen der Erde

Im Bereich der Pole fallen die Sonnenstrahlen sehr flach ein. Dort liegt die kalte Zone. Zwischen der tropischen und der polaren Zone liegt die Zone mit gemäßigtem Klima.

Die Pflanzengürtel der Erde ▶ Die Verbreitung der Klimazonen und die der Pflanzengürtel stimmen nicht völlig überein. Ursachen dafür sind der Verlauf von Gebirgen, die Höhenlage und der Einfluss der Meere. Pflanzen, Tiere und Menschen haben sich an die unterschiedlichen Naturbedingungen in den verschiedenen Klimazonen angepasst.

A 1 Beschreibe die Verbreitung der Klimazonen auf der Erde. Erkläre die Verbreitung als Folge der Sonneneinstrahlung (M 1 und M 6).

A 2 Beschreibe die Verbreitung der Pflanzengürtel. Erläutere, warum die Klimazonen sich ein klein wenig von der Verbreitung der Pflanzengürtel unterscheiden (M 6 und M 11).

A 3 Beschreibe das Klima, das die Klimadiagramme anzeigen. Ordne die Klimadiagramme den Klimazonen zu (M 4 – 6, M 9 und M 10).

A 4 Ordne die Bilder den Pflanzengürteln zu (M 2, M 3, M 7, M 8 und M 11).

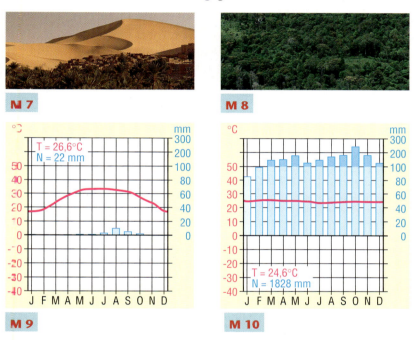

M 7   M 8

M 9   M 10

Kurz und klar

▶ Vom Äquator zu den beiden Polen hin folgen auf der Nord- und auf der Südhalbkugel der Erde aufeinander die feucht-warme Zone der Tropen, die trockene Zone der Subtropen, die gemäßigte Zone und die kalte Zone.

▶ Die Pflanzenzonen der Erde weichen in ihrer Verbreitung etwas von den Klimazonen ab.

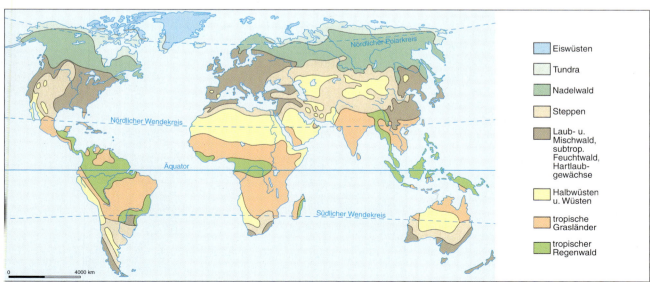

M 11 Pflanzengürtel der Erde

Das Klima der Erde

Ich heiße Tanja Iwanowa. Geboren bin ich im Ural.

Kältefrei ab minus 55 Grad!

Ich heiße Tanja Iwanowa. Geboren bin ich im Ural.
Als ich vier Jahre alt war, zogen meine Eltern nach Norilsk, in die nördlichste Großstadt der Erde, 400 Kilometer nördlich des Polarkreises. Hier fand mein Vater einen gut bezahlten Job in einem Betrieb, der wertvolle Nickel-Erze fördert. Wenn die Gegend um Norilsk nicht so reich an Bodenschätzen wäre, hätte man hier niemals im Jahre 1935 eine Stadt gegründet.

Der Winter ▸ ist in Norilsk nur sehr schwer zu ertragen. Manchmal sinkt das Thermometer auf unter minus 60 Grad Celsius. Ab minus 55 Grad Celsius fällt die Schule aus. Besonders schlimm ist es, wenn wegen der Kälte die Fernheizung nicht mehr funktioniert oder kein Wasser mehr aus der Leitung kommt. Eingehüllt in unsere dicken Pelzsachen, sitzen wir dann in der Wohnung zusammen – aber die Kälte kriecht bis auf die Knochen.
Sechs Wochen lang taucht die Sonne nicht über dem Horizont auf. Wenn Schneestürme wüten, kann man die breiten Straßen nicht zu Fuß überqueren. Feuchtes Holz wird härter als Eisen. Eisen wird spröde und Beile zerspringen wie Glas. Milch wird in fester Form gekauft und die Tagesration abgesägt, bevor man sie zu Hause auftaut.

Im Sommer ▸ geht die Sonne zwei Monate lang nicht unter. Wir nennen das Polartag – im Unterschied zur Polarnacht im Winter. Abseits der wenigen festen Straßen ist alles matschig, weil der Boden an der Oberfläche auftaut. Dann werden die riesigen Mückenschwärme zu einer echten Plage.
Die frostfreie Zeit ist so kurz und die von der Sonne gespendete Wärmemenge so gering, dass keine Bäume wachsen können.

A 1 Beschreibe die Lage und Ausdehnung Sibiriens (M 3). An welchen Pflanzengürteln hat Sibirien Anteil?

A 2 Erläutere die Lage und das Klima von Norilsk (M 1 – M 3).

A 3 Erkläre, warum sich in einem lebensfeindlichen Gebiet eine Großstadt entwickeln konnte (Atlas).

A 4 Schildere die Schwierigkeiten, mit denen die Menschen in der Tundra zu kämpfen haben (M 1 – M 5).

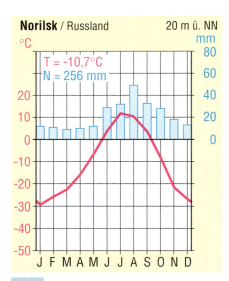

M 1 Klimadiagramm von Norilsk

M 2 „Straßenleben" in Norilsk im Winter

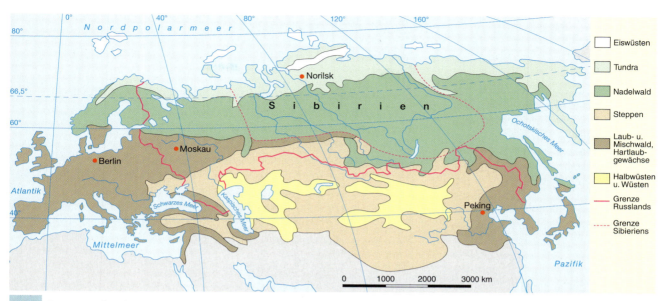

M 3 Lage Russlands, Sibiriens und von Norilsk innerhalb der Pflanzengürtel

 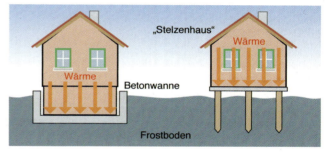

M 4 Hausbau ohne (links) und mit Schutzvorrichtungen

M 5 Lastwagen versinken im auftauenden Boden (Nadelwaldzone)

Was ist „Tundra"?

▶ Darunter versteht man ein Gebiet nördlich des Polarkreises ohne Bäume, lediglich mit Moosen und Flechten, Gräsern und kleinblättrigen Sträuchern. Ein Dreivierteljahr lang herrscht hier Winter. Die Temperaturen sind sehr niedrig. Bis zu 300 Tage im Jahr liegt der Schnee. Schneehase, Polarfuchs und Lemminge fristen hier ihr Leben. Der Boden im Untergrund ist dauernd gefroren; er taut nur oberflächlich im Sommer etwas auf. Dann schwirren hier Milliarden von Stechmücken durch die Luft.

Das Klima der Erde verändert sich

Unser Klima unterliegt ständig kleinen Schwankungen

▶ Wissenschaftler haben herausgefunden, dass sich das Klima der Erde im Laufe von Jahrmillionen verändert. Sie untersuchen zum Beispiel versteinerte Pflanzen und Tiere und können daraus auf das Klima in früheren Zeiten schließen.

Sie haben erforscht, dass immer wieder Warmzeiten und Kaltzeiten einander ablösen. Die letzte Eiszeit ging vor ungefähr 12 000 Jahren zu Ende. Seitdem wurde es bei uns in Europa wärmer. Aber immer wieder unterbrachen Kälteperioden die Warmzeit. Kommt demnächst wieder eine Eiszeit?

Wodurch entstehen die Klimaveränderungen?

Fachleute sagen, es gibt mehrere Ursachen für die Schwankungen des Klimas:
▶ Die Stärke der Sonnenstrahlung änderte sich im Laufe der Erdgeschichte. Sie war manchmal stärker oder schwächer als heute.
▶ Vielleicht hat sich im Laufe der Erdgeschichte die Bahn geändert, auf der die Erde die Sonne umkreist.
▶ Die Verschiebung der Kontinente (Kontinentaldrift) und neu entstandene Gebirge können die Windsysteme der Erde verändern.
▶ Nach heftigen Vulkanausbrüchen erhöht sich der Staubgehalt in der Atmosphäre und vermindert die Sonneneinstrahlung.

Wie entwickelte sich bei uns das Klima während der letzten 1000 Jahre? ▶ Genau weiß das niemand, weil es erst seit etwa 200 Jahren exakte Temperaturmessungen gibt. Für die Zeit davor ermittelt man die ungefähren Werte aus historischen Überlieferungen und der Untersuchung von Baumringen, Pflanzenpollen und Eisbohrkernen. Die Wissenschaftler haben herausgefunden, dass die Temperatur vom Jahre 1000 bis etwa 1650 nur geringen Schwankungen unterlag und etwa 0,6 Grad im Durchschnitt niedriger lag als heute. Von 1670 bis 1715 und von 1810 bis 1830 sank die Temperatur jeweils um rund 1,5 Grad gegenüber heute. In dieser Zeit stießen einzelne Alpengletscher in die Täler vor. Man nennt diese Zeit die „Kleine Eiszeit". Seitdem steigt die Temperatur stetig an.

A 1 Beschreibe die Veränderungen der Temperatur in Mitteleuropa während der vergangenen 22 000 Jahre (M 1 und M 2).

A 2 Suche in der Umgebung deines Schulortes nach Flur- oder Straßennamen, die auf eine frühere Nutzung hinweisen (zum Beispiel Wein- oder Hopfenanbau).

A 3 Nenne weitere Zeugen dafür, dass sich das Klima verändert (M 3).

M 1 Oberer Grindelwaldgletscher im Berner Oberland heute und 1910

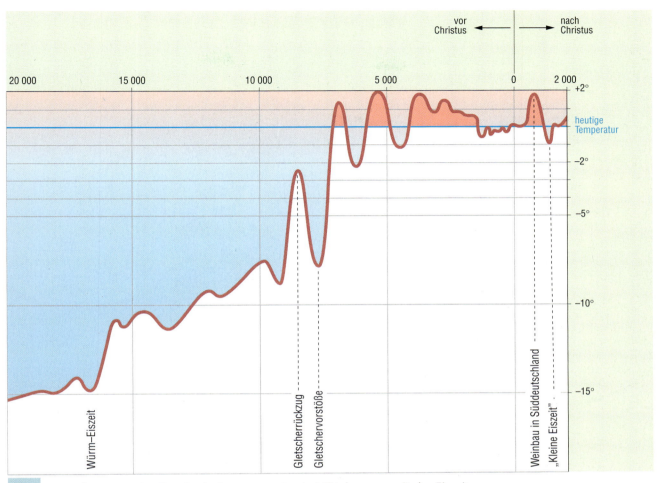

M 2 Veränderungen der Durchschnittstemperatur in Mitteleuropa seit der Eiszeit

M 3 Diese Felszeichnungen aus der Wüste Sahara sind etwa 6000 Jahre alt. Sie stellen das Leben der Bewohner im Hochland von Tassili dar. Damals war das Gebiet dicht bewaldet, da eine Regenzeit herrschte.
Heute ist dieses Hochland mitten in der Wüste Sahara pflanzenlos.

Kurz und klar

▸ Im Laufe der Erdgeschichte hat sich das Klima immer wieder geändert. Dafür gibt es verschiedene Ursachen. Gletschervorstöße und -rückzüge sind Zeugen dieser Klimaänderungen. Derzeit leben wir vermutlich in einer Warmzeit.

Das Klima der Erde

Wir verändern unser Klima!

"Guten Morgen, Frau Müller! Gut, dass ich Sie gleich selbst antreffe. Sie haben doch einen Mann und ein Kind. Ist das richtig?"

"Ja, freilich. Aber was wollen Sie denn von mir?"

"Ich will Ihnen das Ergebnis unserer Untersuchung mitteilen. Also: Ihre dreiköpfige Familie produziert im Jahr über 30 Tonnen Kohlendioxid: davon 15 Tonnen durch den Verbrauch von Nahrung und Konsumgütern, 7,5 Tonnen durch die Ölheizung, 3,5 Tonnen durch die Autofahrten, 2,6 Tonnen für Strom und Warmwasser, 1,5 Tonnen für den Urlaubsflug. Reichen Ihnen diese Angaben?"

"Was wollen Sie denn mit diesen Horrorzahlen? Ich fürchte, ich verstehe Sie nicht."

"Aber Frau Müller, Sie haben doch an das Umweltministerium geschrieben und wollten wissen, warum bei uns jedes Jahr die Regenfälle heftiger und die Überschwemmungen noch gewaltiger werden."

Was geschieht in einem Treibhaus? ▶ Durch die Glasscheiben eines Treibhauses können die Sonnenstrahlen eindringen. Sie erwärmen den Boden und die Luft im Glashaus. Da das Glas für die Wärmestrahlen undurchlässig ist, wird es im Glashaus wärmer als im Außenbereich. Diesen Umstand nutzen die Gärtner zum „Treiben" der Gewächse.

Was ist der natürliche Treibhauseffekt? ▶ Unsere Atmosphäre wirkt für die Erde so wie die Scheiben eines Glashauses. Bestimmte Gase in der Atmosphäre – zum Beispiel Kohlendioxid – lassen das Sonnenlicht ungehindert durchdringen, aber sie halten einen Teil der Wärmestrahlung zurück. Deshalb hat die Erde an ihrer Oberfläche eine mittlere Temperatur von 15 Grad Celsius. Ohne diesen Treibhauseffekt läge die Temperatur um 32 Grad niedriger! Die Erde wäre eine Eiswüste.

Was verstehen wir unter dem künstlichen Treibhauseffekt? ▶ Kohlendioxid (CO_2) entsteht dann, wenn man Kohle, Erdöl, Erdgas oder das Holz der Wälder verbrennt. In den letzten 150 Jahren hat der Anteil des Kohlendioxids in der Atmosphäre aus folgenden Gründen ständig zugenommen:
▶ Die Industrie ist der mit Abstand größte Luftverschmutzer. Fabriken sind gebaut worden, deren Maschinen mit Kohle oder Öl betrieben werden.
▶ Die Anzahl der benzinbetriebenen Fahrzeuge nimmt ständig zu.
▶ Die Erdbevölkerung vermehrt sich und verbraucht immer mehr Energie.

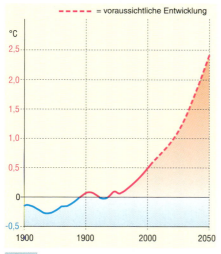

M 1 Anstieg der Jahresmitteltemperatur auf der Nordhalbkugel

Auch Methangas trägt zum Treibhauseffekt bei. Es entsteht zum Beispiel bei der Verdauung im Pansen der Rinder. Heutzutage stehen mehr Rinder als je zuvor auf den Weiden und in den Ställen. Weltweit sind es über 1,3 Milliarden Stück.
Auch beim Reisbau entsteht Methangas, wenn die Felder unter Wasser stehen und sich die organischen Substanzen zersetzen. Die Reisflächen werden immer mehr ausgeweitet.
Die so genannten Treibhausgase reichern sich in der Atmosphäre an. Dadurch werden immer mehr Wärmestrahlen zurückgehalten. Der natürliche Treibhauseffekt wird verstärkt. Es kommt zu einer zusätzlichen Erwärmung der Erde.

Was geschieht, wenn die Temperatur der Atmosphäre sich um mehr als einen Grad Celsius erhöht?

- Die Temperatur der Ozeane steigt. Die Atmosphäre nimmt zusätzlich Wasserdampf auf, die Regenfälle werden viel gewaltiger.
- Die Anzahl der Stürme und ihre Stärke nehmen zu.
- Gebiete mit Dauerfrostboden tauen auf und setzen zusätzliches Methangas frei.
- Die Gletscher in den Gebirgen schmelzen weiter ab. Das Eis an den Polen schmilzt.
- In den Gebirgen wird Felsgestein, das seit der Eiszeit gefroren war, auftauen. Berghänge rutschen ab; Siedlungen, Bergwälder und Wirtschaftsflächen werden zerstört, Täler verschüttet. Das Trinkwasser wird knapp.
- Der Meeresspiegel steigt um mehrere Dezimeter. Tiefländer an den Küsten werden überschwemmt.
- Die Klimazonen verschieben sich. Die Wüsten dehnen sich aus.
- Viele Tierarten sind vom Aussterben bedroht.

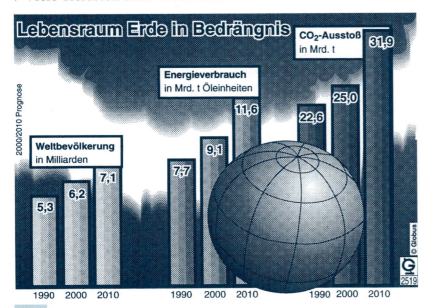

M 3 Die derzeitige Entwicklung

M 2 Der Treibhauseffekt

A 1 Erkläre den natürlichen und den künstlichen Treibhauseffekt (M 2).

A 2 Berichte über die Entwicklung von Erdbevölkerung, Energieverbrauch, Ausstoß von Kohlendioxid und der Jahresmitteltemperatur (M 1 und M 3).

A 3 Nenne mögliche Folgen einer zusätzlichen Erwärmung der Erde.

Kurz und klar

- Durch die Produktion von Treibhausgasen verändert der Mensch die Atmosphäre und erhöht den Treibhauseffekt. Die zunehmende Erwärmung kann in eine Umweltkatastrophe münden.

Ozonloch und Ozonsmog: die doppelte Gefahr

Gespräch mit einem Klimaexperten

Frage der Schüler: Was ist eigentlich Ozon?
Antwort des Klimaexperten: Ozon ist ein Gas. Es ist in winzigen Mengen in der Atmosphäre enthalten. Dieses Gas bildet in ungefähr 20 bis 40 Kilometern Höhe eine dünne Schicht, die so genannte Ozonschicht.
S.: Was hat eine Gasschicht in so großer Höhe mit uns hier auf der Erde zu tun?
K.: Die Ozonschicht wirkt wie ein Filter. Sie hält den größten Teil der lebensgefährlichen ultravioletten Strahlen der Sonne zurück. Nur einen kleinen Teil der UV-Strahlen lässt sie durch. Gäbe es diese Ozonschicht nicht, so könnten wir nicht auf der Erde leben.
S.: Was hat es eigentlich mit der Ozongefahr auf sich, von der man immer wieder hört?
K.: Der Mensch zerstört langsam die Ozonschicht! Schuld daran sind die Fluorchlorkohlenwasserstoffe – ein schwieriges Wort. Sagen wird einfach: FCKW. Sie dienten bei uns lange Zeit als Treibmittel für Spraydosen, als Kältemittel für Klimaanlagen und zum Schäumen von Kunststoffen.
Die FCKW gelangen in die Atmosphäre und steigen innerhalb von etwa 15 Jahren bis zur Ozonschicht auf. Dort werden sie durch die UV-Strahlen der Sonne gespalten. Dadurch wird Chlor frei und dieses zerstört das Ozon. Ein einziges Chloratom „frisst" 100 000 Ozonmoleküle!
S.: Entsteht so das Ozonloch?
K.: Richtig! Wenn irgendwo mehr als die Hälfte der Ozonschicht zerstört ist, spricht man von einem Ozonloch.
S.: Welche Folgen hat das Ozonloch für uns?
K.: Bei Menschen kommt es vermehrt zu Hautkrebs und zu Augenleiden. Auch die Pflanzen werden geschädigt und es treten Missernten und Waldschäden auf.
S.: Was wird gegen diese Gefahr unternommen?
K.: Die Herstellung von FCKW ist in der EU seit 1995, in den Entwicklungsländern ab 2010 verboten. Aber eigentlich müsste die Produktion von FCKW weltweit sofort eingestellt werden.
S.: Ist das **Ozonloch** das Gleiche wie der **Ozonsmog**?
K.: Nein! Achtung! Jetzt heißt es genau hinhören. Das Ozonloch hat nichts zu tun mit dem Ozonsmog!
S.: Das müssen Sie uns genauer erklären.
K.: Erinnert euch: Ozon ist ein Gas, das sogar in unserer Atemluft enthalten ist. In winzigen Mengen ist es ungefährlich, aber wenn es konzentriert auftritt, wird es für uns gefährlich. Es reizt

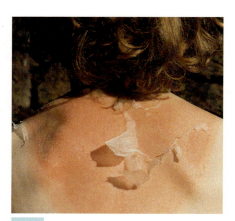

M 1 UV-Strahlung verbrennt die Haut

A 1 Berichte über die Schädigung der Ozonschicht und die Folgen des Ozonlochs (M 1 und M 2).

A 2 Nenne Unterschiede zwischen dem Ozonloch und dem Ozonsmog (M 4).

A 3 Äußere dich dazu, wie der Karikaturist den Kampf gegen das Ozonloch beurteilt (M 3).

unsere Atmungsorgane und Schleimhäute, führt zu Kopfschmerzen und schädigt sogar unsere Pflanzen.
S.: Wodurch kann es zu derartigen Konzentrationen des Ozons in der Atemluft kommen?
K.: Aus den Abgasen von Kraftfahrzeugen entsteht unter Einwirkung des Sonnenlichts Ozon. Sobald der Ozongehalt 180 Mikrogramm pro Kubikmeter Luft überschreitet, wird es für den Menschen gefährlich. Dann werden Warnungen im Rundfunk durchgegeben. Und dann sollten die Autos in der Garage bleiben!
S.: Vielen Dank für die Auskünfte.

M 2 UV-Strahlung verbrennt Blätter

»Na bitte, das Ozonloch ist so gut wie dicht!«

M 3 So sieht der Karikaturist mögliche Gegenmaßnahmen

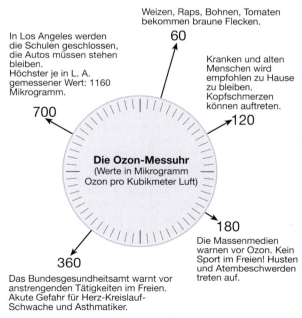

M 4 Das passiert, wenn die Ozonwerte steigen

45

Die Bedeutung der Weltmeere für unser Klima

Die Ozeane sind die größten Wärmespeicher der Erde
▶ Eine drei Meter dicke Schicht Ozeanwasser speichert genau so viel Wärme wie die gesamte Atmosphäre. Im Sommer erwärmen sich die Ozeane in den mittleren Breiten bis in eine Tiefe von 100 Metern um etwa fünf Grad. Diese im Sommer gespeicherte Wärme wird im Laufe des Winters wieder an die Atmosphäre abgegeben. Das ist so viel Energie, dass eine Familie in Deutschland ihren jährlichen Strombedarf aus nur elf Quadratmetern Ozeanfläche decken könnte!

In den Ozeanen fließen riesige Meeresströme
▶ Sie werden an der Oberfläche durch die vorherrschenden Winde angetrieben. In der Tiefe entstehen sie durch Unterschiede in der Wassertemperatur und im Salzgehalt. Meeresströmungen, die aus den warmen Tropen zu den kalten Polargebieten fließen, transportieren dorthin sehr viel Wärme.
Ein Beispiel dafür ist der Golfstrom. Er wirkt in West- und Nordeuropa wie eine „Zentralheizung", die die Wintertemperaturen im Vergleich zu anderen Gebieten in der gleichen geographischen Breite um mehr als 15 Grad erhöht. Man bräuchte 250 000 Atomkraftwerke, um die Energie zu erzeugen, die der Golfstrom kostenlos liefert.

Auf den Ozeanen verdunstet das Wasser
▶ Es verdunstet sechsmal mehr Wasser auf den Ozeanen als auf den Landflächen der Erde! Von den Ozeanen aus transportieren die Winde die feuchten Luftmassen zum Land, wo sich das Süßwasser als Regen oder Schnee niederschlägt.

Wie entwickelt sich das Klima bei uns, wenn die Erde sich weiter erwärmt?
▶ Jetzt ist es so: Das Wasser des Golfstroms fließt nach Norden. Dort wird es durch die eiskalten polaren Nordwinde abgekühlt. Ein Teil des Wassers gefriert und wird zu Eis, das kein Salz enthält. Dadurch wird der Salzgehalt des restlichen Wassers erhöht. Das kältere und salzreichere Wasser wird schwerer. Es sinkt vor Grönland und Island in die Tiefe. Als kaltes Tiefenwasser strömt es nach Süden.
Wie wird es in Zukunft sein? Wenn die Erde sich erwärmt, wird das Wasser des Golfstroms sich weniger stark abkühlen. Das Eis Grönlands wird schmelzen. Auf dem Nordmeer wird weniger Eis gebildet werden. Das Ozeanwasser wird nicht kalt und nicht salzig genug, um in die Tiefe abzusinken. Der Golfstrom kommt zum Erliegen. Europa verliert vielleicht seine „Warmwasserheizung".

A 1 Erläutere den Einfluss der Meere auf das Klima.

A 2 Beschreibe den Verlauf einiger Meeresströmungen (M 1 und Atlas).

A 3 Erkläre, warum man den Golfstrom als „Warmwasserheizung" Europas bezeichnet (M 1 und M 2).

A 4 Schildere die Folgen einer Temperaturerhöhung auf den Golfstrom (M 2 und M 3). Welche Folgen hätte dies für das Klima in Europa?

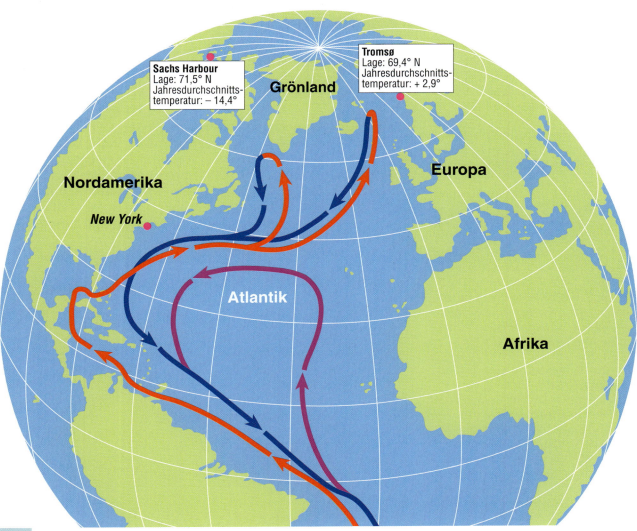

M 1 Der Golfstrom (rot = warm; blau = kalt)

①= Meereis wird gebildet. Der Salzgehalt des Wassers steigt. Das Wasser wird schwerer.

①= Das Eis der Gletscher schmilzt und fließt als Süßwasser ins Meer.

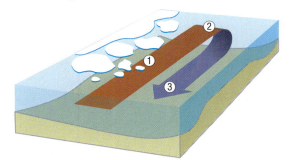

②= Schweres Wasser sinkt in die Tiefe.
③= Schweres Wasser fließt in der Tiefe nach Süden.

M 2 Wie der Golfstrom derzeit funktioniert

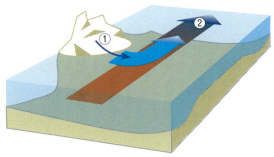

②= Es bildet sich kein Meereis. Der Salzgehalt des Wassers ist gering.

M 3 Wie der Golfstrom „stirbt"

Das Klima der Erde

Mach mit beim Klimaschutz!

Die Erde ist ein kranker Patient. Sie erlebt derzeit, dass sich das Klima in einem gewaltigen Tempo verändert. Wir erleben diesen Wandel selbst mit:
- Der Gehalt der Atmosphäre an Treibhausgasen ist noch nie im Laufe der Erdgeschichte so rasch angestiegen wie derzeit.
- Die Heftigkeit der Gewitter nimmt zu.
- Die Stürme entwickeln eine immer größere Wucht.
- Die Niederschläge fallen häufiger als kurze, heftige Starkregen.
- Alle paar Jahre kommt es zu Hochwassern, die früher als Jahrhunderthochwasser gekennzeichnet wurden. Sie führen zu verheerenden Überschwemmungen.

Wir müssen handeln, bevor es endgültig zu spät ist!
Wie können wir dem Patienten Erde und damit uns selbst helfen?
Was können wir tun – in unserem Alltag, in der Schule, im Berufsleben?
Greifen wir allein den Energieverbrauch heraus, durch den unsere Erde ständig mit CO_2 belastet wird. Wie können wir unseren Verbrauch an Energie vermindern?

Der Energiehaushalt unserer Schule ▶ In vielen Schulen können der Energieverbrauch und der CO_2-Ausstoß durch die Beteiligung von Schülerinnen und Schülern gesenkt werden. Dabei können die Schülerinnen und Schüler so vorgehen: Sie stellen die Temperaturen an verschiedenen Stellen der Schule fest und finden so die „Schwachstellen" heraus. Dafür gibt es (zum Beispiel bei Greenpeace) erprobte Beobachtungsbögen. Sie machen Vorschläge zur Wärmedämmung. Sie gehen sparsamer mit dem Licht um. Sie lüften ihr Klassenzimmer nur kurz, damit die Luft ausgetauscht wird, nicht aber die Möbel auskühlen. Sie vermeiden Müll, der mit Energieaufwand beseitigt werden muss.

M 1 Wo wird in einem Einfamilienhaus Energie verbraucht?

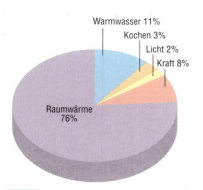

M 2 Wofür verbrauchen die privaten Haushalte in Deutschland Energie?

A 1 Sammle Vorschläge zur Einsparung von Energie und zur Verminderung des CO_2-Ausstoßes (M 1 – M 4).

A 2 Berechne, wie viel Heizwärme bei einem Einfamilienhaus durch Wärmedämmung eingespart werden kann (M 4).

A 3 Erkläre, wie durch eine Wohnungslüftungsanlage Energie gespart werden kann (M 3).

Wie kannst du dem Patienten Erde helfen? Ein paar Tipps aus der Praxis:

- Keine Produkte kaufen, die Treibhausgase enthalten.
- Heimische Produkte kaufen, die frischer sind als solche, die einen weiten (und auch Energie fressenden!) Weg hinter sich haben.
- Kunststofftüten durch Einkaufstaschen ersetzen.
- Verpackungen sind häufig überflüssig.
- Statt die Heizung hochzudrehen, kann im Winter ein Pullover vor Kälte schützen.
- Beim Duschen braucht man weniger Wasser und vor allem Energie als beim Baden.
- Muss es beim Rasenmähen immer ein Motormäher sein?
- Kann aus dem Stück Rasen eine „lebendige" Wiese werden, die nur mehr zweimal im Jahr gemäht wird?
- Für die Hobbyköche: Mit einem Dampfkochtopf braucht man weniger Energie als mit anderen Töpfen.
- Eine Tiefkühltruhe ist sparsamer, wenn sie regelmäßig abgetaut wird.
- Wer beim Sonntagsausflug das Rad oder die Füße benutzt, benötigt weniger Energie und steht nicht im Stau.
- Energiesparlampen brauchen nur ein Fünftel der Energie von normalen Glühlampen. Gleichzeitig ist ihre Brenndauer achtmal höher. Sie dürfen allerdings nicht ständig ein- und ausgeschaltet werden.

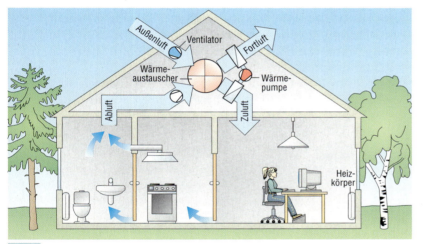

M 3 Wohnungslüftungsanlage mit Wärmerückgewinnung: Über 50 Prozent der Wärme werden aus der verbrauchten Luft durch einen Wärmetauscher zurückgewonnen.

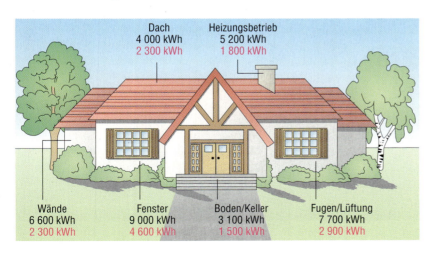

M 4 Heizwärmeverluste eines Einfamilienhauses: schlecht gedämmt – gut gedämmt (rote Ziffern)

Das Klima der Erde

Gebt den Flüssen mehr Raum!

Klimaänderungen ▶ Sie sind nach Aussagen von Fachleuten die Ursachen dafür, dass in Deutschland in den letzten Jahrzehnten die Stürme, Gewitter mit Hagelschlägen, Starkregen und Überschwemmungen stark zugenommen haben. Es ist zu befürchten, dass in Zukunft derartige Katastrophen immer häufiger eintreten. Wie können wir diesen Gefahren begegnen?

Verbesserung des Hochwasserschutzes ▶ „Wir werden den Flüssen wieder mehr Raum geben müssen. Sonst nehmen sie sich ihn einfach." Das sagte der Bundesumweltminister. Er nannte ein Reihe von Maßnahmen, mit denen große Schäden durch Hochwasser und Überschwemmungen verhindert werden sollen.
- Wohngebiete und Industrieanlagen dürfen nicht mehr „den Flüssen in den Weg gebaut werden". Sie dürfen nicht mehr auf Flächen errichtet werden, die bei Hochwasser überflutet werden können oder die dann überschwemmt werden, wenn Deiche brechen.
- Die Städte und Gemeinden werden verpflichtet, Karten zu erstellen, in die die Überschwemmungsgebiete und die ge-

M 1 Hochwasser der Iller in Immenstadt

fährdeten Gebiete eingezeichnet sind. Dort darf die Gemeinde keine neuen Baugebiete mehr ausweisen.
- In den gefährdeten Gebieten muss in den nächsten Jahren der Ackerbau eingestellt werden. Wenn Äcker überschwemmt werden, trägt die Flut die feine Ackerkrume fort. Durch das einsickernde Wasser gelangen Schadstoffe in den Boden. Überschwemmungsgebiete sind nur als Wiesen und Weiden landwirtschaftlich zu nutzen.
- In Überschwemmungsgebieten dürfen künftig keine Ölheizungen mehr in Häuser eingebaut werden.
- An den Flüssen müssen die Bundesländer Rückhaltebecken anlegen, in die bei Hochwassergefahr das überschüssige Wasser abgeleitet werden kann. Flussauen sollen erhalten oder wieder hergestellt werden. Vielfach werden Flusskorrekturen wieder rückgängig gemacht und so den Flüssen mehr Raum gegeben.

M 2 So sieht der Karikaturist die Anpassung an die Gefahr

M 3 Das neu eingerichtete Rückhaltebecken

M 4 Die Iller erhält mehr Raum

A 1 Nenne mögliche Auswirkungen der Klimaänderung für uns.

A 2 Beschreibe die Folgen einer Überschwemmung (M 1).

A 3 Erkläre, warum den Flüssen „mehr Raum" gegeben werden muss (M 3).

A 4 Erläutere, warum die Landwirte in Überschwemmungsgebieten den Ackerbau aufgeben müssen.

A 5 Zähle Maßnahmen auf, durch die Überschwemmungen vermieden und Schäden klein gehalten werden sollen (M 3 und M 4).

Klima – ein Thema der Politik

Klimakonferenzen

Das war der Anstoß
Eine Reihe von Wissenschaftlern hatte einen Bericht an die Vereinten Nationen verfasst. Darin forderten sie, dass die Industriestaaten den Ausstoß von Kohlendioxid bis zum Jahre 2050 um 80 Prozent, die anderen Staaten um 50 Prozent vermindern sollten. Andernfalls würde sich wegen des Treibhauseffekts das Klima auf der Erde in den nächsten Jahrzehnten um etwa drei Grad erwärmen. Die Folgen für die Menschheit wären katastrophal!

Die Klimakonferenz von Rio 1992
Die Vereinten Nationen luden alle Staaten der Erde zu einer Umweltkonferenz nach Rio de Janeiro ein. 175 Staaten beteiligten sich. Die Staaten bekundeten in einer Erklärung ihre Absicht, dafür zu sorgen, dass der Ausstoß von Kohlendioxid vermindert wird. Diese Absichtserklärung hatte allerdings keinen verpflichtenden Charakter.

So ging es weiter
1997 trafen sich die Vertreter der Vertragsstaaten im japanischen Kyoto und vereinbarten konkrete Maßnahmen zur Verminderung des Ausstoßes von Treibhausgasen.
Allerdings zog der weltweit größte Verursacher von Kohlendioxid, die USA, seine Zusagen zurück.

Politiker aus einem Industriestaat
„Ohne Energieverbrauch läuft gar nichts. Wir sind dabei, den Ausstoß von Kohlendioxid zu vermindern und entwickeln dafür neue Techniken. Wir können nicht auf Kohle und Erdöl als Energieträger verzichten, wie die Umweltschützer fordern. Wir können auch nicht allein auf Atomenergie oder alternative Energien setzen. Unsere Industrie muss wettbewerbsfähig bleiben und das geht nur durch einen hohen Einsatz von Energie. Wenn wir also die Emissionswerte für Kohlendioxid drastisch senken sollen, dann geht das nur durch Verzicht.
Ich frage Sie: Welcher Politiker bei uns kann es sich schon leisten, von seinen Wählern Verzicht zu fordern: Verzicht auf Autofahrten, Verzicht auf Fernreisen, Verzicht auf manche andere Annehmlichkeiten, die nur durch Energieverbrauch zu haben sind?"

Vertreter eines Umweltverbandes
„Für Milliarden Menschen in den so genannten Entwicklungsländern sind wir mit unserem hohen Lebensstandard das Vorbild, dem sie nacheifern. Wie wird die Zukunft der Erde aussehen, wenn Milliarden Chinesen und Inder die gleichen Autos fahren wollen wie wir in Europa oder in den USA? Aber sie haben doch auch ein Recht darauf, oder? Abgesehen davon, dass der Planet noch nicht gefunden worden ist, von dem die dafür benötigten Rohstoffe geholt werden könnten: Die Erde würde durch diese Motorisierung glatt vergiftet – und dann spielt der Klimaschutz auch keine Rolle mehr.
Aber es gibt auch eine andere Seite: Einige deutsche Städte und Gemeinden versprachen freiwillig, den Ausstoß von Kohlendioxid in ihrem Gebiet herabzusetzen. Die deutsche Bundesregierung gab ein ähnliches Versprechen ab. Das sind Tropfen auf den heißen Stein, aber ein Anfang ist gemacht."

Politiker aus einem Entwicklungsland

„Die Industriestaaten sind nach wie vor die Hauptproduzenten von Kohlendioxid. Entgegen allen Versprechungen nimmt der Ausstoß dieses wichtigsten Treibhausgases aus Industrie, Verkehr und Haushalten bei ihnen sogar noch zu! Lediglich ein Viertel der Erdbevölkerung produziert drei Viertel des Kohlendioxids!

Nicht bei uns, sondern in den Industriestaaten muss ein Umdenken stattfinden. Wenn beim Klimaschutz Fortschritte erzielt werden sollen, müssen die Industriegesellschaften eine Kehrtwende vollziehen. Sie müssen mit weniger als der Hälfte des bisherigen Energieverbrauchs auskommen!"

„Also abgemacht: Ab 2010 wird 20% weniger Gas gegeben!"

Weltklimakonferenz

A 1 Nimm Stellung zu folgenden Aussagen deutscher Politiker:

▶ Wir müssen in Deutschland noch viel mehr die erneuerbaren Energien nutzen.
▶ Wir müssen unseren hohen Rohstoff- und Energieverbrauch senken. Das ist nur möglich, wenn wir unseren Lebensstil ändern.
▶ Das Benzin sollte so teuer werden, dass durch den hohen Preis auch die Umweltschäden abgedeckt werden, die das Autofahren bewirkt.
▶ Klimaschwankungen hat es immer schon gegeben. Wir sollten uns jetzt nicht von ein paar Umweltfanatikern irre machen lassen.
▶ Immer dann, wenn es eng wurde, haben die Menschen etwas Neues erfunden. So wird es auch jetzt sein, wenn die Energiereserven schwinden.
▶ Wenn heutzutage Krieg geführt wird, dann geht es nicht um die Verwirklichung der Menschenrechte, sondern um den Zugriff auf die letzten Ölreserven der Erde.

A 2 Sammle Karikaturen und Zeitungsberichte über die Klimapolitik. Gestalte mit den Artikeln eine Schautafel.

Das Klima der Erde

Unser Klima – Wer kennt sich aus?

L Die Zone der Erde im Umkreis der Pole. Dort herrscht ein kaltes Klima und es breiten sich Eiswüsten aus.

O Pflanzen sind an das Klima angepasst. Deshalb sind sie weithin so über die Erde verbreitet wie die Klimazonen.

M So heißt das durchschnittliche Wetter über einen längeren Zeitraum hinweg, das vor allem durch die Temperaturen und die Niederschläge bestimmt wird.

T Die Darstellung des Verlaufs von Temperatur und Niederschlag in einer Grafik durch Linien und Säulen. Sie eignet sich vor allem für den Vergleich von Klimadaten.

E Gebiete mit gleichen klimatischen Bedingungen, die sich gürtelartig um die Erde ziehen.

A 1 Ordne die Erklärungen den Begriffen von oben nach unten zu. Die Buchstaben ergeben den Fachausdruck für Wetterkundler (Mehrzahl).

Klima
Klimaänderung
Klimadiagramm
Klimazonen
Ozonschicht
Ozonsmog
Pflanzengürtel
Polarzone
Treibhauseffekt
Treibhausgase
Tropen
UV-Strahlen

54

O In dieser Schicht der Lufthülle der Erde werden die gefährlichen Strahlen der Sonne aufgefangen und umgewandelt. Die Schicht wird durch Abgase teilweise durchlöchert.

G Dazu zählen Wasserdampf und Kohlendioxid (CO_2), die einen Teil der kurzwelligen Sonnenstrahlung durchlassen, einen Teil der Wärmestrahlung zum Erdboden zurückstrahlen.

R Diese Gefahr für unsere Gesundheit entsteht in den unteren Luftschichten bei Sonne und starkem Autoverkehr. Dann werden die Autoabgase in chemische Stoffe verwandelt, die die Schleimhaut reizen.

E So nennt man den langfristigen Wechsel von wichtigen Elementen, die das Klima der Erde bestimmen. Dazu kam es des Öfteren im Laufe der Erdgeschichte.

N Nicht sichtbare Strahlung der Sonne im ultravioletten Bereich, die teilweise durch die Ozonschicht von der Erdoberfläche ferngehalten wird. Sie wirkt sich schädlich auf die Gesundheit aus.

E Die zwischen den beiden Wendekreisen gelegene warme Zone beiderseits des Äquators.

O Die Lufthülle lässt kurzwellige Sonnenstrahlen bis zur Erdoberfläche durch. Dort werden sie zu langwelligen Wärmestrahlen, die von Spurengasen reflektiert werden, also nicht mehr in den Weltraum entweichen. So kommt es zur natürlichen Erwärmung der Erde.

Die Gemeinde – Basis der Demokratie

Gemeinde
Postbauer-Heng
Kreis Neumarkt

Markt
Dietenhofen
Kreis Ansbach

Stadt
Würzburg

„Die Selbstverwaltung der Gemeinden dient dem Aufbau der Demokratie von unten nach oben."

Bayerische Verfassung, Art. 11 (4)

Die Gemeinde – Basis der Demokratie

Eine Stadt mit Geschichte

M 1 Dieses Gemälde im Rathaus zeigt eine Stadtansicht aus dem Jahr 1736

Die Stadt Mühldorf kann bereits auf eine mehr als 1000-jährige Geschichte zurückblicken ▶ Der Ort wurde im Jahr 935 erstmals in einer Urkunde erwähnt. Im Jahre 1190 verlieh der deutsche König Heinrich IV. dem Erzbischof Adalbert von Salzburg das Recht hier einen Salzhandelsplatz zu gründen. Als Stadt wird Mühldorf erstmals im Jahr 1239 erwähnt. Sie ist damit eine der ältesten Städte Bayerns.

Jahrhunderte hindurch blieb die Stadt inmitten von bayerischem Herrschaftsgebiet unter Salzburger Oberhoheit. Erst im Jahr 1802 kam die Stadt zum Kurfürstentum Bayern.
Mit dem Bau der Eisenbahnlinie von München nach Mühldorf entwickelte sich die Stadt zu einem Eisenbahnknotenpunkt.

Gemeinden ▶ sind Körperschaften, die die Angelegenheiten innerhalb ihres Gemeindegebiets selbst ordnen und verwalten. Städte und Märkte heißen Gemeinden, denen diese besondere Bezeichnung einmal verliehen wurde.
Statt Gemeinde wird häufig der Begriff Kommune verwendet.

 M 2 Wappen der Stadt Mühldorf a. Inn. Das Mühlrad steht für den Stadtnamen. Die Farben Weiß und Rot erinnern an die frühere Zugehörigkeit zu Salzburg.

Eine Gemeinde wandelt ihr Gesicht ▶ Im Laufe von Jahrhunderten wurden Straßen verbreitert, neue Häuser gebaut, ursprüngliche Holzbauten ersetzte man durch Steinbauten. Häufig waren es auch katastrophale Ereignisse, die den Neubau ganzer Viertel notwendig machten. So wurde die Stadt im Jahr 1640 von einem großen Brand heimgesucht, dem drei Viertel der Häuser zum Opfer fielen. Beim anschließenden Neuaufbau erhielt der Stadtplatz seine heutige Gestalt (siehe Seite 56/57). Im Zweiten Weltkrieg wurden viele Orte teilweise oder ganz zerstört. So wurde auch Mühldorf im Frühjahr 1945 zweimal bombardiert. Dabei starben 150 Menschen, zahlreiche Häuser und die Bahnanlagen wurden komplett zerstört.

A 1 Das Wappen der Stadt Mühldorf wird als „sprechendes Wappen" bezeichnet. Erkläre, warum.

A 2 Frage in der Gemeindeverwaltung nach einer Gemeindechronik oder suche die Homepage deiner Gemeinde. Dort findest du auch das Wappen deiner Gemeinde mit Beschreibung.

A 3 Suche alte und neue Ansichtskarten deiner Gemeinde. Stelle sie zu einer kleinen Ausstellung zusammen.

M 3 Das Bahngelände nach dem Bombenangriff am 19. März 1945

M 4 Der Bürgermeister erzählt

▶ „Bei den Katastrophen der Vergangenheit, wie dem großen Stadtbrand, bei Belagerungen durch bayerische, schwedische oder französische Truppen, bei Pest und Cholera oder auch durch Bombardierungen im 20. Jahrhundert wurde der Bevölkerung großes Leid angetan. Doch dies ließ die Stadtbevölkerung noch enger zusammenrücken und gemeinsam schaffte die Bevölkerung jedes Mal wieder einen Neuanfang. Mit viel Einsatz, Kraft und Schweiß erstanden die Häuser und Gebäude wieder neu. Hier hat sich der Gemeinsinn als äußerst wichtig erwiesen."

M 5 Heute überbrückt eine moderne Stahlkonstruktion das Bahngelände

A 4 Suche aus der Ortsgeschichte deiner Heimatgemeinde ähnliche einschneidende Ereignisse heraus. Vielleicht findest du auch Fotos aus der jüngeren Geschichte.

A 5 Befrage ältere Personen in deiner Familie oder Zeitzeugen aus der Nachbarschaft über die Ereignisse im Zweiten Weltkrieg in deiner Heimatgemeinde.

A 6 Vergleiche M 3 und M 5. Beachte dabei den Wasserturm.

Die Gemeinde – Basis der Demokratie

Merkmale einer Gemeinde

Stadt Mühldorf a. Inn

▶ Mühldorf liegt am Alpenfluss Inn, der bis heute die Landschaft prägt. Die Altstadt befindet sich 383 Meter über Meereshöhe, das Bahnhofsviertel auf der Hochterrasse 410 Meter über Meereshöhe. Seit der Römerzeit war der Inn der wichtigste Handelsweg für den Warenverkehr zwischen Innsbruck und Donaustädten wie Wien und Budapest.

Die Innschifffahrt wurde erst zur Zeit des Eisenbahnbaues um 1870 eingestellt. Fünf Bahnstrecken führen heute direkt von Mühldorf aus in alle Richtungen. Im 20. Jahrhundert wurden die Straßen immer besser ausgebaut. Heute dienen neben den Bahnlinien auch Fernstraßen und teilweise Autobahnen der Verkehrsanbindung.

Mit der Gebietsreform der Jahre 1972 und 1978 wurden die vorher selbstständigen Gemeinden Mößling, Hart und Altmühldorf in die Stadt eingemeindet. Im Vereinsleben sind diese alten Dorfgemeinschaften noch heute lebendig.

In der Stadt sind viele Einrichtungen angesiedelt:
- Amtsgericht
- Arbeitsamt
- Berufsbildungszentrum
- Berufsfachschulen
- Berufsschulen I und II
- Fachakademie
- Finanzamt
- Gesundheitsamt
- Gewerbeverband
- Grund- und Hauptschulen
- Gymnasium
- Heimatmuseum
- Kindergärten
- Kfz-Zulassungsstelle
- Katholisches Kreisbildungswerk
- Kreishandwerkerschaft
- Kreiskrankenhaus
- Landratsamt
- Landwirtschaftsschule
- Musikschule
- Notariat
- Polizeistation
- Stadtbücherei
- Stadtwerke Mühldorf
- SüdostBayernBahn
- Vermessungsamt
- Veterinäramt
- Volkshochschule
- Wirtschaftsschule
- Zollamt

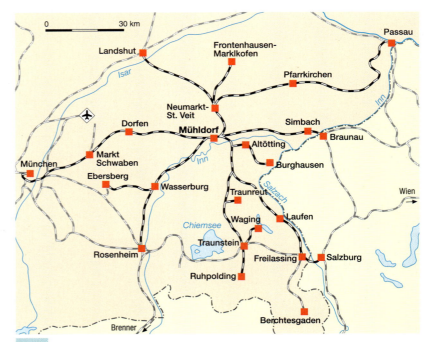

M 1 Mühldorf ist ein Eisenbahnknotenpunkt. Hier befindet sich auch der Verwaltungssitz der SüdostBayernBahn (SOB).

A 1 Erstelle eine ähnliche Aufstellung für deinen Heimatort. Das Internet oder der Ortsplan können dir dabei helfen.

A 2 Welche Schulen und andere Bildungseinrichtungen gibt es in deiner Gemeinde?

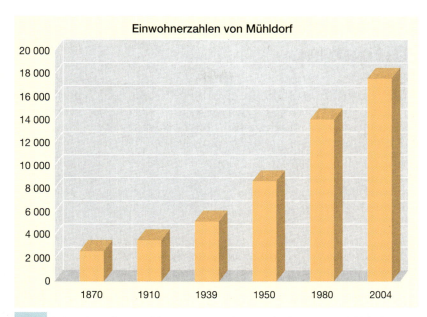

M 2 Die Einwohnerzahl stieg seit dem Bahnbau von 1870 immer weiter an.

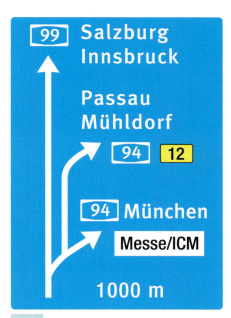

M 3 Mühldorf liegt an der B 12 zwischen München (80 km) und Passau (100 km), sowie an der Straße von Landshut (60 km) nach Salzburg (70 km). Der Chiemsee ist etwa 45 km entfernt.

Wir erkunden unsere Gemeinde ▶ Jede Gemeinde sieht anders aus, für jede Gemeinde gibt es ganz typische Ereignisse und Daten. Am besten kann man dies alles am jeweiligen Ort erfahren. Ein Interview mit dem Bürgermeister, ein Besuch in der Gemeindeverwaltung, ein Blick in die Gemeindechronik oder die Suche im Internet verhelfen dir zu den wichtigsten Informationen.

A 3 Trage die Merkmale deiner Gemeinde zusammen (Größe, Einwohnerzahl, Lage).

A 4 Welche Verkehrswege gibt es in deiner Gemeinde, welche führen zu anderen Orten?

A 5 Stelle die Ergebnisse im Klassenzimmer oder in der Schule aus: Wandzeitung, Collage, Texte, Bilder, Diagramme, in der Schülerzeitung, auf der Homepage deiner Schule.

M 4 Früher war hier nur Ackerland mit einzelnen Bauernhöfen. Heute benötigt die Stadt immer mehr dieser Flächen. Industriebetriebe siedeln sich an, die Menschen brauchen Wohnungen. Im Industriepark Nord ist dies alles vorhanden.

Die Gemeinde – Basis der Demokratie

Gemeinden haben viele Aufgaben

A 1 Auch in deiner Gemeinde sind Pflichtaufgaben zu erfüllen. Gib jeweils Beispiele zu den aufgeführten Aufgaben an.

A 2 Sammle Fotos und Zeitungsausschnitte zu diesen Pflichtaufgaben.

A 3 Welche Einrichtungen stellt deine Gemeinde für die Jugend zur Verfügung? Welche besonderen Wünsche hat die Jugend in deiner Gemeinde? Stelle in deiner Klasse eine Wunschliste zusammen.

A 4 Was meinst du zu den Schlagzeilen von M 1?

Pflichtaufgaben ▶ Die Gemeinde muss alle Angelegenheiten der örtlichen Gemeinschaft regeln und sich selbst verwalten. Dies nennt man den eigenen Wirkungskreis der Gemeinde. Dazu gehört der Entwicklungsplan für die Baugebiete und den Straßenbau.
Außerdem müssen alle Gemeindegebiete erschlossen werden, das bedeutet, sie müssen an die Wasserversorgung, an Abwasserleitungen und das Straßen- und Stromnetz angeschlossen werden.
Die Gemeinden sind die Sachaufwandsträger der Grund- und Hauptschulen. So bezahlen sie die Gebäude, die Einrichtungen, ja sogar Bücher und Kreide. Einrichtungen für Kultur, Jugend und Sport gehören auch zu ihren Aufgaben.
Außerdem sind sie für den Feuerschutz zuständig. Dafür unterhalten sie freiwillige Feuerwehren, in den Großstädten Berufsfeuerwehren.
Damit alles bezahlt werden kann, muss die Gemeinde Steuern einnehmen und den Haushalt verwalten.

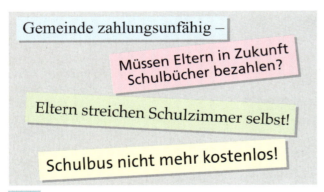

M 1 Überschriften aus Zeitungen

M 2 Grundschule

M 3 Elektrizitätswerk

M 4 Hallenbad

Freiwillige Leistungen ▶ Damit das Leben in einer Gemeinschaft angenehm und lebenswert wird, stellt die Gemeinde der Bevölkerung freiwillig viele Einrichtungen zur Verfügung. Dabei sollen alle Altersgruppen und die vielfältigen Freizeitinteressen möglichst aller berücksichtigt werden. Deshalb gibt es auch eine große Anzahl von Vorstellungen und Erwartungen, was eine Gemeinde leisten soll.
Beispiele sind:

- Stadthalle
- Hallenbad
- Freibad
- Sauna
- Sportplatz
- Spielplatz
- Turnhalle
- Jugendzentrum
- Radwege
- Seniorenzentrum
- Volksfeste
- Theatersaal
- Konzerte, Musicals
- Bücherei
- Parkhaus
- Wanderwege
- Straßen, Gehsteige
- Stadtbus
- Skaterbahn
- Sprungturm

A 5 Die Abbildungen auf dieser Doppelseite zeigen verschiedene kommunale Einrichtungen. Ordne sie jeweils Pflichtaufgaben und freiwilligen Leistungen der Gemeinden zu.

A 6 Ergänze die Beispiele freiwilliger Leistungen. Fertigt in der Klasse eine Wunschliste an.

A 7 Viele Jugendliche wünschen sich eine Diskothek in ihrer Gemeinde. Gehört dies auch zu den Aufgaben einer Gemeinde?

M 5 Kläranlage

> **Kommunal** ▶ bedeutet, die Kommunen, die Gemeinden betreffend. Gemeindewahlen heißen daher auch Kommunalwahlen. Meistens werden gleichzeitig auch die Kreistagswahl und die Landratswahl durchgeführt.

M 6 Unterhalt von Gemeindestraßen

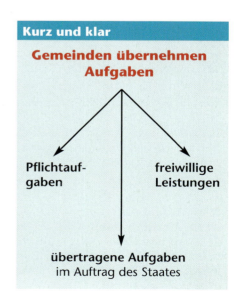

Die Gemeinde – Basis der Demokratie

Gemeinden bekommen Aufgaben übertragen

Die Europäische Union, die Bundesrepublik Deutschland und der Freistaat Bayern übertragen immer mehr Aufgaben auf die Gemeinden. Mit ihrer Verwaltung müssen sie derartige Aufgaben erfüllen.

Diese Aufgaben sind im Artikel 8 der Bayerischen Gemeindeordnung geregelt:
- Der übertragene Wirkungskreis der Gemeinden umfasst alle Angelegenheiten, die die Gemeinden im Auftrag des Staates oder des Landkreises erfüllen.
- Für die Erledigung übertragener Angelegenheiten können die zuständigen Staatsbehörden den Gemeinden Weisungen erteilen.
- Bei der Zuweisung von Angelegenheiten sind gleichzeitig die notwendigen Mittel zur Verfügung zu stellen.

M 1 Der Bürgermeister oder ein Standesbeamter führen Trauungen durch.

Im Meldeamt ihrer Heimatgemeinde können Bürger Anliegen erledigen, die eigentlich die Bundesrepublik Deutschland betreffen, zum Beispiel alle Fragen der Staatsangehörigkeit und des Passwesens. Vom 16. Lebensjahr an muss jede/r Deutsche im Besitz eines gültigen Ausweispapiers sein (Ausweispflicht). Der Ausweis wird zur Feststellung der Personalien benötigt. Den Antrag zur Ausstellung eines Personalausweises stellt der Bürger in der Heimatgemeinde. Damit der Ausweis in allen Gemeinden gleich aussieht, wird dieser in der Bundesdruckerei hergestellt.

M 2 Die Ausstellung von Pässen und Lohnsteuerkarten gehört zu den Aufgaben der Gemeinden.

Das Standesamt ist zuständig für die Ausstellung wichtiger Urkunden wie Geburtsurkunden und Sterbeurkunden. Außerdem werden hier Eheschließungen vollzogen.

Übertragene Aufgaben umfassen die Ausgabe von Lohnsteuerkarten, Anträge für Renten und Sozialhilfe. Für die Ausführung dieser Aufgaben können die Staatsbehörden Weisungen erteilen, müssen aber gleichzeitig die notwendigen Mittel zur Verfügung stellen.

A 1 Mit welchem Alter kannst du einen Personalausweis oder einen Reisepass beantragen? Was musst du dabei beachten? Informiere dich im Internet bei Suchmaschinen unter „Personalausweis".

Die Wahlen zum Europäischen Parlament, zum Deutschen Bundestag, zum Bayerischen Landtag und zu den Bezirkstagen werden durch die Gemeindeverwaltung durchgeführt. Selbstverständlich ist diese auch zur Durchführung der Kommunalwahlen verpflichtet.

		Zi. Nr.
1. Bürgermeister Günther Knoblauch		110
Vorzimmer / Bürgerservice		109
Hauptamt		212
Personalamt		210
Besoldung / Löhne		209
Organisation / Beschaffung		008
Kindergarten, Schulen, Jugendeinrichtungen		008
Archiv		006
Poststelle		007
Jugendpfleger		013
Fremdenverkehr, Kultur	Stadtplatz	36
Wirtschaftsbetreuung		103
Kämmerei / Stiftungen		106
Stadtkasse		104
Steuern		206
Finanzverwaltung		208
Liegenschaften		200
Ordnungsamt	Huterergasse 4	110 N
Meldeamt / Fundamt	Huterergasse 4	007 N
Lohnsteuerkarten	Huterergasse 4	007 N
Passwesen	Huterergasse 4	007 N
Soziales / Renten	Huterergasse 2	004 N
Gewerbe / Marktamt	Huterergasse 2	003 N
Verkehrsangelegenheiten	Huterergasse 4	113 N
Standesamt	Huterergasse 4	112 N
Bauamt / Stadtplanung	Huterergasse 2	103 N
Hochbau	Huterergasse 2	106 N
Tiefbau	Huterergasse 2	201 N
Bauverwaltung	Huterergasse 2	100 N
Abfall / Umwelt	Huterergasse 2	105 N

M 3 Informationstafel im Eingangsbereich des Rathauses. Ordne die einzelnen Referate nach diesem Schema:

Pflichtaufgaben	Freiwillige Leistungen	Übertragene Aufgaben

M 4 Aufgaben der Gemeinde
- Abwasserbeseitigung
- Altenbetreuung
- Anmeldung
- Aufgebot für Eheschließung
- Ausbildungsförderung
- Aufenthaltsgenehmigung
- Baugenehmigung
- Beglaubigung
- Bestattungswesen
- Bußgelder
- Eheschließung
- Einbürgerung
- Erschließungsbeitrag
- Erziehungshilfe
- Fahrausweis für Schüler
- Erschließungsbeitrag
- Fremdenverkehr
- Führungszeugnis
- Fundbüro
- Geburtenanmeldung
- Gewerbegenehmigung
- Kindergeld
- Hundesteuer
- Jugendhilfe
- Kinderausweis
- Namensänderung
- Öffentlichkeitsarbeit
- Pachtwesen
- Passangelegenheiten
- Personalausweis
- Plakatanschlag
- Rentenanträge
- Sportförderung
- Steuern und Abgaben
- Versammlungswesen
- Verkehrsplanung

Der Bürgermeister ▶ „Um alle diese Aufgaben erfüllen zu können, brauchen wir im Rathaus gutes und fachlich geschultes Verwaltungspersonal. Unsere Mitarbeiter müssen die rechtlichen Grundlagen ihres Fachgebietes beherrschen, um dann den Bürgern helfen und richtige Auskünfte geben zu können. Um den ordnungsgemäßen Gang der Geschäfte zu gewährleisten, müssen sie den Umgang mit dem PC beherrschen, mit den verschiedenen Programmen und dem Internet vertraut und außerdem bereit sein, sich ständig weiterzubilden.
Wir haben außerdem als erste Anlaufstelle ein Bürgerbüro und eine Bürgermeistersprechstunde eingerichtet."

A 2 Wähle drei Aufgaben aus M 4 und stelle fest, welches Amt zuständig ist (M 3).

A 3 Frage nach, in welchen Berufen im Rathaus ausgebildet wird und welche schulischen Voraussetzungen dafür gefordert werden.

Die Gemeinde – Basis der Demokratie

Wer soll das bezahlen?

Die Geschichte vom „Basketball-Platz am Weiher" ▶ Die Gemeinde legte vor ungefähr zehn Jahren im Neubaugebiet einen schönen Kinderspielplatz an. Doch heute sind die Kinder von damals Jugendliche und haben ganz andere Interessen. Gelegentlich haben die Jungen dort noch Fußball gespielt, aber es gab immer wieder Ärger.

So saßen sie eines Nachmittags zusammen und beschlossen, nicht mehr auf den Spielplatz zu gehen. Dann spielten sie Basketball an der Garage eines Freundes. Doch das war den Nachbarn zu laut. Wohin aber dann? Schnell waren sie sich einig: Wir brauchen einen eigenen Platz für „Streetball"! Sie hatten auch gleich einen passenden Standort ausgemacht, nämlich neben dem alten Bolzplatz. Sie setzten ein Schreiben auf und übergaben es der Stadträtin M., die in ihrer Siedlung wohnt.

STADT MÜHLDORF A. INN

STADT MÜHLDORF A. INN *
POSTFACH 10 63
84441 MÜHLDORF A. INN

Ihr Ansprechpartner:
Thomas Greß
Sachgebiet: Kämmerei
Zimmer 106

Der Ausbau eines „Streetball"- Platzes neben dem Bolzplatz ist in diesem Jahr nicht mehr möglich:
1. Das Grundstück gehört zu den Grünflächen und ist im Eigentum der Stadt.
2. Der Ausbau einschließlich der Planierung, Teerung und einem massivem Korb kostet nach ersten Schätzungen etwa 12 000,– Euro.
3. Für dieses Vorhaben sind im Haushaltsplan keine Mittel vorgesehen.
4. Die Haushaltsberatungen für das kommende Jahr beginnen im Dezember. Der Antrag wird dann dem Stadtrat vorgelegt.

Mit freundlichem Gruß
Stadtkämmerer

M 1 Auszug aus dem Brief des Stadtkämmerers

Einkommensteuer ▶ Das Finanzamt weist den Gemeinden einen Anteil an der Einkommensteuer zu.

Gewerbesteuer ▶ Betriebe sind zur Zahlung der Gewerbesteuer an die Gemeinde verpflichtet.

Grundsteuer ▶ Jeder Grundbesitzer zahlt eine Steuer an die Gemeinde.

Hundesteuer ▶ Hundehalter bezahlen Hundesteuer.

Zuschüsse ▶ Für besondere Maßnahmen bekommt die Gemeinde vom Land oder Bund Zuschüsse. Selbst gibt sie Zuschüsse zum Beispiel an Vereine und für Kulturarbeit.

M 2 Nach vielem Hin und Her konnte der Streetball-Platz doch noch errichtet werden.

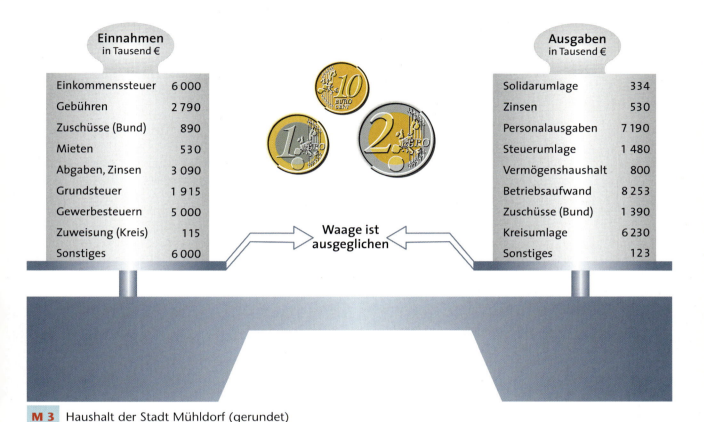

M 3 Haushalt der Stadt Mühldorf (gerundet)

Der Kämmerer: „Ich kann nur Geld für eine Maßnahme ausgeben, die im Haushaltsplan festgelegt wurde. Sonst müssten wir entweder höhere Einnahmen haben oder etwas anderes streichen. Dies geht aber erst wieder im kommenden Jahr, das entscheidet dann der Stadtrat."

M 4 Karikatur von Jan Tomaschoff

A 1 Wie viel nimmt die Stadt in diesem Jahr ein (M 3)? Reichen die Einnahmen für die Ausgaben? Überprüfe.

A 2 Der Haushalt einer Gemeinde kann auf zwei verschiedene Arten ausgeglichen werden:
a) Durch Erhöhung von Steuern, Abgaben und Gebühren oder
b) durch Kürzung oder Streichung von Ausgaben.
Überlege, welche Folgen haben die beiden Möglichkeiten?

A 3 Auf welche Weise würdest du den Haushalt ausgleichen?

A 4 Wie sieht der Karikaturist die Finanzlage der Gemeinde?

Die Gemeinde – Basis der Demokratie

Gemeinden arbeiten zusammen

Manche Leistungen können Gemeinden nicht alleine erbringen. Deshalb schließen sie sich bei größeren Aufgaben häufig mit anderen Gemeinden zusammen.

Den Zweckverband zur Wasserversorgung hat die Stadt Mühldorf deshalb zusammen mit der Nachbargemeinde Mettenheim gegründet. Gemeinsam sorgen sie damit für die Versorgung der Bevölkerung mit Trinkwasser. Immerhin wurden im letzten Jahr fast 1,7 Millionen Kubikmeter Wasser verbraucht.

Der Wasserzweckverband hat ausschließlich die Aufgabe, für das Verbandsgebiet eine Wasserversorgungsanlage mit Brunnen, Förderanlagen, Fernleitungen und Hochbehälter zu errichten. Außerdem ist die Wasserqualität durch ständige Kontrollen zu überprüfen, denn Trinkwasser ist das wichtigste Lebensmittel.

Verwaltungsgemeinschaften sind Zusammenschlüsse kleinerer Gemeinden. Dadurch können die gleichen Dienstleistungen angeboten werden, wie es die Verwaltungen größerer Orte tun. Andererseits bleibt die volle Selbstständigkeit dieser Gemeinden erhalten.

Schulverbände sind gemeinsam Sachaufwandsträger von Schulen, zum Beispiel für Hauptschulen, deren Einzugsbereich sich über mehrere Gemeinden erstreckt. Die anfallenden Kosten für Gebäude und Schülerbeförderung teilen sich die Gemeinden je nach Schülerzahl auf.

M 1 Wasserturm in Mühldorf – ein Beispiel für die Zusammenarbeit mehrerer Gemeinden bei der Wasserversorgung

Weitere freiwillige Zusammenschlüsse:

▶ Der Städtebund Inn-Salzach, das ist die Region zwischen Inn und Salzach. Elf Städte und Gemeinden arbeiten hier unter dem Zeichen „innotechbay" als gemeinsame Interessenvertretung zur Wirtschaftsförderung zusammen.

▶ Der Tourismusverband Inn-Salzach stellt die Vorzüge des südostbayerischen Raumes als Fremdenverkehrsgebiet heraus und vertritt die Region auf Touristikmessen.

A 1 Auch deine Gemeinde arbeitet auf vielen Gebieten mit Nachbargemeinden zusammen. Suche Beispiele. Unterscheide dabei, ob es sich um Pflichtaufgaben oder freiwillige Aufgaben handelt.

M 2 Verlegen von Wasser- und Abwasserleitungen

Aus der Gemeindeordnung, Artikel 57:
„Übersteigt eine Pflichtaufgabe die Leistungsfähigkeit einer Gemeinde, so ist die Aufgabe in kommunaler Zusammenarbeit zu erfüllen."

Die Gemeinde im Landkreis ▶ Bayern ist in 71 Landkreise aufgeteilt. Die meisten Städte gehören einem Landkreis an. Große Städte wie München, Nürnberg, Augsburg, Würzburg, Regensburg und weitere 20 Städte sind kreisfrei. Diese erledigen zu ihren eigentlichen Gemeindeaufgaben auch die Pflichten eines Landkreises.
Der Landrat führt zusammen mit dem Kreistag den Landkreis. Dabei bedienen sie sich der Landkreisverwaltung im Landratsamt.
Zu den Hauptaufgaben gehören die medizinische Versorgung durch die Kreiskrankenhäuser, der Unterhalt von weiterführenden Schulen (Realschulen, Gymnasien, Berufsschulen) und der Straßenbau.

A 2 Besorge dir eine Landkreiskarte:
- Markiere deine Heimatgemeinde und notiere die Nachbargemeinden.
- Suche Städte, Märkte und Gemeinden heraus. Ordne sie nach der Einwohnerzahl.

A 3 Welche Gemeinden bilden in deinem Landkreis Verwaltungsgemeinschaften?

Tipp: Die entsprechenden Angaben findest du in der Landkreisbroschüre oder im Internet.

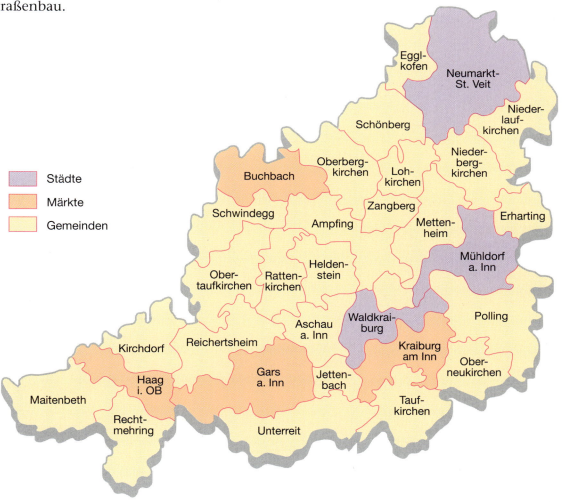

M 3 Landkreis Mühldorf a. Inn mit Gemeinden

Die Gemeinde – Basis der Demokratie

M 1 Wappen und Logo des Landkreises Mühldorf a. Inn

M 2 Grunddaten des Landkreises Mühldorf a. Inn
Einwohner: 110 840
Fläche: 805 km²
Gemeinden: 31
Kfz-Kennzeichen: MÜ

A 1 Wie bei den Gemeinden unterscheiden wir auch beim Landkreis Pflichtaufgaben, freiwillige Leistungen und übertragene Aufgaben. Erläutere und nenne Beispiele.

Welche Aufgaben haben Landkreise?

Die Landkreise sind kommunale Einrichtungen, die auch mit staatlichen Aufgaben betraut sind. Sie sind ein Bindeglied zwischen Land, Bezirk und Kommunen. Sie übernehmen eine Reihe wichtiger kommunaler Aufgaben, die die Gemeinden alleine nicht erfüllen könnten und unterstützen die kreisangehörigen Gemeinden und tragen zu einem gerechten Ausgleich der Lasten bei.

Sie haben folgende Aufgaben:
- das Gesundheitswesen (Gesundheitsämter, Jugendämter, Krankenhäuser),
- das Bildungswesen (Realschulen, Gymnasien, Berufs- und Berufsfachschulen),
- der Öffentliche Personennahverkehr – ÖPNV (Bus- und Bahnlinien, Schülerbeförderung),
- die Abfallwirtschaft (Mülldeponien, Müllverbrennungsanlagen),
- der Umwelt- und Naturschutz,
- der Veterinärbereich (Tierhaltung, Tierschutz, Tierseuchen),
- die Kreisstraßen (Bau und Unterhalt),
- das Fahrzeug- und Führerscheinwesen,
- weitere freiwillige Aufgaben (Kunst- und Kulturförderung).

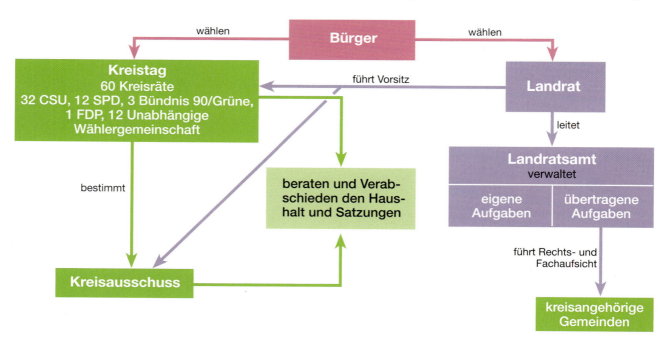

M 3 So funktioniert der Landkreis

M 4 Landkreise und kreisfreie Städte in Bayern

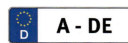 

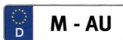

M 5 Kfz-Kennzeichen aus Bayern

A 2 Suche die Grunddaten für deinen Landkreis (M 2).

A 3 Suche auf der Bayernkarte deinen Heimatlandkreis und den Regierungsbezirk. Notiere die Nachbarlandkreise (M 4).

A 4 Aus welchen Landkreisen oder Städten stammen die nebenstehenden Kennzeichen (M 5)?

A 5 Bilde weitere Wörter aus Buchstaben von Kennzeichen.

Die Gemeinde – Basis der Demokratie

Der Gemeinderat entscheidet

M 1 Bau neuer Turnhalle abgelehnt

Aus der Lokalzeitung

Gebaching – Leicht haben sie sich die Entscheidung nicht gemacht, die Vertreter der Bürger. Dennoch stimmten Gemeinderäte des Marktes G. in ihrer letzten monatlichen Sitzung mit großer Mehrheit gegen den Bau einer neuen Zweifachturnhalle.

Bürgermeister M. begrüßte zu Beginn der öffentlichen Sitzung im großen Sitzungssaal alle 16 Marktgemeinderäte, die zahlreichen interessierten Zuhörer und die Vertreter der Presse sowie des Lokalfernsehens. Als wichtigsten Tagungsordnungspunkt stellte er den Neubau einer Turnhalle heraus.

Der Marktgemeinderat sollte über diese wichtige Frage abschließend beraten und entscheiden.
In den einzelnen **Fraktionen** war das Problem bereits vorher diskutiert worden und es war noch keine klare Mehrheit erkennbar.

Die Kosten eines Neubaus einer Einfachturnhalle stellte der Bürgermeister mit 1,3 Millionen Euro dar. Eine ebenfalls mögliche Zweifachturnhalle wäre auf etwa 2,7 Millionen Euro gekommen. Bei beiden Vorhaben hätte das Zuschussvolumen 66 Prozent der Kosten betragen, sodass die Gemeinde entweder 450 000 oder 920 000 Euro zu tragen hätte.

Der Entscheidung ging eine hitzige Debatte voraus. Bei den Gegnern fielen Aussagen wie „Sport ist wichtig, aber nicht alles" und „Viel Geld für Luxus". Vor allem die hohe Verschuldung war das Hauptargument gegen den Bau.
Die Befürworter wiesen auf die bestehende Halle hin, die zu alt und zu klein sei. Außerdem müsse diese unbedingt renoviert werden. Es bestünde jetzt eine einmalige Chance für einen zukunftsweisenden Bau, meinte Gemeinderat S.
Fraktionssprecher L. argumentierte: „Ich will der Bevölkerung nicht zumuten, dass andere Projekte zurückgestellt werden."
Bürgermeister M. sprach sich am Ende der Aussprache noch einmal für den Bau einer neuen Halle aus.

Die Abstimmung brachte folgendes Ergebnis: Fünf Mitglieder stimmten für den Bau, zwölf Gemeinderatsmitglieder dagegen. Damit verfällt auch der mögliche Zuschuss.

Bürger
↓ wendet sich mit
Anliegen
↓ mit Brief an
Bürgermeister/Gemeinderat
↓ formuliert
Antrag
↓ an
zuständiger Ausschuss
↓ gibt
Empfehlung
↓ an den
Gemeinderat
↓ berät und fasst
Beschluss
↓ beauftragt die
Verwaltung
↓ mit der
Ausführung

M 2 Vom Antrag zur Ausführung

Der Stadtrat

▶ Aufgrund der Einwohnerzahl werden in der Stadt Mühldorf a. Inn 24 Stadträte gewählt. Bei Abstimmungen zählt die Stimme des Bürgermeisters mit, sodass für eine Mehrheitsentscheidung mindestens 13 Stimmen nötig sind. Da keine Fraktion alleine diese Mehrheit erreicht, sind stets Stimmen aus anderen Fraktionen nötig, um eine Mehrheit zu sichern.

Artikel 30: Aufgaben des Gemeinderats

▶ Der Gemeinderat ist die Vertretung der Gemeindebürger. Er führt in Städten die Bezeichnung Stadtrat, in Märkten die Bezeichnung Marktgemeinderat.

▶ Der Gemeinderat überwacht die gesamte Gemeindeverwaltung, insbesondere auch die Ausführung seiner Beschlüsse.

M 3 Aus der Bayerischen Gemeindeordnung

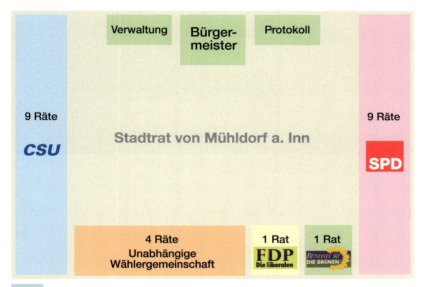

M 4 Sitzverteilung im Stadtrat seit der letzten Kommunalwahl

Fraktion ▶ So nennt man den organisatorischen Zusammenschluss von mehreren (mindestens drei) Gemeinderäten einer Partei oder Wählergruppe. Ein Fraktionssprecher vertritt diese nach außen.

M 5 Erste Stadtratssitzung nach der Kommunalwahl

A 1 Keine Partei hat alleine die Mehrheit im Stadtrat. Ist das ein Vorteil oder ein Nachteil für das Wohl der Stadt? Wie denken wohl die einzelnen Parteien darüber?

A 2 Erkundige dich über die Mehrheitsverhältnisse im Gemeinderat deiner Heimatgemeinde.

A 3 Ein Stadtrat meint: „Zwei Stunden über einen einzigen Punkt zu diskutieren, das dauert doch viel zu lange!" Was meinst du dazu?

Die Gemeinde – Basis der Demokratie

Das Baugebiet – ein gemeindliches Projekt

Bebauungsplan ▶ Gemeinderatsentscheidung über die bebaubaren Grundstücke, die Grundstücksgrößen, die Straßenführung, die Gehwege, die Ver- und Entsorgungsleitungen, die Beleuchtung, den Baustil und die Gestaltung der Häuser.

M 1 Neubaugebiete werden ausgewiesen

Dieser Leserbrief fand sich in einer Lokalzeitung. In den folgenden Tagen erhielt Herr Hochberger zahlreiche Anrufe von Grundstückssuchenden. Nach mehreren Treffen gründeten einige besonders Aktive eine Bürgerinitiative.

Heimatstadt ade!

In den vergangenen drei Jahren haben wir uns mehrmals an die Stadtverwaltung gewandt mit dem Wunsch nach einem Baugrundstück. Leider ohne Erfolg! Unsere Familie würde gerne in G. bleiben, da wir hier unsere Freunde, Verwandten und Bekannten haben.
Geht es nur uns so? Rufen Sie uns einfach an, wenn Sie ähnliche Schwierigkeiten haben!

Walter Hochberger, Ahornweg 3, Tel. 2 36 18

M 2 Leserbrief

M 3 Tumulte im „Roten Ochsen"

Informationsveranstaltung der Bürgerinitiative „Besseres Wohnen"

▶ Bis auf den letzten Platz war am vergangenen Freitag der Saal des „Roten Ochsen" besetzt, als der Vorsitzende der Bürgerinitiative „Besseres Wohnen" seine neue Organisation vorstellte und gleichzeitig seine Forderungen vortrug. Nach Auffassung der Bürgerbewegung hat es der Stadtrat von G. seit Jahren versäumt, für die Bauwilligen etwas zu tun. Bürgermeister Max M. und einige Stadträte trugen ihre Argumente vor. Vor allem beklagten sie die mangelnde Verkaufsbereitschaft der Grundstückseigentümer. Sie meinten außerdem, dass in den vergangenen Jahren Wichtigeres zu erledigen gewesen wäre. Sie konnten mit dieser Argumentation aber die Anwesenden nicht überzeugen. Mehrmals wurden sie laut ausgepfiffen. Rücktrittsrufe wurden laut. Die Stadträte L. und S. verließen unter Protest den Versammlungsort.

A 1 Erkundige dich, ob in deiner Gemeinde/Stadt Baugrundstücke bereitgestellt werden.

A 2 Im Artikel 14 des Grundgesetzes wird das Eigentum durch den Staat gewährleistet. Welche Probleme können entstehen, wenn die Gemeinde eine größere Fläche zum Baugebiet machen will?

M 4 Vom Bebauungsplan zum Wohnhaus – eine schwierige Wegstrecke

▶ Der Wohnraum zählt zu den Grundbedürfnissen der Menschen. Die Bereitstellung von bebaubaren Flächen ist eine wichtige Aufgabe der Gemeinden.

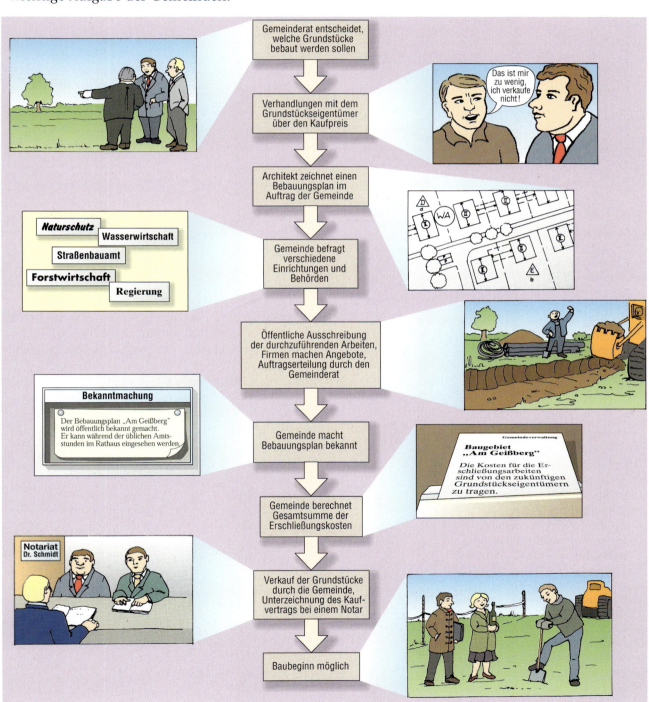

Die Gemeinde – Basis der Demokratie

Die Wahl zum Gemeinderat

Stimmzettel
zur Wahl des Stadtrats in Musterstadt

Jeder Wähler und jede Wählerin hat 24 Stimmen
Kein Bewerber oder keine Bewerberin darf mehr als 3 Stimmen erhalten, auch dann nicht, wenn sie mehrfach aufgeführt sind.

Wahlvorschlag Nr. 1	Wahlvorschlag Nr. 2	Wahlvorschlag Nr. 3	Wahlvorschlag Nr. 4
O 100 Kennwort A-Partei	O 200 Kennwort B-Partei	O 300 Kennwort C-Partei	O 400 Kennwort D-Partei
101 Huber Hans, Gastwirt,	201 Großmann Klaus, Fachlehrer	301 Huber Theo, Bildhauer	401 Talmeier Fritz, Fahrlehrer
102 Bayer Franz, Bankangestellter	202 Mann Konz, Fahrer	302 Schmied Hans, Angestellter	Talmeier Fritz, Fahrlehrer
103 Dr. Schneider Rainer, Arzt	203 Groß Sepp, Studienrat	303 Dr. Maier Claudia, Ärztin	402 Hintermaier Renate, Hausfrau
104 Schmidt Heidi, Angestellte	204 Pfeiffer Hans, Landwirt	304 Kurz Sonja, Friseuse	Hintermaier Renate, Hausfrau
105 Malers Walter, Lehrer	205 Pfaffinger Helmut, Arbeiter	305 Klein Karl, Kaufmann	403 Bichlmeier Karl, Kriminalrat
106 Beck Helga, Hausfrau	206 Riemer Verena, Redakteurin	306 Sommer Alfred, Musiker	404 Mittermeier Ernst, Installateur

M 1 Stimmzettel

Stimmenauszählung
- Zunächst wird die Gesamtzahl der Stimmen für jede Liste ermittelt.
- Danach wird den Listen (= Parteien, Gruppierungen) die entsprechende Zahl von Sitzen zugeteilt.
- Innerhalb der jeweiligen Liste erhalten die Personen mit den meisten Stimmen dann die Sitze.

Das Gemeindewahlrecht hat einige Besonderheiten
- Jeder Wähler hat so viele Stimmen wie Gemeinderäte zu wählen sind.
- Der Wähler kann eine ganze Liste durch ein Listenkreuz wählen.
- Der Wähler kann innerhalb einer Liste verschiedenen Kandidaten bis zu drei Stimmen geben (kumulieren).
- Der Wähler kann Kandidaten aus verschiedenen Listen wählen (panaschieren).
- Die Gesamtzahl der Stimmen darf nicht überschritten werden.

Grundsätze einer demokratischen Wahl
- **Allgemein:** Jeder wahlberechtigte Bürger darf wählen.
- **Unmittelbar:** Der Wähler selbst bestimmt direkt, welchen Vertreter oder welche Partei er in den Gemeinderat schicken will.
- **Frei:** Jeder Wahlberechtigte kann wählen, wen er will.
- **Gleich:** Jeder Wahlberechtigte hat gleich viele Stimmen.
- **Geheim:** Jeder Wahlberechtigte wählt in einer Wahlkabine und wirft seinen gefalteten Stimmzettel, oft auch im Briefumschlag, in die Urne.

Die Gemeinderatsmitglieder werden in ehrenamtlicher Eigenschaft auf die Dauer von sechs Jahren berufen.
Ihre Anzahl beträgt je nach Größe der Gemeinde:

Bis	1 000	Einwohner	8	Räte,
bis	2 000	Einwohner	12	Räte,
bis	3 000	Einwohner	14	Räte,
bis	5 000	Einwohner	16	Räte,
bis	10 000	Einwohner	20	Räte,
bis	20 000	Einwohner	24	Räte,
bis	30 000	Einwohner	30	Räte,
bis	50 000	Einwohner	40	Räte,
bis	100 000	Einwohner	44	Räte,
bis	200 000	Einwohner	50	Räte,
bis	500 000	Einwohner	60	Räte.

Die Stadt Nürnberg hat 70 Stadträte und die Landeshauptstadt München hat 80 Stadträte.

M 2 Größe des Gemeinderates

Wählen ist Bürgerrecht und Bürgerpflicht!

M 3 Der Karikaturist stellt das Verhältnis von Bürger und Parteien auf seine Art dar. Erkläre.

Bayerische Verfassung, Art. 7,2
▶ „Der Staatsbürger übt seine Rechte aus durch die Teilnahme an Wahlen, Bürgerbegehren und Bürgerentscheiden sowie Volksbegehren und Volksentscheiden."

Wie wird gewählt? ▶ Bürgermeister und Gemeinderäte werden in allgemeiner, freier, gleicher, unmittelbarer und geheimer Wahl gewählt.

Wer darf wählen? ▶ Wahlberechtigt sind alle Deutschen, die das 18. Lebensjahr vollendet haben und seit mindestens drei Monaten in der Gemeinde wohnen.

Bürger aus Ländern der Europäischen Union (EU) dürfen seit 1996 bei den Kommunalwahlen wählen.

Wer kann sich wählen lassen? ▶ Wählbar sind alle Deutschen, die das 18. Lebensjahr vollendet haben und seit mindestens sechs Monaten in der Gemeinde wohnen.

Bürger aus Ländern der Europäischen Union (EU) können sich zum Gemeinderat wählen lassen, nicht aber zum Bürgermeister.

Wann wird gewählt? ▶ In Bayern finden alle sechs Jahre Kommunalwahlen statt. Dabei wählen die Bürger den Bürgermeister direkt, die Mitglieder des Gemeinderates/Stadtrates, den Landrat und die Kreisräte. Wahltag ist immer ein Sonntag.

A 1 Nicht jeder Wahlberechtigte kann sich selbst wählen lassen. Erkläre dies an einem Beispiel.

A 2 Am Wahlsonntag müssen manche Wähler arbeiten, andere sind verreist oder krank zu Hause. Erkundige dich, ob und wie sie doch an der Wahl teilnehmen können.

A 3 Wann fanden die letzten Kommunalwahlen in deinem Heimatort statt? Wann wird wieder gewählt?

A 4 Berechne, wann du zum ersten Mal an einer Kommunalwahl teilnehmen darfst? Kann es sein, dass dann ein Klassenkamerad wählen darf und du nicht?

Die Gemeinde – Basis der Demokratie

Die Wahl des Bürgermeisters

Der Weg zum Bürgermeister

▶ Aufstellung von Kandidaten in Parteien und Wählergruppen (Mindestalter: 21 Jahre = passives Wahlrecht)

↓

Vorstellung der Kandidaten in der Öffentlichkeit und Darlegung der politischen Vorhaben

↓

Werben um die Unterstützung der Wähler

↓

Politische Auseinandersetzung mit den anderen Kandidaten

↓

Schriftliche und geheime Wahl durch die wahlberechtigten Bürger

↓

Mehrheit der abgegebenen gültigen Stimmen erforderlich, das heißt mehr als fünfzig Prozent = absolute Mehrheit

↓

Annahme der Wahl

↓

Vereidigung vor dem Gemeinderat

↓

Amtsdauer: sechs Jahre

Parteifreie Wählergruppe nominiert Alois Winkelmoser

Ludwig Berger geht für die SPD ins Rennen

CSU setzt auf Max Kraft als Bürgermeisterkandidaten

Erobern die Grünen mit Pauline Loibl das Rathaus?

M 1 Schlagzeilen aus Tageszeitungen

Mit Kraft in eine gute Zukunft ☒ CSU

An alle Haushalte! Wir haben das bessere Programm und viele kluge Köpfe. Geben Sie uns am Wahltag Ihre Stimmen! Wählen Sie unseren Bürgermeisterkandidaten und unsere Gemeinderatsliste! Bayern SPD

Für mehr Arbeitsplätze Ludwig Berger SPD ☒

Unabhängig, aktiv, ideenreich Alois Winkelmoser ☒

Eine Frau an die Spitze Pauline Loibl ☒ BÜNDNIS 90 DIE GRÜNEN

Mehr Schwung ins Rathaus! Auf den Gemeinderat kommt es an! Geben Sie am Wahltag unseren Frauen und Männern Ihr Vertrauen! **Wählen Sie Liste 4!** FDP Die Liberalen. Wir werden Sie nicht enttäuschen.

Eine starke Mannschaft stellt sich vor Wann? Wo? Freitag, 8. März, 20 Uhr, Gasthaus „Scharfes Eck" Ihr Bürgermeisterkandidat Max Kraft und die Gemeinderatskandidaten der CSU

M 2 Wahlwerbung

A 1 Wer hat in deiner Heimatgemeinde bei der letzten Wahl zum Bürgermeister kandidiert? Wie war das Ergebnis? Gab es eine Stichwahl?

A 2 Berichte über Gemeinderatssitzungen stehen regelmäßig in der Tageszeitung. Verfolge, welche Anliegen gerade aktuell sind.

A 3 Deine Klasse oder eine Abordnung könnte eine Gemeinderatssitzung besuchen. Dies gibt einen guten Einblick in den Ablauf von Entscheidungen. Du kannst dann berichten.

Was macht ein Bürgermeister? ▶ Der Bürgermeister hat in der Gemeinde eine wichtige politische Führungsaufgabe. In kleineren Gemeinden ist er nebenberuflich und ehrenamtlich tätig. In Gemeinden ab 10000 Einwohnern ist der Bürgermeister grundsätzlich hauptberuflich im Amt. Der Bürgermeister hat drei Hauptaufgaben zu erfüllen:
- Er führt die Dienstaufsicht über die Beschäftigten der Gemeinde.
- Er führt den Vorsitz im Gemeinderat und vollzieht seine Beschlüsse.
- Er vertritt die Gemeinde nach außen (Repräsentation).

Bürgerversammlungen informieren den Bürger ▸ Die Bayerische Gemeindeordnung schreibt vor, dass der Erste Bürgermeister in jeder Gemeinde mindestens einmal jährlich eine Bürgerversammlung zur Erörterung gemeindlicher Angelegenheiten einberufen muss.

Bürgerversammlungen

Mühldorf – In den beiden nächsten Wochen finden die alljährlichen Bürgerversammlungen für die jeweiligen Stadtteile statt: Am kommenden Dienstag im Gasthaus Spirkl, am Mittwoch im Haberkasten, am folgenden Montag im Gasthaus Jettenbacher Hof und am Donnerstag im Gasthaus Alpenrose. Beginn ist jeweils um 20 Uhr. Die Bevölkerung ist dazu herzlich eingeladen.

M 3 Aus der Lokalzeitung

M 4 Bei feierlichen und festlichen Anlässen oder Repräsentationspflichten trägt der Bürgermeister als Zeichen seines Amtes die Amtskette.

Aus der Bürgerversammlung ▸ Markus (7 B) besuchte mit seinen Eltern die Bürgerversammlung. Er berichtet am nächsten Tag in der Schule: „Erst war ich überrascht, denn der Saal war gut gefüllt mit interessierten Bürgern. Zunächst hat der Bürgermeister über die Arbeit des letzten Jahres berichtet – das war wenig spannend. Dann kamen die Fragen aus dem Publikum, da wurde es dann interessant. Der Charly, unser Nachbar, hat nach dem Sprungturm im Schwimmbad gefragt, der schon lange geplant ist. Die Diskussion darüber war schnell beendet, weil der Bürgermeister antwortete: Willst du springen oder nur den Mädchen imponieren?
Der Meier aus der Hauptstraße hat sich aufgeregt, weil die Mopedfahrer so oft an seinem Haus vorbeifahren, so laut und überhaupt völlig rücksichtslos seien. Die Frau Huber hat sich beschwert, dass sie mit dem Kinderwagen nicht mehr auf dem Gehsteig schieben kann, weil die Anlieger die Hecken und Büsche nicht zurückschneiden. Sie wollte, dass Leute vom Bauhof die Sträucher schneiden.
Der Hackner wollte in seiner Straße eine weitere Laterne, weil es dort angeblich zu dunkel sei."

Der Bürgermeister ▸ in einer Presseerklärung nach den Versammlungen: „Für mich sind die vier Bürgerversammlungen in den Stadtteilen jedes Jahr besondere Termine. [...] Ich möchte mich bei allen sehr herzlich bedanken, die den Weg zu den Bürgerversammlungen gefunden und ihre Anliegen artikuliert haben. Ich werde mich persönlich um diese Wortmeldungen kümmern. Diese Versammlungen waren gelebte Demokratie von ihrer besten Seite."

A 4 Wie würdest du die Fragen der Bürger beantworten?

A 5 Frage nach, wann in deiner Gemeinde die nächste Bürgerversammlung stattfindet.

A 6 Als Gemeindebürger darfst du auch an der Bürgerversammlung teilnehmen. Du darfst auch ein allgemeines Problem zur Sprache bringen. Überlege dir ein Problem, das auch andere Jugendliche bewegen könnte.

A 7 Diskutiert die Aussage: „Bürgerbeteiligung und Bürgerverantwortung sind wichtig in einer Demokratie. Sie erfordert aber einen informierten Bürger!"

Die Gemeinde – Basis der Demokratie

Bürger können mitentscheiden

Bayerische Gemeindeordnung, Art 18 a:
▶ „Die Gemeindebürger können über Angelegenheiten des eigenen Wirkungskreises der Gemeinde einen Bürgerentscheid beantragen."

Aufruf:

Liebe Bürgerinnen und Bürger, am Sonntag, den 18. Juli, erhalten Sie die Möglichkeit, bei einer kommunalpolitisch wichtigen Frage direkt mitzubestimmen. Sie sind aufgerufen, über die Art und Weise der Verwirklichung der Neuen Mitte Passaus zu entscheiden.
Alle stimmberechtigten Bürgerinnen und Bürger sind am Sonntag zum Bürgerentscheid aufgerufen. Jede Bürgerin und jeder Bürger kann entweder per Briefwahl oder persönlich seine Stimme abgeben. Wer sich am Bürgerentscheid beteiligt, kann die direkte Demokratie durch verantwortliche und durchdachte Sachentscheidungen stärken. Es geht um eine wichtige Weichenstellung für die Zukunft unserer Stadt.
Ich bitte Sie deshalb, bei diesem Bürgerentscheid von Ihrem Stimmrecht Gebrauch zu machen.

Ihr Bürgermeister

A 1 Wie hättest du im Falle Passau abgestimmt?

M 1 Aus dem Informationsblatt der Stadt Passau: ▶ Bei dieser Entscheidung geht es um die zukünftige Gestaltung des Platzes im Vordergrund.

Es stehen zwei Vorschläge zur Wahl:

Das Ratsbegehren will ein Einkaufszentrum mit 23 000 Quadratmetern Verkaufsfläche, ein Kinocenter und eine Konzerthalle mit Hotel.

Das Bürgerbegehren sieht mit 15 000 Quadratmetern ein Drittel weniger Verkaufsfläche vor, will keinen Hotelturm und mehr Grünflächen.

Der Bürgerentscheid gibt den Bürgern die Möglichkeit, über ein besonderes Problem direkt entscheiden zu können.

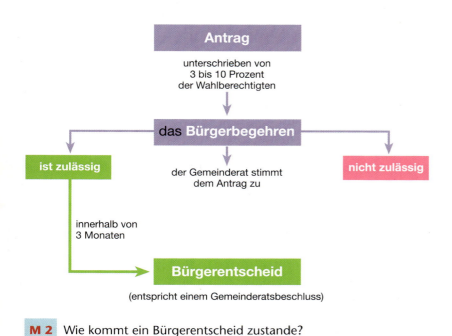

M 2 Wie kommt ein Bürgerentscheid zustande?

Bürgerentscheid beendet Streit um Passaus Mitte

Passau – Nach jahrelangem Dauerstreit um die künftige Gestaltung rund um die abgerissene Nibelungenhalle in Passau sind nun die Würfel gefallen: Beim Bürgerentscheid am gestrigen Sonntag stimmten 51,5 Prozent für das Ratsbegehren. 48,5 Prozent der Wähler gaben ihre Stimme für das konkurrierende Bürgerbegehren ab.
14 000 Bürger, das bedeutet eine Wahlbeteiligung von 35 Prozent, nahmen an der Abstimmung teil. Man habe eine solch knappe Entscheidung allerdings nicht erwartet, äußerten sich alle Verantwortlichen.

M 3 Aus einem Zeitungsbericht

M 4 Schlagzeilen zu anderen Bürgerentscheiden

A 2 Berechne aus M 3, wie viele Stimmen die beiden Vorschläge jeweils bekamen. Wie knapp war die Entscheidung?

A 3 Frage nach, ob in deiner Gemeinde schon ein Bürgerbegehren durchgeführt wurde und zu welchem Problem.

A 4 Welche Form der Demokratie wird hier durchgeführt?

A 5 Manchmal nehmen nur sehr wenige Menschen an den Abstimmungen zu Bürgerentscheiden teil. Welche Gefahr liegt darin?

A 6 Wieso sind Bürgerentscheide notwendig? Es gibt doch die gewählten Gemeinde/Stadträte.

Die Gemeinde – Basis der Demokratie

Jugendliche, die sich engagieren

▶ Einmal jährlich ist großer Einsatz für die Jugendgruppe der Wasserwacht angesagt. Dann findet auf dem Fluss das „Badwandl-Rennen" statt, eine lustige Wettfahrt mit mehr oder weniger wassertauglichen Spaßgefährten. Nicht alle dieser eigenartigen Boote erreichen das Ziel. Dann heißt es für die Wasserwacht, schnell mit den Motorbooten beidrehen und die Gekenterten aus dem Wasser ziehen. Vor allem für die Mitglieder der Jugendgruppe ist dies der lustigste und schönste Einsatz des Jahres. Sonst teilen sie sich den Aufsichtsdienst im Schwimmbad.
Zwischendurch ist immer wieder Training angesagt: Streckentauchen, Rettungsschwimmen, Schwimmen in Kleidung und Erste Hilfe – schließlich müssen sie für den Ernstfall fit sein. Christa (14) schwärmt: „Ich schwimme gerne, habe den Erste-Hilfe-Kurs erfolgreich besucht und würde am liebsten ständig mit dem Motorboot fahren. Außerdem ist eine Menge junger Leute bei der Wasserwacht und wir haben so viel Spaß."

▶ Andi steht während der Schulzeit jeden Dienstag 15 Minuten früher auf als gewohnt. Dann fährt er mit dem Fahrrad zur Schule und holt sich beim Hausmeister seine Dienstkleidung. Andi ist nämlich Schülerlotse und steht dann zusammen mit seinem Freund Wolfgang am Überweg. Vor allem für die Schüler der Grundschule ist die Anwesenheit der größeren Schüler wichtig. Andi (14): „Die meisten Autofahrer halten sich an unsere Zeichen. Einige sind aber recht unvernünftig und fahren schnell vorbei. Vor allem Eltern parken oft den Übergang zu. Das ist besonders ärgerlich."
Andi und Wolfgang freuen sich schon wieder auf den alljährlichen Ausflug der Schülerlotsen. Dann sind sie einen Tag lang zusammen mit den Lotsen anderer Schulen Gäste der Verkehrswacht, die sich auf diese Weise für den Einsatz bedankt.

M 1 Auch bei der Feuerwehr lernt man zu helfen und ist gleichzeitig in einer Gruppe von Gleichaltrigen.

A 1 Beschreibe, was Christa und Andi für die Gemeinschaft tun. Haben sie selbst auch einen Nutzen davon?

A 2 Informiere dich über Jugendgruppen von Hilfsorganisationen: Jugendrotkreuz, Jugendfeuerwehr u. a.

A 3 Welche Vereine gibt es in deinem Heimatort? Bist du Mitglied in einem Verein?

A 4 Vereine suchen aktive Mitglieder. Könntest du dir vorstellen, selbst eine Aufgabe zu übernehmen?

A 5 Suche aus der Zeitung weitere Beispiele für ehrenamtliche Tätigkeiten.

Ein Ehrenamt ▶ übernehmen Menschen, die in ihrer Freizeit ohne Bezahlung eine Aufgabe zum Wohl der Allgemeinheit verrichten. Das kann eine Tätigkeit in einem Verein sein, im sozialen Bereich oder bei Hilfsorganisationen. Diese Leistungen könnten vom Staat oder den Kommunen nicht erbracht werden.

Ehrenamtliche pflegen im Sommer Grünanlagen

Augsburg – Sie sammeln Müll ein, sie jäten, gießen und pflanzen: Ohne die vielen ehrenamtlichen Helfer sähen die Parks und Grünanlagen längst nicht mehr so schön und gepflegt aus. Aus finanziellen Gründen kann die Stadt keine zusätzlichen Gärtner einstellen, den Anlagen drohte das wilde Wuchern. Zum Glück sprangen freiwillige Helfer ein, darunter viele Jugendliche.

M 2 Aus einem Zeitungsartikel

Ehrenamt – wofür?

▶ Frau Zeiler wurde bei der letzten Wahl in den Pfarrgemeinderat gewählt. Dort übernahm sie die Aufgabe, die Hilfeleistungen für Fremde zu organisieren. So sammelt sie ein ganzes Jahr lang gut erhaltene Kleider und Spielsachen, sortiert diese nach Größe und Brauchbarkeit und stapelt alles in Transportkartons. Einmal im Jahr fährt dann ein Lkw aus der Pfarrei voll mit diesen Kartons nach Rumänien in ein Karpatendorf an der ukrainischen Grenze. Die Freude, die sie in der dortigen Gemeinde und im Kinderheim mit ihrer Sendung auslöst, sind der Dank für ihre Arbeit. Zu Hause angekommen, sammelt sie gleich wieder für den nächsten Transport, der dann genau auf die Bedürfnisse der Menschen abgestimmt ist: „Viele Stunden Freizeit und auch Geld investiere ich in diese Aufgabe. Die freundlichen und dankbaren Menschen sind mir Lohn genug."

Bürger sind zur Ausübung mancher Ehrenämter verpflichtet! ▶ Die Übernahme einer Vormundschaft oder die Tätigkeit als Wahlhelfer beispielsweise können nur aus ganz wichtigen Gründen abgelehnt werden.
Kirchengemeinden, Verbände und Vereine übernehmen einen großen Teil des Gemeindelebens. Die Dienste, die dort geleistet werden, sind unbezahlt und unbezahlbar.

Ehrenzeichen werden für besondere Verdienste im Ehrenamt verliehen ▶ Das Ehrenzeichen wird vom bayerischen Ministerpräsidenten verliehen. Dies erhalten Personen für langjährige hervorragende ehrenamtliche Tätigkeit.
Die Verdienste sollen vor allem im örtlichen Bereich in Vereinen, Organisationen mit kulturellen, sportlichen, sozialen oder anderen gemeinnützigen Zwecken erworben worden sein. Sie umfassen mindestens 15 Jahre aktive Tätigkeit.

„Fragt nicht, was euer Land für euch tut, fragt, was ihr für euer Land tun könnt."
J. F. Kennedy, 1961

Liste für freiwilliges Engagement
▶ Leserbriefe schreiben
▶ an einer Demonstration teilnehmen
▶ Bürgerinitiativen durch Unterschrift oder Mitarbeit unterstützen
▶ in der Vorstandschaft eines Vereins mitwirken
▶ Flugblätter verteilen
▶ Besuch einer Stadtratssitzung
▶ bei der Schülerzeitung mitarbeiten
▶ in der SMV mitmachen
▶ als Elternbeirat in Kindergärten oder Schulen arbeiten
▶ für eine Gewerkschaft oder Partei tätig werden
▶ für ein politisches Amt kandidieren
▶ Gemeinderat sein
▶ Bürgermeister sein
▶ ...

M 1 Ehrenzeichen für Verdienste im Ehrenamt

A 1 Erkläre die Aussage von Präsident J. F. Kennedy.

A 2 Lasst euch von Bekannten von ehrenamtlicher Arbeit berichten.

A 3 Keine Gemeinschaft kann auf ehrenamtliche Tätigkeit verzichten. Begründe.

Die Gemeinde – Basis der Demokratie

Wir planen eine Ortsbegehung

Diese Materialien braucht ihr
- einen Fotoapparat, Digitalkamera o. Ä.
- Block und Bleistift, eventuell ein Diktiergerät
- eine Pinnwand (Seitentafel)
- verschieden farbigen Karton für Kärtchen
- Reißnägel
- Ortsplan

Was vorher zu klären ist
- Termin mit dem Bürgermeister (Gemeinderat), dem Schulleiter absprechen
- günstigen Zeitpunkt und Ort für die Bürgerbefragung festlegen
- Gruppen einteilen
- Aufgaben verteilen
- Fragenkatalog zusammenstellen

Auswertung
- die einzelnen Aussagen auf Kärtchen notieren
- die Kärtchen nach Antworten ordnen
- die Kärtchen nun in zwei Gruppen an die Pinnwand heften
- über die Argumente sprechen
- vielleicht weitere Punkte finden
- das Ergebnis zusammenfassen

Kinder oder Autos? ▶ Diese Frage beherrscht seit einigen Wochen die Gemeinde Bedorf. Eine freie Fläche soll nach einem Antrag zu einem Parkplatz ausgebaut werden. Bisher trafen sich dort die Jugendlichen mit Fahrrädern und Mopeds, bolzten auf ein provisorisches Fußballtor.

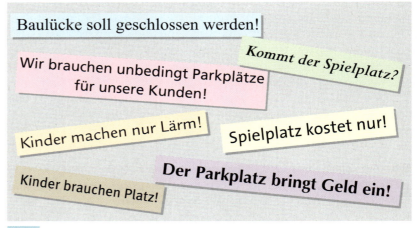

M 1 Überschriften aus der Zeitung

Die Ortsbegehung ▶ Bei der Ortsbegehung durch die Klasse stellt sich heraus, dass der bestehende Zustand keinem so richtig gefällt. Daher stehen bald zwei konkrete Vorschläge zur Diskussion:

- Ausbau zu einem Spielplatz mit Bolzplatz oder
- Bau eines Parkplatzes.

Die Schüler haben Geschäftsleute, deren Kunden und Autofahrer befragt. Sie alle sprachen sich für einen Parkplatz aus. Zwei Nachbarn wollten keine Teerwüste, ein Jugendlicher brachte den überraschenden Vorschlag eine Tiefgarage zu bauen und den Platz darüber den Kindern zu lassen.
Nach dem Ortstermin befragten sie noch weitere Personen: Der Verkehrsexperte der Polizei sieht den Parkplatz als Beitrag zur Verkehrsberuhigung in der Hauptstraße. Einige Gemeinderäte sind der Meinung, dass für die Kinder auch wieder etwas getan werden müsse.

Der Bürgermeister setzt den Antrag auf die Tagesordnung der nächsten Gemeinderatssitzung. Die Schüler verfolgen bei dieser Sitzung gespannt die Argumentationen der Gemeinderäte und fragen sich: Wie wird entschieden?

Pro und Kontra: Wir diskutieren

▶ Nachdem jetzt so viele Meinungen gesammelt wurden, muss es bald zu einer Entscheidung kommen.
Wie diese Entscheidung aussehen könnte, wie sie zustande kommt, lässt sich in einer Diskussionsrunde durchspielen.
Die beiden Gruppen müssen ihre sachlichen und überlegten Gründe darlegen und damit versuchen, die spätere Entscheidung in ihrem Sinne zu beeinflussen. Am Ende des Spiels steht dann die Abstimmung.

Das Problem ▶ Es gibt zwei Vorschläge, den Platz zu nutzen. Nur eine Möglichkeit kann umgesetzt werden.

Die Sitzung ▶ Zur Sitzung wird schriftlich mit Tagesordnung eingeladen. Es müssen Verhaltensregeln eingehalten werden. Der Bürgermeister leitet die öffentliche Sitzung. Nur die gewählten Mitglieder haben Mitsprache- und Stimmrecht.

Rollen verteilen ▶ Alle Schüler in der Klasse ordnen sich verschiedenen Gruppen zu. Diese sollten etwa gleich groß sein. Ein/e Schüler/in sollte den Bürgermeister spielen.

Rollen erarbeiten ▶ Die Gruppen überlegen, wie sie ihre Interessen am besten vertreten können. Sie bestimmen Sprecher und lassen sich Gegengründe zur gegensätzlichen Meinung einfallen.

Sitzung durchführen ▶ Die Dauer der Sitzung wird festgelegt, ebenso die Redezeit der Gruppen. Der Bürgermeister sorgt für die Einhaltung der Spielregeln (Geschäftsordnung).

Unterbrechen und besprechen ▶ Manchmal ist es notwendig, dass eine Sitzung unterbrochen wird. Das gibt die Gelegenheit, sich in der Gruppe noch einmal zu besprechen. Oft kann jemand einen Kompromissvorschlag machen.

Abstimmen ▶ Möglichst viele Teilnehmer sollen mit dem Ergebnis der Entscheidung einverstanden sein.

Auswerten ▶ Dazu stellt ihr euch einige Fragen: Was war gut? Was hat euch weniger gefallen? Wer hat am besten argumentiert? Was habt ihr gelernt? Könnte die Sitzung in Wirklichkeit auch so gelaufen sein? Was könnt ihr bei der nächsten Diskussion besser machen?

A 1 Informiert euch über die aktuellen Probleme in eurer Gemeinde/Stadt. Fragt den Bürgermeister oder Gemeinderäte/Stadträte. Sammelt dazu Zeitungsberichte, Informationen aus dem Internet, Einschätzungen der Eltern und Freunde.

A 2 Greift ein Thema auf, das für die Mehrheit der Klasse von Interesse ist.

A 3 Überlegt euch, welche Interessengruppen hier aufeinander treffen.

A 4 Wer vertritt die Interessen der Kinder und Jugendlichen? Gibt es dafür einen Gemeinderat/Stadtrat?

A 5 Vielleicht könnt ihr einen Experten zu einem Gespräch einladen.

A 6 Nach eurer Entscheidung könnt ihr einen Brief an den Bürgermeister verfassen, in dem ihr eure Meinung darlegt.

A 7 Ein Leserbrief an die Lokalzeitung würde den Erwachsenen zeigen, dass ihr euch für die Probleme der Gemeinde interessiert.

Die Gemeinde – Basis der Demokratie

Gemeinderallye

Gib bei den folgenden 25 Stationen deiner Heimatgemeinde die richtige Antwort.

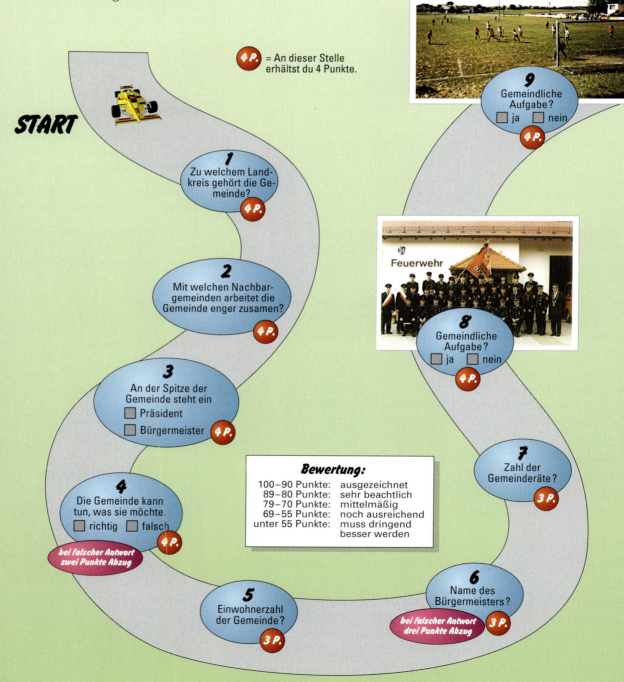

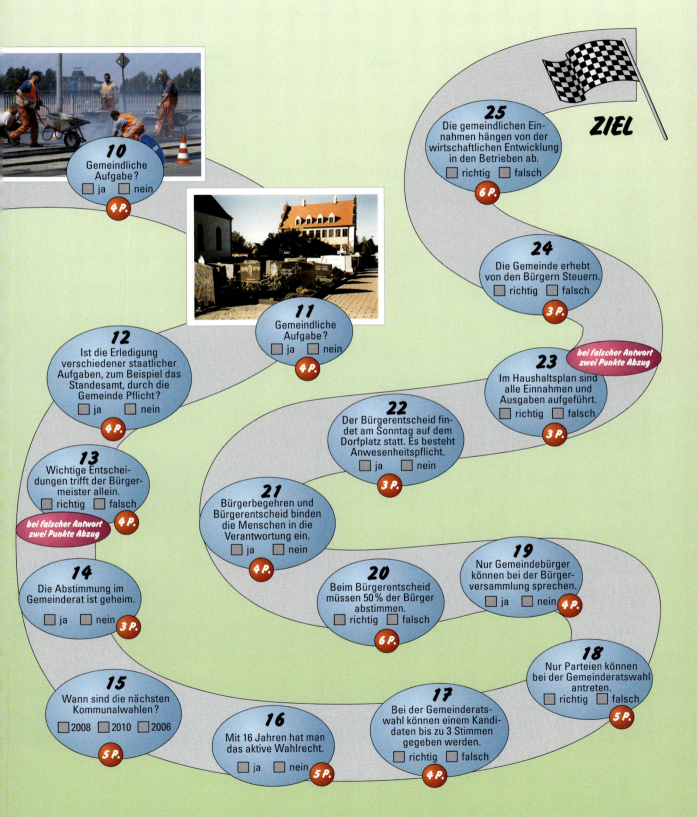

 2 000 vor Chr. 1 500 vor Chr.   1 000 vor Chr.  500 vor Chr.   Chri

Christen contra Christen

Das Bild trägt den Titel „Die Seelenfischer". Es wurde von dem niederländischen Künstler Adriaen van de Venne (1589 – 1660) im Jahr 1614 gemalt. Es zeigt keinen Bootsunfall, sondern stellt die Spaltung der Kirche dar, die sich im 16. Jahrhundert vollzogen hat und noch heute besteht.

Auf der rechten Seite des Flusses stehen die Katholiken. Eine Prozession mit hohen Würdenträgern in roten Kleidern (Kardinäle) ist zu sehen.

Auf der linken Flussseite befinden sich die Protestanten, erkennbar an ihrer dunklen Kleidung.

Wie könnte man das Geschehen um die Boote deuten? Was wollte der Künstler mit dem unterbrochenen Regenbogen ausdrücken?

Christen contra Christen

Die Kirche war reformbedürftig

Wie komme ich in den Himmel? ▶ Religion und Kirche spielten im Leben der Menschen früher eine viel größere Rolle als heute. In allen Bevölkerungsschichten war die Angst verbreitet, nach dem Tod nicht in den Himmel zu kommen. Die Kirche lehrte, dass man durch gute Werke etwas für sein eigenes Seelenheil und das der Verstorbenen tun könne. Daher war es üblich, den Armen Almosen zu geben, der Kirche Schenkungen zu machen, Wallfahrten zu unternehmen und Ablässe zu erreichen.

Da nur wenige Menschen sich in der Glaubenslehre der Kirche auskannten, kam es immer wieder zu Übertreibungen und Abweichungen. So schrieben viele Gläubige den Reliquien Wunderkräfte zu. Weit verbreitet war auch die Ansicht, die Vergebung der Sünden könne man durch Geld erkaufen (M 1).

M 1 Verkauf von päpstlichen Ablassbriefen. Holzschnitt von Lucas Cranach dem Älteren (1521). Der Papst unterschreibt die Ablassbriefe. Er händigt sie hohen Geistlichen (Kardinäle und Bischöfe) aus, die am Erlös des Verkaufs beteiligt sind.

Leben wie reiche Fürsten ▶ In Rom lebten manche Päpste wie weltliche Herrscher. So wird berichtet, dass Papst Leo X. (1513–1521) wochenlang beim Jagen zubrachte und im Fasching alle Amtsgeschäfte ruhen ließ. Die Päpste führten kostspielige Kriege, um den Kirchenstaat zu erweitern. Sie beschäftigten die besten Künstler ihrer Zeit, von denen sie sich teure Paläste und Kirchen erbauen und großartige Bildwerke anfertigen ließen.

Um sich dies alles leisten zu können, scheuten sie nicht davor zurück, für die Vergabe von geistlichen Ämtern Geld zu nehmen. Geld brachte auch der Verkauf von Ablässen. 1506 zum Beispiel ließ der Papst einen Ablass ausschreiben, dessen Erlöse für den Neubau der Peterskirche in Rom verwendet wurden.

Und noch ein Amt! ▶ Auch Bischöfe vernachlässigten ihre Aufgaben. Viele von ihnen hatten neben ihren geistlichen Ämtern auch weltliche inne.

Ein Beispiel: Albrecht von Brandenburg (1490–1545) wurde mit 23 Jahren Erzbischof von Magdeburg. Ein Jahr später wurde er auch Erzbischof von Mainz und damit Kurfürst. Kurfürsten hatten das Recht den Kaiser zu wählen. 1518 wurde Albrecht Kardinal.

Um diese einflussreichen Ämter zu bekommen, musste er viel Geld aufnehmen. Zur Tilgung seiner Schulden betrieb er den Verkauf des Ablasses für die Peterskirche in seinen Bistümern. Vor allem Albrechts Ablasshandel war es, der den Zorn Martin Luthers erregte.

Ablass ▶ Nachlass von Sündenstrafen (im Fegefeuer), den die Kirche gewähren kann. Der Gläubige muss sich diesen Nachlass aber verdienen, zum Beispiel indem er eine Pilgerreise unternimmt, eine mildtätige Schenkung macht und Bußübungen auf sich nimmt. Der Papst gewährte zu verschiedenen Anlässen einen Ablass, zum Beispiel zum Bau einer Kirche.

M 2 Gemalte Kritik an der Kirche: Herr und Knecht. Niederländisches Gemälde aus der Zeit um 1600. Links ist Christus dargestellt, rechts der Papst, erkennbar an seiner dreifachen Krone

M 3 Martin Luther protestiert

Am 31. Oktober 1517 schrieb er an Albrecht von Brandenburg und legte ihm 95 Thesen (Leitsätze) vor, in denen er den Ablasshandel kritisierte:

▸ Es wird im Lande herumgeführt der päpstliche Ablass unter dem Namen Euer kurfürstlichen Gnaden zum Bau von Sankt Peter in Rom. [...] Ich beklage die falsche Auffassung, die das arme, einfältige, grobe Volk daraus entnimmt und die jene Prediger marktschreierisch rühmen. Denn die unglücklichen Seelen glauben, sie seien ihrer Seligkeit sicher, wenn sie nur Ablassbriefe kaufen. Weiter glauben sie, dass die Seelen ohne Verzug aus dem Fegefeuer fahren, sobald man für sie Geld in den Kasten [Kasse des Ablasshändlers] einlege.

Auszug aus den Thesen:
▸ Die Ablassprediger irren, die da sagen, dass durch den Ablass des Papstes der Mensch von jeder Strafe los und selig werde.
▸ Ein jeder Christ, der wahre Reue und Leid hat über seine Sünden, hat völligen Erlass von Strafe und Schuld. Er bekommt ihn auch ohne Ablassbrief.
▸ Man lehre die Christen, dass wer dem Armen gibt oder den Bedürftigen [Geld] leiht, besser handelt, als wenn er einen Ablass kauft.

A 1 Welche Missstände gab es in der Kirche um 1500? Berichte darüber.

A 2 Was bedeutet der Satz: Der Papst schreibt einen Ablass aus, dessen Erlös zum Kirchenbau verwendet wird?

A 3 Fasse in eigene Worte, was der Künstler von M 2 an der Kirche kritisiert.

A 4 Martin Luther hat nichts gegen den Ablass einzuwenden. Was kritisiert er aber an der Ablasspraxis?

Christen contra Christen

Wer war Martin Luther?

Er wollte Mönch werden ▸ Martin Luther war 21 Jahre alt, als er auf einer Reise von seinem Wohnort Mansfeld nach Erfurt in ein schlimmes Gewitter geriet. Ein Blitz schlug direkt neben ihm ein. In Todesangst rief er die Heilige Anna um Hilfe an und versprach: „Ich will ein Mönch werden."

Martin wurde 1483 in Eisleben in Thüringen geboren. Im darauf folgenden Jahr zog die Familie nach Mansfeld, wo der Vater Teilhaber eines Kupferbergwerks wurde. Seine Eltern erzogen ihn und seine Geschwister streng nach den Grundsätzen des christlichen Glaubens, so wie es damals üblich war. Mit 14 Jahren kam Martin in eine Klosterschule. Danach studierte er auf Wunsch seines Vaters an der Universität Erfurt Rechtswissenschaft. Zur großen Enttäuschung seiner Eltern wurde Martin aber kein Rechtsgelehrter, sondern er löste sein Versprechen ein und wurde Mönch. Er trat in Wittenberg in den strengen Orden der Augustiner ein, die nach den Regeln des Kirchenlehrers Augustinus lebten. 1507 empfing Martin die Priesterweihe. Noch nicht 30 Jahre alt, wurde er Professor für die Auslegung der Bibel an der Universität Wittenberg. Zusätzlich übernahm er an der dortigen Stadtpfarrkirche das Amt des Predigers.

Er suchte einen gnädigen Gott ▸ Martin Luther führte ein strenges Mönchsleben: Er ging oft zur Beichte, feierte häufig die Messe und las viel in der Heiligen Schrift. Trotzdem erhielt er keine Antwort auf die ihn quälende Frage: Wie finde ich armer Sünder einen gnädigen Gott? Da fand er eines Tages in seinem Turmzimmer beim Studium der Briefe des Heiligen Paulus die Antwort: Es ist die Kraft Gottes, die jeden rettet, der glaubt. Schlagartig wurde ihm klar: Niemand kann sich durch noch so viele gute Werke den Himmel verdienen. Entscheidend ist, dass der Mensch sein Herz für Gott öffnet und an ihn glaubt. Das Turmerlebnis gab Luther die Kraft gegen den Ablasshandel des Albrecht von Brandenburg zu protestieren.

Er legte sich mit dem Papst an ▸ Am Hof des Papstes in Rom fällte man schnell ein Urteil über den aufsässigen Mönch in Deutschland: Wer die Kirche so angreift, ist ein Ketzer! 1518 wurde Martin Luther aufgefordert, seine Thesen zum Ablass zu widerrufen. Doch er weigerte sich und begann immer mehr kirchliche Lehren und Einrichtungen zu kritisieren. Der Papst ließ Luthers Schriften verbrennen und drohte ihm den Bann an. Luther antwortete mit der Verbrennung kirchlicher Bücher und warf die Bannandrohung persönlich ins Feuer. 1521 wurde er schließlich aus der Kirche ausgestoßen. Der päpstliche Bann konnte die rasche Ausbreitung von Luthers Lehre nicht verhindern.

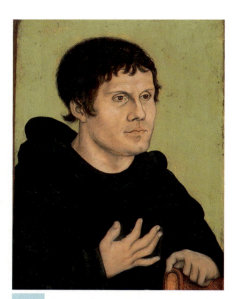

M 1 Der Reformator Martin Luther (1483–1546), als junger Augustiner-Mönch; Gemälde von Lukas Cranach dem Älteren, um 1520. Luther wollte seine Kirche reformieren, der Papst und der Kaiser betrachteten ihn jedoch als Ketzer.

A 1 Stelle wichtige Daten aus dem Leben Martin Luthers zusammen. Nutze hierfür ein Lexikon oder das Internet.

A 2 Berichte mit eigenen Worten, was unter Luthers „Turmerlebnis" zu verstehen ist.

A 3 Welche von Luthers Lehrmeinungen waren für die Kirche besonders revolutionär?

A 4 Warum mischte sich der Kaiser in Glaubensdinge ein? Wie verhalten sich heute Politiker bei Glaubensdiskussionen?

Er verkündete neue Glaubenslehren

In seinen Schriften forderte Martin Luther die Kirche durch immer neue Lehrmeinungen heraus. Hier einige Beispiele:

- Alle getauften Christen sind Priester. Sie brauchen dazu nicht den Papst, der ihnen sagt, was richtig oder falsch ist.
- Nur der Glaube rechtfertigt den Menschen vor Gott.
- Quelle des Glaubens ist allein die Bibel. Wie der Gläubige sie auslegt, wird nicht vorgeschrieben.
- Es gibt nur zwei Sakramente, die Taufe und das Abendmahl.
- Die Feiertage zu Ehren der Muttergottes und der Heiligen werden abgeschafft.
- Die Priester können heiraten.
- Ordensregeln sind überflüssig, Klöster werden aufgehoben.

Er widersetzte sich dem Kaiser

1519 wurde König Karl V. zum Kaiser des Deutschen Reiches gewählt. Karl betrachtete sich als Schutzherr der Kirche. Sein Ziel war es, die Einheit des Glaubens in seinem Reich zu wahren. Deshalb verhängte er auf dem Reichstag 1521 über Martin Luther die Reichsacht.

> **Kurz und klar**
>
> ▶ Der 31. Oktober 1517 gilt als Beginn der Reformation. An diesem Tag veröffentlichte der Augustinermönch Martin Luther in Wittenberg seine 95 Thesen gegen den Verkauf von Ablassbriefen. Vom Papst in Rom wurde Luther schnell als „Ketzer" behandelt. Da er seine Ansichten nicht zurücknahm, wurde er 1521 aus der Kirche ausgeschlossen und anschließend vom Kaiser geächtet.

> **Kirchenbann** ▶ Der Gläubige wird aus der kirchlichen Gemeinschaft ausgeschlossen.
>
> **Reichsacht** ▶ Der Beschuldigte wird aus der menschlichen Gemeinschaft ausgeschlossen.

M 2 Martin Luther vor dem Reichstag in Worms 1521, kurz vor dem Ende seiner Verteidigungsrede. Das Gemälde stammt aus dem 19. Jahrhundert. Es zeigt Kaiser Karl V. und Martin Luther, dazwischen die Kurfürsten (mit den roten Gewändern) und andere weltliche und geistliche Mitglieder des Reichstags. In Wirklichkeit soll der Reformator in demütiger Haltung und mit gesenktem Kopf vor dem Kaiser gestanden haben.

Martin Luther gewinnt Anhänger

Friedrich der Weise nimmt Martin Luther in Schutz ▶ In Worms hatte Kaiser Karl V. verlangt, dass der geächtete Martin Luther – nach dreiwöchiger Schonfrist – gefangen genommen und ihm ausgeliefert werde. Doch Luther wurde von seinem Landesherrn, dem sächsischen Kurfürsten Friedrich dem Weisen, für fast ein Jahr auf der Wartburg bei Eisenach versteckt. Hier verfasste er theologische Schriften und übersetzte das Neue Testament ins Deutsche. Damit verwirklichte er seine reformatorische Forderung, dass die Gläubigen selbst die Bibel lesen konnten. Zwischen 1522 und 1543 (Luthers Tod) erreichte die Luther-Bibel die damals sensationelle Auflage von 200 000 Exemplaren. Auf diese Weise verbreitete sich auch das von Luther benutzte Deutsch, auf das unser heute gesprochenes Hochdeutsch zurückgeht.

M 1 Katharina Luther. Gemälde von Lucas Kranach dem Älteren. 1525 heiratete Martin Luther die ehemalige Nonne Katharina von Bora. Sie bekamen drei Töchter und drei Söhne.

Während Luther auf der Wartburg weilte, begannen seine Anhänger in Wittenberg eigenständig Reformen in die Tat umzusetzen: Sie veränderten den Ablauf der Messe, stellten die Predigt in deutscher Sprache in den Mittelpunkt und teilten die Kommunion in den Gestalten von Brot und Wein aus. Pfarrer legten ihre Amtstracht ab und predigten in Straßenkleidern. Mönche und Nonnen verließen ihre Klöster und heirateten. Um das Chaos zu beenden, kehrte Luther nach Wittenberg zurück und nahm die Reformen selbst in die Hand. Der Kaiser verzichtete darauf, Luther zu verfolgen.

Die Bauern berufen sich auf ihn ▶ Schon vor der Reformation hatte es immer wieder Unruhen und Aufstände von Bauern gegeben. Sie wollten drückende Abgaben und Steuern loswerden, mit denen ihre Grund- und Landesherren sie belasteten. Sie wollten in ihren Gemeinden mehr Selbstbestimmung und die gleichen Rechte wie die Adeligen und Bürger. Als Luther den berühmten Satz „Ein Christenmensch ist ein freier Mensch über alle Dinge und niemand untertan" veröffentlichte, sahen viele Bauern die Zeit gekommen, ihre Ziele – wenn nötig auch mit Gewalt – zu verwirklichen. 1524 begann am Oberrhein der Bauernkrieg. Er dehnte sich schnell bis nach Thüringen aus (M 2). Luther versuchte anfangs zwischen den Konfliktparteien zu vermitteln. Als die Bauern aber immer mehr Schlösser, Burgen und Klöster niederbrannten, ermunterte er die Landesherren, sie wie „Straßenräuber und Mörder" zu behandeln. Man schätzt, dass in den Schlachten etwa 75 000 aufständische Bauern ums Leben kamen. Tausende mussten das Land verlassen, hohe Bußgelder bezahlen oder wurden zum Tode verurteilt. Viele wandten sich enttäuscht von Luther ab.

Luther und Gutenberg ▶ Jahrhundertelang konnte man Bücher, Broschüren, Flugblätter oder Plakate nur vervielfältigen, wenn man sie mit der Hand abschrieb oder jede Seite einzeln in Holz schnitzte.
Das änderte sich grundlegend, als Johannes Gutenberg Mitte des 15. Jahrhunderts bewegliche Buchstaben erfand, mit denen man viel schneller und billiger Texte drucken konnte.
Martin Luthers Erfolg ist ohne die Buchdrucker, die seine Schriften schnell weit verbreiteten, nicht denkbar.

M 2 Geschichtskarte: Der Bauernkrieg 1524–1526 in Süd- und Mitteldeutschland sowie in Österreich

M 3 Strafgericht über aufständische Bauern in Franken 1525 (kolorierter Holzstich)

Städte und Länder werden evangelisch ▸ Zunächst öffneten sich die Städte der lutherischen Bewegung. Bis 1550 führten drei Viertel aller deutschen Städte die Reformation ein. In der Regel ging der Anstoß von einigen Geistlichen aus, die reformatorische Neuerungen Schritt für Schritt umsetzten. Weil sie vom Großteil der Bevölkerung unterstützt wurden, blieb den Stadträten nichts anderes übrig, als den altgläubigen Priestern das Messelesen und Predigen zu verbieten. In Nürnberg, einer der ersten protestantischen Städte, setzte sich die Äbtissin des Klara-Klosters, Caritas Pirckheimer, energisch gegen die Beschlüsse des Rates zu Wehr. Sie konnte zwar verhindern, dass ihr Kloster aufgelöst wurde, durfte aber keine neuen Nonnen mehr aufnehmen und musste einen protestantischen Prediger dulden.

Für die Reformation setzten sich auch einige Landesherren tatkräftig ein. Da Martin Luther das Mönchtum abschaffte und geistliche Fürstentümer nicht mehr anerkannte, fielen ihnen die Ländereien aufgelöster Klöster und geistlicher Fürstentümer zu. Dies vergrößerte nicht nur ihren Herrschaftsbereich, sondern auch ihre Macht im Reich. Selbstbewusst übergaben 1530 fünf lutherfreundliche Fürsten und zwei Reichsstädte, darunter auch Nürnberg, Karl V. das evangelische Glaubensbekenntnis. Der Kaiser blieb bei seinem Vorhaben, die Einheit des Glaubens wiederherzustellen. 1546 führte er sogar Krieg gegen ein Bündnis protestantischer Fürsten. Obwohl er siegte, musste er einsehen, dass der Religionskonflikt mit Gewalt nicht zu lösen war.

A 1 Überlege, warum Kurfürst Friedrich der Weise Martin Luther auf der Wartburg versteckte.

A 2 Warum verließ Luther die Wartburg wieder?

A 3 Erläutere, warum sich die aufständischen Bauern auf Luther berufen haben. Was wollten sie erreichen?

A 4 Welche Interessen hatten manche Landesfürsten an der Reformation in ihrem Herrschaftsgebiet?

A 5 Wenn ihr in einer größeren Stadt lebt, dann könnt ihr in der Ortsgeschichte nachlesen bzw. einen Fachmann fragen, ob es auch hier reformatorische Bestrebungen gegeben hat. Berichtet vor der Klasse.

Christen contra Christen

Die Spaltung der Kirche in Konfessionen

A 1 Berichte, warum der Augsburger Religionsfrieden von 1555 ein wichtiges Ereignis in der Geschichte der Reformation ist.

A 2 Konfession heißt „Bekenntnis". Welchen Vorgang beschreibt man mit dem Begriff der „Konfessionalisierung"?

A 3 Zeige an Beispielen, was die Kirchen und die Landesherren tun, um ihre Konfession bei der Bevölkerung durchzusetzen.

Der Augsburger Religionsfrieden ▶ Nachdem alle Versuche des Kaisers gescheitert waren, die Einheit der Kirche wiederherzustellen, wurde 1555 auf dem Reichstag in Augsburg der Frieden geschlossen. Der Kaiser erkannte das evangelische Bekenntnis als gleichberechtigt an. Nur die Landesherren konnten selbst entscheiden, ob sie katholisch oder evangelisch werden wollten. Dem einzelnen Untertanen wurde dieses Recht nicht zugestanden. Er musste sich der Konfession des Landesherrn anschließen oder das Land verlassen. Eine Ausnahme wurde für die Reichsstädte gemacht. Sie mussten die beiden Konfessionen nebeneinander dulden. Die Bestimmungen des Augsburger Religionsfriedens förderten überall die „Konfessionalisierung", das heißt: Die Landesherren halfen tatkräftig mit, das von ihnen bevorzugte Bekenntnis in der Bevölkerung durchzusetzen.

Konfessionalisierung auf katholisch ▶ Die katholische Kirche formulierte auf dem Konzil (Kirchenversammlung) in Trient (1545 – 1563) ihre Glaubensgrundsätze und stellte die kritisierten Missstände ab. So verbot sie den Ablasshandel und den Verkauf von kirchlichen Ämtern. Sie stellte Gemeinsamkeiten mit der evangelischen Lehre heraus, grenzte sich aber auch von ihr ab, indem sie zum Beispiel festlegte: Quellen des Glaubens sind die Bibel, aber auch die Überlieferung der Kirche. Oder: Der Christ braucht zu seiner Erlösung die Gnade Gottes, aber er kann auch durch gute Werke einen Beitrag dazu leisten. Die katholische Kirche blieb bei ihrem hierarchischen Aufbau. Der Papst blieb das Oberhaupt der Kirche. Auch die klösterlichen Gemeinschaften und das Gebot der Ehelosigkeit der Priester blieben bestehen.

M 1 Der Altarraum einer katholischen Kirche aus dem 17. Jahrhundert.
Im katholischen Verständnis ist die Kirche ein heiliger Ort, an dem Gott in besonderer Weise anwesend ist. Deshalb auch die prachtvolle und teure Ausstattung.

Konfessionalisierung in Bayern

Am Beispiel des katholischen Herzogtums Bayern lässt sich zeigen, wie die Ausbildung der Konfession von der weltlichen Obrigkeit gefördert wurde.
1549 holte der bayerische Herzog die Jesuiten nach Bayern. Sie hatten vom Papst den Auftrag, die Konzilbeschlüsse von Trient in die Tat umzusetzen, aber auch möglichst viele Protestanten zurückzugewinnen. Die Jesuiten gründeten Gymnasien und Hochschulen zur besseren Ausbildung von Priestern und Laien. Sie wirkten als Prediger, regten auch wieder Prozessionen, Wallfahrten und prunkvolle Gottesdienste an. Sie ließen Gotteshäuser erbauen und von den besten Künstlern der Zeit ausstatten. Kunst und Musik waren für sie bevorzugte Mittel, Menschen in ihre Kirchen zu locken.
Die bayerischen Herzöge erließen staatliche Verordnungen, die die Untertanen zum Leben nach der katholischen Konfession zwingen sollten.
Beispiele: Beim Gebetläuten musste jeder niederknien und ein Vaterunser sowie ein Ave Maria beten. Wer das nicht tat, konnte ins Gefängnis kommen. Am Sonntag mussten alle den Gottesdienst besuchen. Sollte zu dieser Zeit jemand im Wirtshaus angetroffen werden, drohte ihm eine harte Strafe. Besonders hart bestraft wurde Gotteslästerung und Fluchen.

M 1 Die katholische Engländerin Maria Ward (1585–1645) gründete die Ordensgemeinschaft der Englischen Fräulein. Sie richtete auch in Bayern Tagesschulen für Mädchen ein, in einer Zeit, in der kaum jemand daran dachte, auch Mädchen etwas lernen zu lassen.

Konfessionalisierung auf evangelisch ▶ Auch in den evangelischen Staaten sicherten die Landesherren Luthers Glaubenslehre durch Kirchenordnungen. Der Reformator selbst hatte ihnen das Amt von Bischöfen übertragen und sie damit zu geistlichen Oberhäuptern in ihren Staaten gemacht. Das führte nicht nur dazu, dass unterschiedliche Landeskirchen entstanden, sondern dass sich Religion und Politik eng miteinander verbanden. Auch die evangelischen Landesherren sorgten sich um die religiöse Bildung des Volkes, indem sie Schulen errichteten und die Lehrer bezahlten. Und sie wachten streng über das Glaubensleben in den Gemeinden. Kontrolleure besuchten regelmäßig die Pfarrgemeinden und überprüften, ob die Pfarrer sich auch an die evangelische Kirchenordnung hielten und die Gläubigen ein sittenstrenges Leben führten.

M 2 Das Innere einer protestantischen Kirche.
Die Kirche der evangelischen und der reformierten Kirche wird als Versammlungsraum verstanden, in dem sich die Gemeinde hauptsächlich zum Hören der Predigt versammelt.

Christen contra Christen

Konfessionelle Konflikte überall in Europa

> **Calvinisten** ▸ sind die Anhänger des Reformators Calvin (1509 – 1564), der in Genf in der Schweiz wirkte. Calvin entfernte sich noch weiter als Luther von der alten Kirche. Calvinisten nahmen alle Bilder aus den Kirchen und ließen nur noch die Schriftlesung und die Predigt gelten. Zusammen mit den Anhängern des Schweizer Reformators Zwingli (1484 – 1531) bildeten sie die Konfession der „Reformierten". In Frankreich wurden die Calvinisten Hugenotten genannt.

In den Niederlanden ▸ Die Reformation breitete sich auch in den Niederlanden aus, die damals zum deutschen Reich gehörten (M 1). Landesherr der Niederlande war der König von Spanien. Als mit Philipp II. (1556 – 1598) ein besonders strenger Katholik den Thron bestieg, wollte er mit Waffengewalt die calvinistischen Niederländer wieder katholisch machen. Aus dem Glaubenskrieg wurde schnell ein Freiheitskrieg, der sich über Jahre hinzog. 1609 wurden die Niederlande geteilt. Der Norden (Holland) blieb protestantisch und wurde eine Republik. Der Süden (Belgien und Luxemburg) verblieb unter spanischer Herrschaft.

In Frankreich ▸ Glaubenskämpfe brachen auch in Frankreich aus, wo die Hugenotten viele Anhänger gefunden hatten. Jahrzehntelang tobte hier die Auseinandersetzung mit den Katholiken. Wie in anderen Ländern mischten sich auch in Frankreich religiöse und politische Motive. 1572 wurden in der „Pariser Blutnacht" und in den nachfolgenden Wochen Tausende Hugenotten umgebracht. Erst 1598 erhielten sie die Gleichberechtigung zu den Katholiken.

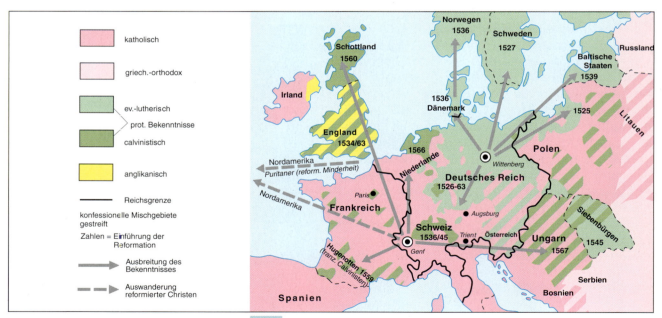

M 1 Die Verteilung der Konfessionen in Europa um 1570. Die griechisch-orthodoxe Kirche ist aus einer Kirchenspaltung im 11. Jahrhundert hervorgegangen. Die anglikanische Kirche geht auf den englischen König Heinrich VIII. (1509 – 1547) zurück, der sich 1534 vom Papst lossagte.

M 2 Prager Fenstersturz 1618. Holzschnitt aus einer Prager Zeitung aus diesem Jahr. Protestantische Adelige warfen katholische Beamte aus einem Fenster der Burg. Diese landeten unverletzt auf einem Misthaufen.

A 1 Woher hatten die Landesherren das Recht über die Konfession ihrer Untertanen zu bestimmen?

A 2 Religiöse Ziele vermischen sich oft mit politischen. Belege diese Aussage mit mehreren Beispielen.

A 3 Beschreibe mit eigenen Worten, was in der Karte M 1 dargestellt ist. Was bedeuten die Pfeile? Warum sind zwei Städte besonders hervorgehoben?

A 4 Was versteht man unter dem „Prager Fenstersturz"?

In Donauwörth ▶ In der Reichsstadt waren die Katholiken in der Minderheit. Als sie eine öffentliche Prozession abhielten, wurden sie von aufgebrachten Protestanten auseinander getrieben. Daraufhin verhängte der Kaiser eine hohe Geldstrafe über die Stadt und beauftragte den bayerischen Herzog Maximilian I. sie zu vollziehen. Dieser ließ 1608 die Stadt besetzen. Als die Donauwörther das Geld nicht bezahlen konnten, mussten sie bayerische Untertanen und katholisch werden.
Die Vorgänge um Donauwörth hatten zur Folge, dass sich eine Reihe protestantischer Fürsten zu einem Verteidigungsbündnis (Union) zusammenschlossen. Darauf antworteten die katholischen Fürsten mit der Gründung eines Gegenbündnisses, der Liga. Die Fronten waren somit abgesteckt.

In Prag ▶ Wie die Niederlande gehörte das Königreich Böhmen zum deutschen Reich. Könige von Böhmen wurden aufgrund eines Erbrechts Mitglieder der österreichischen Herrscherfamilie, der Habsburger. Als viele böhmische Adelige protestantisch wurden, kam es zu Spannungen mit den katholischen Königen. Die Böhmen nahmen für sich das Recht in Anspruch nicht nur ihre Religion frei wählen zu können, sondern auch ihren König. 1618 kam es in Prag zum Aufstand. Böhmische Adelige warfen mehrere königliche Beamte aus dem Fenster der Prager Burg (M 2). Bald danach setzten sie den katholischen König Ferdinand II. ab und wählten den Kurfürsten von der Pfalz, Friedrich V., zu ihrem König. Friedrich war Führer der Union. Der abgesetzte Ferdinand wurde 1619 Kaiser und die Liga unterstützte ihn. Der Krieg, der nun ausbrach, dauerte dreißig Jahre lang.

Kurz und klar

▶ Alle Versuche des Kaisers, die Einheit der Kirche zu retten, waren erfolglos. Im Religionsfrieden von Augsburg 1555 wurde das evangelische Bekenntnis als gleichberechtigt anerkannt.

▶ Die Landesherren erhielten allerdings das Recht die Konfession ihrer Untertanen zu bestimmen.

▶ Nur in den Reichsstädten konnten das katholische und evangelische Bekenntnis nebeneinander bestehen.

▶ Die Reformation spaltete auch in anderen Staaten Europas die Menschen. Überall kam es zu gewalttätigen Auseinandersetzungen, die oft jahrelange Bürgerkriege zur Folge hatten.

Christen contra Christen

Der Dreißigjährige Krieg (1618–1648)

A 1 Der Verlauf des Dreißigjährigen Krieges zeigt, dass er sich von einem Glaubenskrieg zu einem politischen Machtkampf ausweitete. Stelle diese Entwicklung mit eigenen Worten dar.

A 2 Berichte, welche Interessen die Schweden und die Franzosen im Krieg verfolgten.

A 3 Benenne Gebiete, die vom Krieg am meisten betroffen waren (M 2). Welche Gebiete blieben weitgehend verschont?

A 4 Versetze dich in eines der in M 1 abgebildeten Opfer und erzähle aus ihrer Sicht, was passiert und wie es in den nächsten Minuten weitergehen könnte.

1618–1623: In Böhmen wird abgerechnet ▶ Der entscheidende Kampf fand im Herbst des Jahres 1620 statt. Heere der Liga und des Kaisers Ferdinand II. drangen in Böhmen ein um den Aufstand der Stände niederzuschlagen. Nach der Schlacht am Weißen Berg bei Prag, die König Friedrich V. verlor, ließ der Kaiser die protestantischen Führer hinrichten und das Land wieder katholisieren. 150 000 Protestanten verließen ihre Heimat. Der bayerische Herzog Maximilian I. erhielt als Belohnung für seinen Einsatz die Oberpfalz und die Kurfürstenwürde.

1625–1629: Dänemark greift ein ▶ Nach der Eroberung der Pfalz verfolgte das Heer der Liga, unterstützt von spanischen Söldnern, seine Gegner bis nach Norddeutschland. Da stellte sich der dänische König Christian IV., der als Herzog von Holstein zugleich Fürst im Deutschen Reich war, an die Spitze der protestantischen Truppen. Obwohl er von England und den Niederlanden unterstützt wurde, blieben Christians Bemühungen erfolglos.

1630–1635: Die Schweden kommen ▶ 1630 landete der schwedische König Gustav Adolf in Deutschland. Er wollte nicht nur den bedrängten protestantischen Fürsten zu Hilfe kommen, sondern die deutsche Ostseeküste für Schweden gewinnen. Seine Soldaten drangen quer durch Deutschland in den Süden vor und eroberten 1632 ganz Bayern. Im November 1632 fiel Gustav Adolf in einer Schlacht. Zwei Jahre später verloren die Schweden eine wichtige Schlacht bei Nördlingen. Jetzt stellten sich protestantische Fürsten an die Seite des Kaisers.

1635–1648: Frankreich verfolgte eigene Ziele ▶ 1635 griff das katholische Frankreich in den Krieg ein. Schon vorher hatte es die Schweden mit Geld unterstützt. Dem französischen König ging es nicht um Glaubensfragen. Sein Ziel war Frankreich zur führenden Macht in Europa zu machen. Nun kämpften katholische Franzosen gegen katholische Bayern, protestantische Sachsen gegen protestantische Schweden. Der Krieg dauerte noch einmal dreizehn Jahre. Er brachte aber keiner Partei den entscheidenden Sieg.

M 1 Szenen aus dem Dreißigjährigen Krieg, gezeichnet von Hans Ulrich Franck (1603–1675), der den Krieg selbst miterlebt hat

Die Leiden der Bevölkerung im Krieg ▶ Besonders hart bekam die Bevölkerung den Krieg zu spüren:

In den Städten ▶ Am schlimmsten erging es den 20 000 Bewohnern von Magdeburg, als ihre Stadt 1631 von den Truppen der Liga erobert wurde. Die Soldaten töteten wahllos Männer, Frauen und Kinder. Viele kamen im Feuer um, das überall gelegt wurde. Nur wenige Einwohner überlebten die Katastrophe.
Gewöhnlich konnten sich Städte vor der Eroberung und Zerstörung retten, wenn sie sich ergaben und das geforderte Geld an das feindliche Heer bezahlten. So willigte der Münchener Stadtrat 1632 ein, die vom Schwedenkönig Gustav Adolf geforderte gewaltige Summe von 300 000 Talern zu entrichten. Als bei seinem Abzug noch ein Drittel der Summe fehlte, nahm er 42 Geiseln mit, darunter 22 Geistliche. Sie kamen erst drei Jahre später wieder frei, nachdem die Restsumme größtenteils beglichen war.

Auf dem Land ▶ Die Landbevölkerung hatte am meisten darunter zu leiden, dass durchziehende Heere Nahrungsmittel und Tiere verlangten. Um eine Armee von etwa 30 000 Mann ernähren zu können, mussten Tag für Tag an die 600 Zentner Brot, 300 Zentner Fleisch und 90 000 Liter Bier herangeschafft werden. Tausende von Tieren begleiteten eine solche Armee. Schlachtvieh musste ständig ergänzt werden, Reitpferde insbesondere nach Schlachten. Je länger der Krieg dauerte und je leerer die Kriegskassen wurden, desto mehr holten sich die Soldaten das Nötige ohne dafür zu bezahlen.
Siegreiche Feldherren hatten obendrein das Recht eroberte Städte und Dörfer von ihren Soldaten plündern zu lassen.

Begleiter des Krieges ▶ In vielen Gegenden brach immer wieder der Hunger aus. Oft kam noch die Pest hinzu. Man schätzt, dass daran mehr Menschen starben als durch Schlachten oder bei Überfällen und Bränden.

M 2 Die Kriegsschauplätze

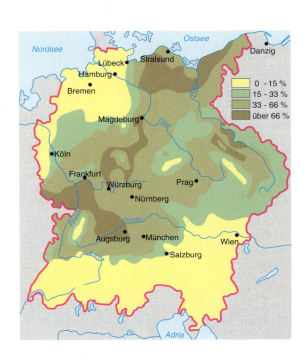

M 3 Anteil der Bevölkerung, die durch den Krieg das Leben verlor. Man schätzt, dass im Deutschen Reich die Bevölkerungszahl von 16 auf 11 Millionen zurückging. Manche Gegenden waren besonders stark betroffen. Die Stadt Augsburg zum Beispiel verlor zwei Drittel ihrer Bevölkerung.

Christen contra Christen

Alltag im Dreißigjährigen Krieg

M 2 Die Stadt brannte drei Tage lang
Aus der Geschichte der Stadt Kempten im Allgäu, erschienen 1984:
▸ Mit klingendem Spiel zogen die Reichsstädter nach der Ankunft ihrer Glaubensgenossen, der Schweden, zum Stadttor hinaus und brachen das Kloster ab – der Fürstabt und seine Mönche waren geflohen.

Das Kloster muss verschwinden ▸ Im ersten Siegestaumel wollte man alles in Brand stecken. Dem Stadtrat gelang es, dies zu verhindern, nicht etwa aus Mitleid, sondern nur deshalb, weil er fürchtete, die Funken des brennenden Klosters könnten die eigene Stadt gefährden. So beschloss man die Kirche, die fürstäbtliche Residenz und die Häuser der Beamten abzubrechen. Das Gebiet des Fürstabts schenkte Gustav Adolf den Kemptenern als Anerkennung für die Verdienste der Reichsstadt um die evangelische Sache. Die ehemals zum Klosterstaat gehörenden Beamten mussten Lebensmittel und Holz liefern oder Pferde und Fuhrwerke stellen oder beim Abbruch des Klosters helfen.

Der geflohene Fürstabt holt Hilfe ▸ Er wandte sich an den Kurfürsten Maximilian und an den Kaiser, die ihm Hilfe versprachen. Als die kaiserlichen Truppen erschienen, wurden die Reichsstädter mehrmals aufgefordert die Stadt kampflos zu übergeben. Aber die Kemptener wollten kämpfen. Am 13. Januar 1633 nahm das grausige Schicksal seinen Lauf: Das Stadttor wurde als erstes durch Geschützfeuer zusammengeschossen und daneben eine große Bresche in die Mauer gesprengt. Viele Bürger standen auf der Mauer und gossen siedendes Öl, heißen Kalk, kochendes Wasser auf die Angreifer oder warfen brennende Pechkränze hinab. Frauen und Kinder schleppten Steine herbei und versuchten die klaffende Lücke in der Stadtmauer aufzufüllen.

Die Stadt muss es büßen ▸ Kurz vor fünf Uhr abends verbreitete sich plötzlich der Schreckensruf: Feinde in der Stadt! Eine unbeschreibliche Panik brach aus. Was sich in der eroberten Stadt im Einzelnen zutrug, waren Gräueltaten, wie sie kaum schlimmer erdacht werden könnten.
Von den 6000 Einwohnern der Stadt blieben knapp 900 übrig. 1100 Kemptener Bürger hatten die Rache des Abtes mit dem Tod bezahlt, die anderen waren geflohen und viele von ihnen sind dabei verhungert. Die Stadt brannte drei Tage lang und wurde von den kaiserlichen Soldaten und den Bauern der Umgebung geplündert.

M 1 Kempten im Allgäu war eine protestantische Reichsstadt. Unmittelbar vor ihren Toren lag die (katholische) Fürstabtei Kempten. Ihr Abt war Fürst im dazu gehörenden Klosterstaat (Fürststift). Zwischen der Reichsstadt und dem Kloster kam es immer wieder zu Spannungen. 1632 trafen die Schweden in Kempten ein, acht Monate später die Armee des Kaisers.

A 1 Schildere mit eigenen Worten die Ereignisse in Kempten.

A 2 Schreibe alle in der Erzählung vorkommenden Persönlichkeiten heraus und ordne sie den beiden Kriegsparteien zu.

A 3 Nenne Gründe für die Zerstörung des Klosters und der Stadt. Schreibe dazu Texte für ein Streitgespräch in der Klasse.

Erinnerungen an den Krieg ▸ In Gegenden, in denen sich der Dreißigjährige Krieg besonders heftig ausgetobt hat, werden Erinnerungen an die Notzeiten bis heute wachgehalten durch
▸ historische Schauspiele und Umzüge, zum Beispiel in Memmingen (M 1), in Dinkelsbühl (Kinderzeche) und in Rothenburg ob der Tauber (Meistertrunk),
▸ Lieder, Verse, Erzählungen, insbesondere Sagen,
▸ durch Geschichtsbilder und Denkmäler, zum Beispiel der „Steinerne Mann" in Augsburg (M 2).

Meistens geht es darum, an die Schrecken des Krieges zu erinnern, aber auch an mutige Menschen, die dazu beigetragen haben, die Stadt vor der Zerstörung zu bewahren. In Dinkelsbühl waren das sogar Kinder.

A 4 Erkundigt euch, zum Beispiel beim Kreisheimatpfleger, was in eurer Umgebung an den Dreißigjährigen Krieg erinnert. Sammelt Material dazu und gestaltet eine Ausstellung in der Schule.

M 3 Wallenstein-Spiele in Memmingen. Wallenstein war ein Feldherr, der im Dreißigjährigen Krieg auf Seiten des Kaisers gekämpft hat. 1630 hielt er sich für einige Monate in der Reichsstadt Memmingen auf. Für die Stadt machte in dieser Zeit der Krieg eine Pause. Der erfolgreiche Feldherr empfing ausländische Gäste, ließ Reiter- und Waffenspiele veranstalten und feierte glanzvolle Feste. Alle vier Jahre lassen die Memminger diese sorgenlose Zeit wieder aufleben.

M 4 Der Steinerne Mann. 1634 belagerten katholische Truppen die von den Schweden besetzte Reichsstadt Augsburg. Dort brach eine Hungersnot aus. Der Sage nach hat der Bäcker Konrad Hacker mit dem letzten von ihm gebackenen Brot von der Stadtmauer aus den Belagerern zugerufen, dass es noch genügend zu essen gibt. Dem mutigen Bäcker riss ein feindliches Geschoss den rechten Arm ab. Bevor er starb, erfuhr er noch, dass die Belagerung abgebrochen worden sei. In Wirklichkeit wurde die Stadt den Belagerern übergeben. Der Steinerne Mann wurde nach dem Krieg aus Teilen von zerstörten Denkmälern zusammengesetzt.

Wir lesen ein Flugblatt aus dem Dreißigjährigen Krieg

Zur Zeit der Reformation und des Dreißigjährigen Krieges waren gedruckte Flugblätter das einzige Medium, mit dem man schnell viele Menschen erreichen konnte. Im Streit zwischen den Konfessionen, vor allem im Krieg, dienten Flugblätter dazu, den Gegner anzugreifen und zu verspotten. Je länger der Krieg dauerte, umso mehr wurde er selbst zum Thema gemacht.

Da nur wenige Menschen lesen konnten, spielten auf den Flugblättern Bilder eine große Rolle. Die Texte, die sie begleiteten, haben oft die Form von Gedichten. Wir wollen versuchen, eines dieser Blätter zu „lesen".

Erster Schritt ▶ Beschreibe zunächst, was bildlich dargestellt (M 2) ist. Aus welchen Bestandteilen besteht das merkwürdige Tier? Worauf trampelt es herum? Beachte auch den Gesichtsausdruck und die Gesten des bewaffneten Mannes.

Zweiter Schritt ▶ Wie lässt sich das Dargestellte deuten? Hauptfrage: Wen stellt das angriffslustige Tier dar? Antworten findest du im Titel und im Text unter dem Bild. Auch wenn du nicht sofort jedes Wort verstehst, geht aus dem Zusammenhang des Textes hervor: Der Mann – wohl ein Soldat – will von dem Tier wissen, was es darstellt (symbolisiert). Es nennt sich „Bellum" (M 1, Zeile 25). Was Bellum tut, das kannst du selbst ab Zeile 30 im Originaltext (M 2) nachlesen. Bellums Bericht macht den Soldaten betroffen: Hoffentlich werde ich nicht so wie das Tier!

A 1 Übersetze die Zeilen 30 – 35

M 1 Der Text des Flugblattes M 2, in heutiger Schrift.

BELLUM SYMBOLICUM.
Das ist: Die erschröckliche[n] Wirckungen deß Kriegs im Gleichnuß [Gleichnis] fürgestellt.
Hilff Gott / was wirdt es endtlich werden /
5 Undter uns Christen hie auff Erden?
Weil die Untrew [Untreue] im gantzen Land /
Einreißt mit grossem Spott und schand.
Das alle Handtierungen und Gewerbungen /
werden gesperrt und ganz absterben.
10 Was muß doch O gethrewer Gott /
Ein Ursach seyn an dieser Noth.
O dass ich dieses wurd bericht.
Was sich [sehe] ich dort für ein Gesicht?
Villeicht es mich wird avisieren [ansehen].
15 Jedoch die gestalt mich wil verführen.
Sein Kopff sich ich der ist gantz bluetig /
Die Augen scheinen zornig und wuetig
Sihe / wie thuts die Zän herauß piecken /
Wie thuts die Zungen herfür strecken /
20 Sein Rachen täucht mich der thet brennen /
Das Thier kan ich gar nit erkennen.
Auß forcht und Worten thet ichs fragen /
Dass es mir solt den Namen sagen.
Darauff es antwortet grimmigklich:
25 Bellum. Den Krieg nennet man mich.
Werd auch ein Gaissel Gottes genandt /
Wie menniglich [allen]ist diß bekandt.
Was gestanden ist je und immer /
Das reiß ich ein und machs zu Trümmer.
30

35
Bring auch Tewrung und Pestilentz [Pest]/
Unaußsprechlich in allen Grentz.
Hie wirst bericht von mir in Summen [im Ganzen] /
Deß Namens Art und mein herkomen
40 Hierbey hab ich dir nichts verborgen /
Ach Gott in was für grossen sorgen
Stund ich / und hertzlich seufftzen thet /
Dacht villeicht es mir auch so gehet
Tratt vom Thier und bathe [bat] Gott /
45 Dass Er vor solcher grossen Noth
Gnädig behüt das Vatterland /
Durch sein starck und miltreich Hand
Und thue abwenden all beschwerdt [Beschwernis]/
Die jetzt fürgehet [passiert] auff ganzer Erd.

M 2 Flugblatt aus dem Dreißigjährigen Krieg, gedruckt in Augsburg

Christen contra Christen

Endlich Frieden!

Der Westfälische Frieden ▶ Im Dreißigjährigen Krieg gab es keinen Sieger. Nach 26 Jahren beschlossen die verfeindeten Mächte, den Krieg auf friedliche Weise zu beenden. Vier Jahre wurde zäh miteinander verhandelt, bis am 24. Oktober 1648 der Westfälische Frieden verkündet werden konnte. Doch es dauerte noch Wochen und Monate, bis die gute Nachricht überall vernommen wurde.

Wir stellen Fragen an eine Friedensforscherin:

Warum spricht man vom Westfälischen Frieden? ▶ Ganz einfach, weil der Frieden in den beiden westfälischen Städten Münster und Osnabrück geschlossen wurde. Im katholischen Münster wurde mit Frankreich, im protestantischen Osnabrück mit Schweden verhandelt. In Münster wurde auch der Frieden zwischen Spanien und den Niederlanden unterzeichnet.

Der Krieg war ein Religionskrieg zwischen katholischen und protestantischen Ländern. Was brachte ihnen der Frieden? ▶ Ein wichtiges Ergebnis war, dass der Augsburger Religionsfrieden nicht nur bestätigt, sondern auch auf die Reformierten ausgedehnt wurde. Was das heißt? Der katholische Kaiser, der im Krieg noch die Protestanten bekämpft hatte, musste nun akzeptieren, dass katholische, evangelische und reformierte Territorien und Städte gleichberechtigt nebeneinander bestanden.

Dann musste der Kaiser in den Religionsfragen also neutral bleiben? ▶ Natürlich, wie hätten ihn die protestantischen Fürsten sonst noch als Kaiser akzeptieren können. Das Deutsche Reich blieb nach 1648 ja bestehen. An seiner Spitze stand der katholische Kaiser. Er benötigte für seine Entscheidungen die Zustimmung des Reichstages, dem sowohl katholische als auch protestantische Landesherren und Städtevertreter angehörten.

Seit 1555 hatte jeder Landesherr das Recht, den Untertanen seine Konfession aufzuzwingen. Was sagt der Westfälische Frieden dazu? ▶ Die Landesherren behielten dieses Recht, aber niemand zwang sie es anzuwenden. So gab es im Reich Territorien, in denen nur eine Konfession zugelassen war, wie im Kurfürstentum Bayern. In anderen Gebieten, wie in Preußen, wurden zwei oder gar alle drei Konfessionen nebeneinander geduldet. Für einige Reichsstädte, wie Dinkelsbühl und Augsburg, wurde die Gleichstellung der Konfessionen sogar verordnet. Dort musste zum Beispiel jedes städtische Amt von einem Katholiken und einem Protestanten besetzt werden.

M 1 Frieden schließen heißt auch: Vergessen
Auszug aus dem Westfälischen Frieden (1648):
▶ Es sollen alle [...] in Worten, Schrift und Taten zugefügten Rechtsverletzungen, Gewalttaten, Kriegshandlungen, Schäden und Kosten [...] so vollständig getilgt sein, dass das, was auch immer einer gegen den anderen vorbringen könnte, in immer währendem (ewig dauerndem) Vergessen begraben sein soll.

M 2 Gebietsveränderungen nach dem Westfälschen Frieden von 1648

Territorium ▶ Lateinisch: Terra (Land); Gebiet, das von einem Landesherrn (zum Beispiel König, Herzog, Fürstbischof) regiert wird.
Lehen ▶ Bezeichnung für ein Territorium, das der König/Kaiser einem adeligen Herrn zur Nutzung auf Zeit „geliehen" hat.

M 3 „Danck Gebet für den so langgewünschten und durch Gottes Gnad nunmehr geschlossenen Frieden" Flugblatt aus dem Jahr 1648. In der Mitte: Der deutsche Kaiser, der französische König und die schwedische Königin. Links und rechts davon knien katholische und evangelische Christen.

M 4 Gebaute Gleichstellung der Konfessionen in Augsburg: Die evangelische St. Ulrichskirche (vorne) und die katholische Kirche St. Ulrich und Afra. Aus Dankbarkeit für die Gleichstellung im Westfälischen Frieden führten die Augsburger Protestanten das „Hohe Friedensfest" ein, das alljährlich gefeiert wird, heute aber zu einem ökumenischen Feiertag geworden ist.

Wer bezahlte die Schäden, die im Krieg angerichtet wurden? ▶ Frankreich und Schweden musste das Reich Land überlassen. Schweden erhielt Vorpommern, die Stadt Wismar und das Herzogtum Bremen (M 2) als Lehen. An Frankreich wurden Gebiete links des Rheins (M 2) abgetreten. Wer aber hätte die zerstörten Gebäude, das geraubte Vermögen, die fortgeschleppten Kunstwerke oder gar die vielen ermordeten Menschen entschädigen sollen?

Ist die Welt nach dem Westfälischen Frieden wirklich friedlicher geworden? ▶ Ja und nein. Ja, denn nach 1648 gab es in Europa keine Religionskriege mehr. Allmählich gewöhnten sich auch die Menschen unterschiedlicher Konfessionen daran, sich nicht mehr als Feinde zu betrachten, sondern friedlich nebeneinander zu leben. Die Frage kann man aber auch mit „nein" beantworten, denn Kriege wurden auch nach 1648 noch häufig geführt, um politische Ziele, wie Machtzuwachs und die Vergrößerung des eigenen Staatsgebiets, mit Gewalt durchzusetzen. Andere Kriege, wie die Türkenkriege, wurden geführt, um das Reich vor Feinden zu schützen.

A 1 Fasse die wichtigsten Ergebnisse des Westfälischen Friedens zusammen.

A 2 Wie wurde im Westfälischen Frieden die Konfessionsfrage auf der Ebene des Reiches gelöst? Wie wurde sie auf der Ebene der Länder und Reichsstädte gelöst?

A 3 Erkläre den Auszug aus dem Westfälischen Frieden (M 1).

A 4 Diskutiert die Frage, ob der Westfälische Frieden ein Modell für die Lösung heutiger religiöser und ethnischer Konflikte sein könnte.

Christen contra Christen

„Peace Wall" für den Frieden?

Im Umgang der Europäer miteinander spielt heute die Frage, ob jemand Protestant oder Katholik ist, kaum mehr eine Rolle. Das gilt nicht für Nordirland. Dort hassen sich Katholiken und Protestanten so sehr, dass sie von britischen Soldaten und durch eine Mauer voreinander geschützt werden müssen.

M 1 In der Hauptstadt Belfast trennt diese Mauer ein katholisches und ein protestantisches Viertel. Man nennt sie „Peace Wall".

A 1 Sammelt Informationen zum gegenwärtigen Stand des Konflikts in Nordirland. Vorsicht bei der Suche im Internet: Hier stößt man teilweise auf einseitige Darstellungen.

A 2 In vielen Teilen der Erde gibt es Konflikte zwischen religiösen Gruppen, zum Beispiel zwischen Hindus und Muslimen in Indien. Hierüber gibt es immer wieder Berichte in den Zeitungen, die ihr auswerten könnt.

M 2 Aufruf auf der Peace Wall (M 1).

Aus der Geschichte des Nordirland-Konfliktes ▶ Die protestantischen Könige Englands brachten im 16. Jahrhundert das katholische Irland unter ihre Herrschaft. Um 1600 wurden 100 000 protestantische Schotten in Nordirland angesiedelt. Seither sind sie dort in der Mehrheit und haben bis heute bestimmte Vorrechte vor den Katholiken.

Seit 1660 regierte in England wieder ein katholischer König, Jakob XI. Sein Bemühen, den katholischen Glauben wieder durchzusetzen, scheiterte. 1688 wurde er von dem protestantischen König Wilhelm von Oranien gestürzt. Als Jakob von Irland aus seinen Thron zurückerobern wollte, verlor er 1690 die entscheidende Schlacht. Bis heute feiern die Protestanten mit Aufmärschen und Freudenfeuern diesen Sieg. Dabei marschieren sie auch durch katholische Stadtviertel.

1922 wurde die Insel geteilt. Nordirland blieb bei Großbritannien, der größere Rest wurde ein selbstständiger Staat, die Republik Irland. Seither kommt der Norden nicht zur Ruhe. Die Katholiken wollen die Vorherrschaft der Protestanten abschütteln und sich der Republik Irland anschließen. Die Protestanten wollen bei Großbritannien bleiben und ihre Vorrechte nicht aufgeben. Auf beiden Seiten sind radikale Gruppen am Werk, die sich gegenseitig bekriegen. 3000 Menschen sind in den letzten 25 Jahren ums Leben gekommen. Alle Friedensbemühungen blieben bisher ohne Erfolg.

Ein Mönch macht Geschichte

Martin Luther ▶ Der fromme Mönch aus Wittenberg machte erstmals auf sich aufmerksam, als er 1517 gegen den Ablasshandel seiner Kirche protestierte. Martin Luther war zwar nicht der Erste, der die Kirche aufforderte Missstände abzuschaffen, aber noch kein Reformator hatte solche Erfolge wie er.

Evangelische Kirche ▶ Weder der Papst noch der Kaiser waren bereit auf Luthers Kritik einzugehen. Sie versuchten vergebens den aufsässigen Mönch mit Bann und Acht 1521 zum Schweigen zu bringen. Unterstützt von gelehrten Geistlichen und Reichsfürsten, begründete er die evangelische Kirche, die sich schnell ausbreitete.

Andere Konfessionen ▶ Ermutigt durch Martin Luther, traten überall Reformatoren auf, die sich ihm anschlossen oder eigene Bekenntnisse gründeten, wie Jean Calvin in der Schweiz. Auch die reformierte Kirche fand in ganz Europa Anhänger. In England war es der König selbst, der den Bruch mit dem Papst vollzog und die anglikanische Kirche gründete.

Katholische Kirche ▶ Die alte Kirche gab ihre Antwort auf die Reformation auf dem Konzil von Trient (1545 – 1563). Mithilfe der Jesuiten und katholischer Landesherren erneuerte sie das Gemeindeleben und stoppte in vielen Gebieten die weitere Ausbreitung der Reformation.

Konfessionalisierung ▶ Im Augsburger Religionsfrieden 1555 wurde festgelegt, dass die Untertanen das Bekenntnis ihres Landesherrn annehmen müssen. Diese Regelung stürzte unzählige Menschen in Glaubens- und Gewissensnöte. Das Recht, dass jeder Mensch selbst in Glaubensdingen entscheiden kann, wird erst viel später selbstverständlich.

M 1 Aus einem Luther Film

Dreißigjähriger Krieg ▶ Religiöse Gegensätze und Spannungen führten zwischen 1618 und 1648 zu einem Krieg, den die beteiligten Fürsten dazu nutzten, ihre Staaten möglichst zu vergrößern und ihre Macht zu stärken. Der Westfälische Frieden beendete den letzten Religionskrieg in Europa und sicherte den Konfessionen endgültig die Gleichberechtigung.

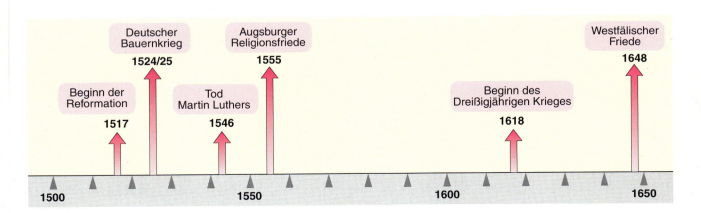

Schloss Nymphenburg in München, gemalt vom italienischen Künstler Canaletto im Jahre 1761. Das Schloss lag damals weit vor den Toren Münchens. Canaletto zeigt uns die Schlossfassade von der Gartenseite aus. Auf dem künstlich angelegten See unternimmt gerade die Hofgesellschaft eine Ausfahrt. Festlich gekleidete Personen bewegen sich im Garten.

Ein typisches Bild für die Zeit der „Sonnenkönige", die sich im 17. und 18. Jahrhundert überall in Europa solche Umgebungen geschaffen haben, um ihre Macht und ihr Ansehen zu zeigen. Ihre Zeit ist längst vorbei, ihre Schlösser und Parkanlagen sind aber noch an vielen Orten vorhanden und können – im Unterschied zu damals – von allen besucht werden.

2 000 vor Chr.

1 500 vor Chr.

1 000 vor Chr.

500 vor Chr.

Chris

Leben unter „Sonnenkönigen"

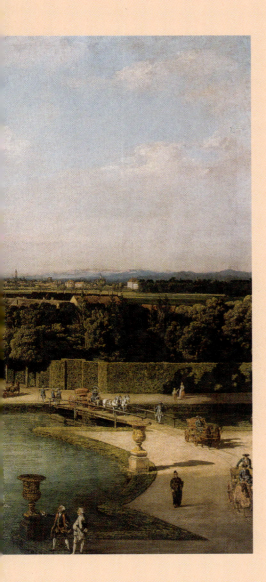

Ein Paar aus der Hofgesellschaft, gekleidet nach der Mode der Zeit um 1750

Leben unter „Sonnenkönigen"

Herrschaft als Schauspiel

M 2 **Wenn der König ein frisches Hemd anzieht**
Aus den Erinnerungen des Herzogs von Saint Simon, der lange Zeit am Hofe Ludwig XIV. gelebt hat:

▸ Des Morgens weckt ihn der erste Kammerdiener zu der von ihm bestimmten Stunde und der Reihe nach treten fünf Gruppen von Leuten ein, um ihre Aufwartung zu machen. Die erste Gruppe besteht aus den königlichen Kindern, Prinzen und Prinzessinnen, dem ersten Arzt, dem ersten Chirurgen und anderen nützlichen Personen. Dann folgt die Gruppe der Großkämmerer, der Meister der Garderobe, die Ehren- und Kammerdamen der Königin und Prinzessinnen, sowie Friseure, Schneider und verschiedene Diener. Man gießt dem König aus einer vergoldeten Schale Franzbranntwein auf die Hände und reicht ihm den Weihkessel; er bekreuzigt sich und betet.

Dann erhebt er sich vor der ganzen Gesellschaft aus dem Bette, zieht die Pantoffeln und den Schlafrock an, den ihm der Großkämmerer und der erste Kammer-Edelmann reichen, und setzt sich auf den Ankleidesessel. In diesem Augenblick wird die dritte Gruppe hereingelassen, die teils aus Günstlingen, teils aus einer Menge von Dienstleuten zusammengesetzt ist. Auch die Nachtstuhl-Inspektoren fehlen nicht. Die Öffentlichkeit des Lebens des Königs ist so groß, dass keine seiner Handlungen ohne Zeugen ist.
Die vor der Türe wartende vierte Gruppe umfasst die meisten hohen Beamten, den Kaplan, den Prediger, den Hauptmann und den Major der Leibgarden, die Gesandten, die Minister und Staatssekretäre und einen Teil des übrigen hervorragenden Adels und der Geistlichkeit.

Der König wäscht sich die Hände und entkleidet sich allmählich. Zwei Pagen ziehen ihm die Pantoffeln aus. Das Hemd wird vom ersten Diener der Garderobe entfernt und einem anderen Beamten übergeben, während ein anderer Diener das frische Hemd herbeibringt. In diesem feierlichen Augenblick wird die fünfte Gruppe eingelassen, die alles umfasst, was bisher fehlte.

Das neue Hemd hat ein ganzes Zeremoniell zu durchlaufen. Die Ehre, es darreichen zu dürfen, gebührt den Söhnen und Enkeln des Königs. Der erste Kammerdiener ergreift den rechten, der erste Diener der Garderobe den linken Ärmel, während zwei andere Diener den Schlafrock als Vorhang vorhalten, bis das Hemd festsitzt. Andere bringen die Kleider herbei. Nach alldem erteilt der König Tagesbefehle und bestimmt das Programm des Tages.

M 1 Symbol für die Herrschaft des französischen Königs Ludwig XIV.: Die Sonne strahlt über den Erdball, darüber sein lateinischer Sinnspruch: (deutsch) „Auch mehreren gewachsen". Medaille aus dem Jahr 1664

Im Bild der strahlenden Sonne und in seinem Sinnspruch verkündete der König, dass er sich als Herrscher sah, dem die Vormacht in Europa zustand.

Ludwig XIV. setzte in seinem Reich die absolutistische Herrschaft durch. Er ließ das größte Schloss Europas erbauen, in dem er seinen Untertanen und der Welt das Schauspiel seiner Herrschaft aufführte.

A 1 Die genauen Vorschriften und Handlungen im Alltag des Königs bezeichnet man als „Hofzeremoniell". Diskutiert, warum der König so großen Wert darauf legte.

A 2 Versetze dich in die Rolle eines Garderobe-Dieners und schildere die morgendliche Zeremonie aus seiner Sicht.

A 3 Begründe, warum Ludwig XIV. den Beinamen „der Sonnenkönig" erhielt.

M 3 Gemalter Absolutismus. Ludwig XIV., König von Frankreich. Ölgemälde (Höhe 227 Zentimeter, Breite 194 Zentimeter). Der König war bereits 63 Jahre alt, als er dem Künstler Hyacinthe Rigaud den Auftrag gab ihn so darzustellen.

Ludwig steht unter einem Baldachin aus rotem Samt. Er trägt das Gewand, das er bei seiner Krönung getragen hat. Der Krönungsmantel ist bestickt mit den goldenen Lilien der Bourbonen, der Herrscherfamilie, aus der der König stammt. Er trägt das Schwert von Kaiser Karl dem Großen. Auf einem Kissen liegen die französische Königskrone und ein Stab mit der „Schwurhand", dem Zeichen, das darauf hinweist, dass der König auch oberster Gerichtsherr ist.

A 4 Ergänze die Beschreibung des Herrscherbildes. Verwende dabei die Wörter „kurze Pumphose", „seidene Strumpfhose", „Schnallenschuhe", „Perücke", „Hermelinpelz".

A 5 Erkläre, wieso das Bild (M 3) den Titel „Gemalter Absolutismus" trägt.

M 4 So befriedigte er seinen Hochmut
Aus den Erinnerungen des Herzogs von Saint Simon:
▸ In allem liebte der König Glanz, Verschwendung, Fülle. Es war wohlberechnet, dass er die Sucht, ihm hierin nachzueifern, in jeder Weise begünstigte. Er impfte sie seinem ganzen Hofe ein. Wer sein ganzes Geld für Küche, Kleidung, Wagen, Haushalt und Spiel ausgab, der gewann sein Wohlwollen. Um solcher Dinge willen redete er die Leute an.
Indem er so den Luxus gewissermaßen zur Ehrensache und für manche zur Notwendigkeit machte, richtete er nacheinander alle [hohen Adeligen] zugrunde, bis sie schließlich einzig und allein von seiner Gnade abhingen. So befriedigte er seinen Hochmut und seinen Ehrgeiz.

Absolutismus ▸ Unbeschränkte Herrschaft eines Fürsten. Andere Mitglieder der Gesellschaft haben keine politischen Mitspracherechte. Absolutistische Monarchie: unbeschränkte Königsherrschaft (lateinisch: absolutus = nicht gebunden, unbeschränkt)

Der „Sonnenkönig" von Frankreich

Ludwig XIV. sagt: „Der Staat bin ich!" ▶ Dieser Ausspruch, den man Ludwig XIV. zuschreibt, kennzeichnet am besten, wie der König über sein Amt als absolutistischer Herrscher dachte. Er nahm für sich in Anspruch zugleich oberster Gesetzgeber, Verwalter, Richter und Feldherr zu sein.

Er schaltet die Stände aus ▶ In Frankreich hatten die Vertreter der Stände ein politisches Mitspracherecht bei den Entscheidungen des Königs. Vor allem waren sie berechtigt an der Festsetzung der Steuern mitzuwirken. Doch bereits die Vorgänger Ludwigs hatten die Stände nicht mehr einberufen. Die Vertreter der Stände hatten zwar gegen ihre Entmachtung rebelliert, aber sie mussten sich fügen. Lediglich in einigen Provinzen gab es zur Zeit Ludwigs noch Ständeversammlungen. Als die Stände der Provence (Provinz im Süden Frankreichs) die von Ludwig geforderten 500 000 Livres Kriegssteuer nicht bewilligen wollten, ließ Ludwig die Ständeversammlung auflösen und zehn politische Führer verhaften.

Er will die Vorherrschaft in Europa ▶ In den 54 Jahren seiner Regierung führte Ludwig XIV. 36 Jahre lang Krieg. Er hatte das Ziel Frankreich im Norden und Osten zu erweitern. Deshalb verbündeten sich die Nachbarstaaten gegen Frankreich und es kam immer wieder zu bewaffneten Auseinandersetzungen mit ihnen. Die Militärausgaben verschlangen viel Geld. Dieses Geld hatte vor allem der dritte Stand, die Bauern, Handwerker und Kaufleute aufzubringen. Die Verschuldung des Staates nahm enorm zu.

Stand ▶ Eine in sich geschlossene Gruppe in der Gesellschaft. Der erste Stand (Adelige) und der zweite Stand (Geistliche) hatten besondere Vorrechte gegenüber dem dritten Stand (Stadtbürger, Bauern, Handwerker und Kaufleute).

M 1 Ein Abbild Gottes Jean Bodin (1529 – 1596), ein bedeutender französischer Gelehrter, schrieb über die Herrschaftsgewalt der Fürsten:
▶ Auf Erden gibt es nach Gott nichts Größeres als die souveränen Fürsten. Gott hat sie als seine Statthalter eingesetzt, damit sie der übrigen Menschheit befehlen. Deshalb ist es notwendig, sie in Unterwürfigkeit zu achten und zu verehren. Wer sich gegen den König wendet, versündigt sich an Gott, dessen Abbild auf Erden der Fürst ist.

A 1 Wie rechtfertigen absolutistische Fürsten ihre Herrschaft?

A 2 Berichte über Methoden, die Ludwig XIV. nutzte, um seine unbeschränkte Machtstellung zu erringen.

A 3 Beschreibe die Schlossanlage von Versailles (M 3).

M 2 Ludwig XIV. empfängt Gesandte aus Persien. Gemälde aus der Zeit um 1715

M 3 Luftaufnahme des Schlosses Versailles, der Residenz Ludwigs XIV.

Gebauter Absolutismus: das Schloss in Versailles

Als Ludwig XIV. 1661 mit 23 Jahren die Staatsgeschäfte übernahm, begann er mit dem Ausbau des väterlichen Jagdschlosses. Es lag 15 Kilometer südwestlich von Paris in dem Dorf Versailles. Aus dem kleinen Schloss in sumpfigem Gelände entstand innerhalb von Jahrzehnten eine der größten Schlossanlagen in Europa. Man kann es noch heute sehen: Strahlenförmig laufen die Straßen auf den Mittelpunkt des Schlosses zu, wo sich das Schlafzimmer und der Thronsaal des Königs befanden. Hier hielt Ludwig alle Zügel der Macht in seiner Hand. Von hier aus strahlte sein politischer Wille in das Land und viele Jahre auch über die Grenzen Frankreichs hinaus. Mit der Bevölkerung hatte der „Sonnenkönig" allerdings wenig Kontakt.

Die Gartenfront des Schlosses ist 580 Meter lang und hat 375 Fenster. Es enthält 2000 Räume. An die 20 000 Menschen lebten ständig am Hofe, darunter einige tausend Soldaten, die die Leibwache bildeten, 4000 Hofbedienstete, 338 Köche, 80 Pagen, 12 Mantelträger, 48 Ärzte, 74 Kapläne und 128 Sänger.

Hinter dem Schloss erstreckte sich ein riesiger Park mit kilometerlangen Alleen, mit künstlichen Seen und Pavillons. Für die 1400 Brunnen und Fontänen mussten 165 Kilometer Wasserleitungen verlegt werden. Zehntausende Arbeiter, Handwerker und Künstler waren beschäftigt um die Anlage zu errichten und auszustatten.

A 4 Im Internet findest du unter dem Stichwort „Schloss Versailles" weitere Informationen, Pläne und Bilder zu Versailles. Stelle ein doppelseitiges Informationsblatt (Texte und Bilder) für Besucher zusammen, aus dem sie das Wichtigste zur Schlossanlage erfahren können.

Kurz und klar

▸ Der französische König Ludwig XIV. nahm in seinem Reich das Recht in Anspruch, als absolutistischer König zu herrschen. In Europa strebte er die Vorherrschaft über die Nachbarstaaten an. Der „Sonnenkönig" ließ sich in Versailles ein prunkvolles Schloss erbauen, das zum Abbild seines Absolutismus wurde.

Leben unter „Sonnenkönigen"

Ludwig XIV.:

Ich brauche
bezahlte Beamte statt Adelige!

In den Provinzen und den wichtigsten Städten setzte Ludwig XIV. anstelle des Adels fähige Bürger als Beamte ein, die er mit der Verwaltung des Landes beauftragte. Sie waren dem König direkt unterstellt und sorgten dafür, dass seine Befehle in ganz Frankreich ausgeführt wurden. Auch kontrollierten sie die königlichen Richter, bestimmten die Höhe der Steuern und trieben sie ein. Der König konnte jeden dieser Berufsbeamten, der ihm unfähig oder zu mächtig erschien, wieder entlassen.

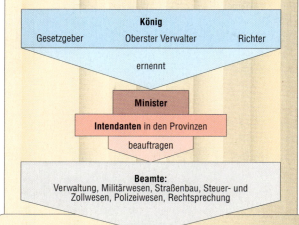

König – Gesetzgeber, Oberster Verwalter, Richter
ernennt
Minister
Intendanten in den Provinzen
beauftragen
Beamte: Verwaltung, Militärwesen, Straßenbau, Steuer- und Zollwesen, Polizeiwesen, Rechtsprechung

Ich brauche
ein stehendes Heer und viele Soldaten!

Um die Vormachtstellung Frankreichs in Europa zu festigen schuf sich Ludwig XIV. ein stehendes Heer aus Berufssoldaten. Werber waren beauftragt junge Männer für den Soldatenberuf zu gewinnen. Im ganzen Land waren Magazine für Verpflegung und Waffen angelegt, um damit die Truppen möglichst rasch versorgen zu können. Entlang der Grenzen ließ der König etwa 300 Festungsbauwerke errichten. Zwischen 1664 und 1703 erhöhte sich die Heeresstärke von 50 000 auf 400 000 Soldaten.

Untertanen
Geistliche   **Adelige**

116

„Der Staat bin ich!"

Ich brauche
noch mehr Geld in der Staatskasse!

Der Bau des Schlosses, das Hofleben, die Beamten und das Heer verschlangen große Summen Geld, die der Finanzminister Colbert herbeischaffen musste. Seine Quellen waren die Steuern des dritten Standes (Bauern und Bürger). Zölle auf Einfuhrgüter gehörten zum Wirtschaftssystem des Merkantilismus (von lateinisch: mercator = Kaufmann), das den Wohlstand im Lande fördern sollte. Um die Produktivität im eigenen Land zu steigern, ließ Ludwig XIV. Manufakturen errichten, in denen die Waren arbeitsteilig hergestellt wurden.

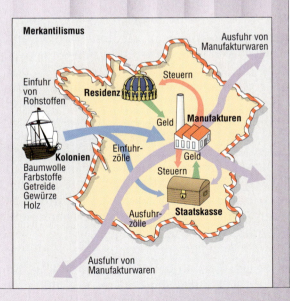

Ich brauche
Versailles für die Präsentation meiner Majestät!

Das Schloss in Versailles war nicht nur der Regierungssitz, sondern auch die prunkvolle Bühne, auf der Ludwig XIV. dem Adel und dem Volk, aber auch den europäischen Fürsten seine Macht und Größe als Sonnenkönig präsentieren konnte. Hinter den Kulissen allerdings türmten sich trotz der geschickten Wirtschafts- und Finanzpolitik Colberts die Schulden:
1680: 61 Millionen Livres Einnahmen
       47 Millionen Livres Schulden
1715: 96 Millionen Livres Einnahmen
       69 Millionen Livres Schulden

Untertanen
Bürger   **Bauern**

Leben unter „Sonnenkönigen"

Der bayerische „Sonnenkönig"

Herrschen wie Ludwig XIV. ▶ Der französische König diente den Fürsten in anderen europäischen Ländern als Vorbild. Wie er waren auch sie darauf bedacht, vor ihren Untertanen und vor der Welt ihren Ruhm und ihren Glanz zu zeigen. Mit Ludwig wetteiferten sie im Bau prachtvoller Schlossanlagen und im Feiern aufwändiger Feste. Wie der „Sonnenkönig" in Versailles versuchten sie ihre Macht und ihr Ansehen durch Siege auf dem Schlachtfeld zu vergrößern. Ein Beispiel dafür bietet der bayerische Kurfürst Max Emanuel (1662 – 1726).

Der Kriegsheld ▶ Im Alter von noch nicht 18 Jahren übernahm Max Emanuel 1679 von seinem Vater Ferdinand Maria die Regierung des Kurfürstentums Bayerns. Schon bald musste er sich als Heerführer bewähren. 1683 belagerten die Türken Wien, den Regierungssitz Kaiser Leopolds I. Den Fürsten des Deutschen Reiches, darunter Max Emanuel, gelang es, die Stadt zu befreien und die Angreifer zurückzuwerfen. Bei ihrer Verfolgung errang Max Emanuel mit seinen bayerischen Truppen glanzvolle Siege. Überall wurde er deshalb als „Türkensieger" gefeiert.
Der junge Held bekam die Tochter des Kaisers, Maria Antonia, zur Gemahlin. Ihr Sohn Joseph Ferdinand hatte Anrecht auf die Krone Spaniens und damit auf das spanische Weltreich. Eine glanzvolle Zukunft stand also bevor.

Der Verlierer ▶ Die Hoffnungen auf den spanischen Thron erfüllten sich nicht, weil Joseph Ferdinand im Alter von sieben Jahren starb. Um das spanische Erbe brach ein Krieg unter den europäischen Großmächten aus. Max Emanuel kämpfte nicht an der Seite seines Schwiegervaters, sondern auf Seiten Ludwigs XIV. Von ihm erwartete er bei einem Sieg mindestens die Königskrone. Als die bayerisch-französischen Truppen 1704 eine entscheidende Schlacht bei Höchstädt an der Donau verloren, musste Max Emanuel Bayern verlassen. Zehn Jahre lang hatte die bayerische Bevölkerung nicht nur die österreichische Besatzung zu ertragen, sondern auch hohe Kriegskosten zu zahlen. Aufstände, die gegen die Österreicher ausbrachen, wurden blutig niedergeschlagen.

Der Bauherr ▶ Nach dem Krieg (1715) konnte Max Emanuel nach München zurückkehren. Obwohl seine Untertanen weitgehend verarmt waren, wollte er seinen Anspruch, wie ein absolutistischer König zu leben, nicht aufgeben. Zeichen dafür sind die Erweiterung der Residenz in München sowie der Ausbau der Schlösser Nymphenburg und Schleißheim. Als Max Emanuel 1726 starb, hinterließ er einen Schuldenberg von 27 Millionen Gulden. Das waren die Staatseinkünfte von acht Jahren.

M 1 Kurfürst Max Emanuel (1662 – 1726), der bayerische „Sonnenkönig", dargestellt in der Rüstung eines Feldherrn; Ausschnitt aus einem Gemälde von 1706

A 1 Berichte, warum man Max Emanuel einen „Sonnenkönig" nennen kann.

A 2 Der Schlosspark in Schleißheim (M 2) ist eine der am besten erhaltenen barocken Gartenanlagen. Zeichne mit Zirkel und Lineal einen Grundriss der Anlage. Beachte die Verzerrungen im Schrägluftbild M 2.

A 3 Für Schüler in der Umgebung Münchens: Bereitet eine Exkursion zum Thema „Auf den Spuren Max Emanuels" nach Schleißheim vor und führt sie durch.

M 2 Die Schleißheimer Schlösser bei München. Das Schloss Lustheim im strahlenförmig angelegten kreisrunden Park hat Max Emanuel anlässlich seiner Hochzeit mit Maria Antonia, der Tochter des Kaisers Leopold I. (1684) erbauen lassen. Einen Kilometer entfernt erhebt sich das Neue Schloss, für das Max Emanuel 1701 den Grundstein legte. Damals rechnete er noch damit, zum deutschen Kaiser gewählt zu werden. Deshalb sollte Schleißheim nicht nur Versailles übertreffen, sondern auch Schönbrunn, das Schloss seines Schwiegervaters in Wien. Der 300 Meter lange Trakt ist nur ein Teil der geplanten Anlage. Die Bilderreihe rechts zeigt das Neue Schloss von der Gartenseite aus (oben), das Zimmer, in dem Max Emanuel seine Schlachten im Türkenkrieg dokumentieren ließ (Mitte), eine Figur aus der Porzellansammlung, die im Schloss Lustheim ausgestellt ist (unten).

Leben unter „Sonnenkönigen"

An der Spitze der Gesellschaft: die Adeligen

Adelig war, wer adelige Eltern hatte. Wer etwas Besonderes geleistet hatte, konnte auch vom Kaiser oder von einem Fürsten in den Adelsstand erhoben werden. Die Adeligen machten nur ein bis zwei Prozent der Bevölkerung aus. Macht und Ansehen in der Gesellschaft und im Staat waren aber viel größer.

Adelige üben Herrschaft aus ▶ Die Angehörigen des Adelsstandes nahmen für sich in Anspruch, über nichtadelige Menschen zu herrschen. Sie beriefen sich dabei auf ihre Aufgaben, die sie seit Jahrhunderten zu erfüllen hatten, nämlich Land und Leute vor Feinden zu schützen. Das hob sie weit über die übrige Bevölkerung hinaus.
In der Zeit des Absolutismus verwiesen die Adeligen darauf, dass Gott sie persönlich in ihren Stand berufen habe.

Vom Kaiser bis zum Landesfürsten kamen alle Regenten aus adeligen Familien.
Auch Adelige, die nicht regierten, übten Herrschaft aus, zum Beispiel als Grundherren. Sie besaßen den Grund und Boden, den sie an Bauern verliehen (Seite 122 und 123). Dafür erhielten sie Abgaben und Dienste.

Grundherren waren auch Gerichtsherren, die über kleinere Vergehen und Verbrechen, wie Diebstähle, Betrügereien und Beleidigungen, urteilen konnten.

> **Ständegesellschaft** ▶ In der Zeit des Absolutismus war die Gesellschaft in Stände gegliedert. Eine Person gehörte – in der Regel – aufgrund ihrer Geburt zu einem Stand (Seite 114). Nach altem Herkommen waren in der ständischen Gesellschaft Rechte und Pflichten ungleichmäßig verteilt. Von Gleichheit konnte keine Rede sein.

A 1 Wie rechtfertigten Adelige ihr Recht über andere zu herrschen?

A 2 Welche Vorrechte hatten Adelige in der Ständegesellschaft?

A 3 Beschreibe das Bild M 1 und erkläre, was „huldigen" bedeutet. Nimm dazu auch den Text im Bild zu Hilfe.

M 1 Der adelige Ortsherr des Marktes Ichenhausen (Bayerisch-Schwaben), Freiherr Ferdinand Heinrich vom Stain zum Rechtenstein, und seine Untertanen bei der Huldigung im Jahre 1784. Ichenhausen hatte über hundert Jahre lang zwei Ortsherren aus der gleichen Adelsfamilie. Jeder von ihnen erbaute ein eigenes Schloss und hatte christliche und jüdische Untertanen. Nachdem 1783 einer von ihnen starb, wurde Ferdinand Heinrich der Herr des wiedervereinigten Ortes. Am 5. Januar 1784 leisteten die Untertanen den Treueeid. Der Freiherr versprach, sie zu schützen und sich an die Vereinbarungen zu halten. Alles wurde nieder geschrieben, ein Beamter verlas das Protokoll.

Adelige haben Vorrechte ▶ Adelige brauchten keine Steuern zu zahlen. Ihnen waren die hohen Ämter im Reich und in den Fürstentümern vorbehalten. Ein Nichtadeliger bekam eines dieser Ämter nur, wenn er studiert hatte.

Zum Vorrecht der Adeligen gehörte die Jagd. Noch heute spricht man vom „Hochwild" (zum Beispiel Hirsche, Gämsen und Adler), das den hohen Adeligen vorbehalten war. Wer als nichtadeliger Landbewohner „wilderte", weil seine Familie Hunger litt oder das Wild seine Felder verwüstete, dem drohte die Todesstrafe.
Adelige legten Wert auf ihre Standesehre, die sie in Titeln, Wappen, Kutschen, uniformierten Dienern und in ihrer Kleidung zum Ausdruck brachten.

Leben unter „Sonnenkönigen"

… und so lebten die Untertanen

A 1 M 1 beschreibt die Stellung der ländlichen Bevölkerung im absolutistischen Staat. Berichte.

A 2 Entwirf eine Grafik, aus der die Rangordnung in der dörflichen Gesellschaft sichtbar wird.

A 3 Worüber beschweren sich die Bauern besonders?

M 1 Bauer gib! Bauer gib!

Der bayerische Beamte Joseph Hazzi hat um 1800 im Auftrag des Kurfürsten Maximilian IV. Joseph das Land bereist und über die Lebensverhältnisse der Menschen berichtet:

▶ Der Bauer zu Entraching [Landkreis Landsberg] hat keine andere Nahrungsquelle als seinen nasskalten Acker und seine mageren Wiesen. Aus dem Ertrag dieser Gründe muss er seine Familie und sein Vieh ernähren. Er muss sich die nötigen Arbeitsgeräte beschaffen, sein Haus in gutem Zustand erhalten, seine Dienstboten und Tagelöhner bezahlen und verköstigen. Er muss Steuern und Abgaben entrichten, dem Grundherrn seine jährliche Stift reichen, dem Pfarrer den Zehnten lassen, muss die Hirten und Handwerksleute bezahlen, den Müller und Mühlknecht, den Schergen (Gerichtsdiener) und die Bettelleute befriedigen.

Alles steigt im Preis. Die Dienstleute verlangen mehr Lohn. Auch die Abgaben und Steuern erhöhen sich mit jedem Jahr und manchmal kommen Kriegslasten dazu. Der Bauer – wohlhabende Bauern gibt es hier nicht – verliert allen Mut und alle Arbeitslust und geht auf seinen Acker, gerade wie sein Pferd oder sein Ochs, weil er muss.

Seit ein paar Jahren besucht der Bauer das Wirtshaus öfter als zuvor: „Es hilft ohnehin alles nichts. Für wen soll ich arbeiten? Immer nur für den Kurfürsten und für den Kaiser? Da wär ich wohl der größte Narr!" Der hiesige Bauer hat großes Misstrauen gegen seine Obrigkeiten. Er sieht sie alle für seine Peiniger an, die ihm das Leben verbittern. Seine ganze Klage besteht in den Worten: Es heißt immer nur, Bauer gib! Bauer gib!

M 2 Eine wohlhabende Bäuerin, Gemälde um 1790

M 3 Bauernhaus im Leitzachtal (Oberbayern) mit einer barocken Malerei aus der Zeit um 1790. Die Wände sind mit damals beliebten Heiligen verziert.

Dienstboten ▶ waren Mägde und Knechte, die ihren Lebensunterhalt durch Arbeit auf den Höfen der Bauern verdienten. Meistens entstammten sie ärmeren Familien, die sie oft schon im Alter von zwölf oder dreizehn Jahren verlassen mussten. Dienstboten wohnten im Haus des Bauern und waren seiner Aufsicht unterstellt. Staatliche Dienstbotenordnungen gängelten ihr Leben zusätzlich.

Tagelöhner ▶ waren ländliche Lohnarbeiter, die ein kleines Anwesen besaßen und für kürzere oder längere Zeit bei den Bauern arbeiteten. Sie werden auch „Leerhäusler" oder „Söldner" genannt. „Söldner" kommt von Selde/Sölde, was soviel wie „kleines Haus" bedeutet. Da sie von ihrem kleinen Anwesen nicht leben konnten, arbeiteten sie als Handwerker oder bei den Bauern. In vielen Dörfern bildeten die Söldner die Mehrheit der Bevölkerung.

Bauern ▶ waren Landwirte, deren Höfe so groß waren, dass von ihrem Ertrag eine Familie ernährt werden konnte. In den Dörfern bildeten die Bauern eine eigene Schicht. Sie hoben sich durch Standesbewusstsein und Kleidung von den Söldnern ab und ahmten eher reiche Stadtbürger oder Adelige nach.

Grundherren ▶ waren die geistlichen und weltlichen „Herren über Land und Leute". Sie waren die Obereigentümer der Anwesen der Bauern und der Söldner und forderten dafür die „Stift" (Abgaben) und Dienstleistungen. Über 90 Prozent der Bauern und Söldner waren auf diese Weise – bis zur Mitte des 19. Jahrhunderts – von ihren Grundherren abhängig. Der Grundherr hatte auch das Recht, das Leben im Dorf zu kontrollieren und diejenigen zu bestrafen, die seine Anordnungen nicht einhielten. Er war also die unmittelbare Obrigkeit. Über ihm stand der Landesherr und der Kaiser, die auch immer wieder der Bevölkerung Steuern auferlegten.

M 4 Magdalena Pichelmayerin, ledige Magd, die 63 Jahre lang auf einem adeligen Gutshof gearbeitet hat, in ihrem Sonntagskleid. Gemälde um 1750

A 4 Erkläre die Begriffe Grundherr, Söldner und Tagelöhner.

A 5 Beschreibe die Tätigkeiten, die die Menschen in M 5 verrichten. Achte auch auf die Kinder. Ein Mann und eine Frau arbeiten nicht. Wer sind sie und was tun sie? Im Bild gibt es einen deutlichen Hinweis, wer sie sind.

M 5 Sommerliche Erntearbeit. Abbildung aus einem landwirtschaftlichen Lehrbuch (1702)

Leben unter „Sonnenkönigen"

... und so lebten die Untertanen

A 1 Suche in M 1 nach den Berufsgruppen, die in Tölz zur Oberschicht gehörten. Wie zeigten sie das in der Öffentlichkeit?

A 2 In Immenstadt im Ällgäu (M 3) stellten andere Berufsgruppen als in Tölz die städtische Oberschicht. Welche Gründe gibt es dafür?

A 3 Beschreibe und deute das Kreisdiagramm M 2 zur deutschen Ständegesellschaft im 17. Jahrhundert.

M 1 Sie sind reich und prächtig gekleidet

Joseph Hazzi berichtet um 1800 über das Leben in Märkten und Städten im Kurfürstentum Bayern:

▸ An einem Hang an der Isar liegt der Markt Tölz, einer der schönsten im Lande. Er hat eine breite Straße, hohe gemalte Häuser und ein gutes Pflaster. Das Ganze bietet einen schönen Anblick. Es lässt sich nicht verkennen, dass die vielen Kirchen, Prozessionen und Andachten einen großen Einfluss auf den Charakter der Tölzer gewinnen. Der große Wohlstand, der hier herrscht, macht sie auch stolz, aber die zu geringe Bildung etwas rau. Das Hauptgewerbe ist die Brauerei. Es gibt 21 Brauer, die in ihren großen Kellern eine ungeheure Menge Bier einsieden und Ochsen mästen. Gegen den Herbst kommen dann beinahe alle Bierwirte von München, um Bier einzukaufen, das sie auf der Isar nach München flößen lassen.

Reich sind in Tölz aber bloß die Brauer, die Handelsleute und die Gerber. Die Floßleute vertrinken alles. Die Schranne (Getreidemarkt) jeden Mittwoch ist unbedeutend. Beträchtlicher sind die Vieh- und Pferdemärkte. In Tölz herrscht viel Lebhaftigkeit und Luxus, besonders unter den Brauersfrauen, die reich und prächtig gekleidet sind. Sie halten sich mehrere Näherinnen, von denen es an die 150 in Tölz gibt, zum An- und Auskleiden und sonst als Kammerdienerinnen. Ebenso gut wird gegessen.

- Bürger in den Städten
- Weltliche und geistliche Adelige
- Bäuerliche Hofbesitzer
- Ländliche Familien mit wenig oder gar keinem Grundbesitz

M 2 Kreisdiagramm: der Anteil der städtischen Bevölkerung (gelb) an der deutschen Gesellschaft um 1750, in Prozenten

M 3 Die Familie des Leinwandfaktors Johann Georg Jeck aus Immenstadt. Gemälde um 1800. Leinwandfaktor war eine Art Zwischenhändler, der Flachsgarn an die Weber lieferte und die Fertigware verkaufte. Leinwandhandel und Salzhandel brachten der Stadt Immenstadt im 18. Jahrhundert eine wirtschaftliche Blüte.

Wir werten Schaubilder aus

Methoden-Werkstatt

M 1 Schaubild aus dem 17. Jahrhundert

Man kann die Rangfolge der Stände in Texten beschreiben, ein anschaulicheres Bild können wir uns aber machen, wenn wir sie in bildhafter Form vor uns haben. Wir nennen diese Art der Darstellung geschichtliche Schaubilder. Diagramme sind Schaubilder, die Zahlen und Größenverhältnisse in der Form von Kreisen, Flächen und Balken veranschaulichen.

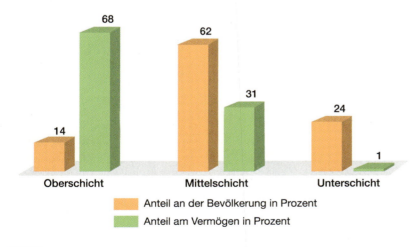

M 2 Balkendiagramm: Die Gesellschaftsschichten in der Stadt Trier an der Mosel (1624) und ihr Anteil am Vermögen der ganzen städtischen Bevölkerung

Die Schritte bei der Auswertung

1. Wir beschreiben ▶ Auf einer Treppe stehen unterschiedlich gekleidete Menschen. Sie halten Attribute (Zeichen) ihres Standes in den Händen. Über den Figuren wird ihr Stand angegeben. Auf der untersten Stufe stehen der Bauer und der Soldat. Unter der Treppe ist ein Gerippe abgebildet, das mit Pfeil und Bogen bewaffnet ist.

A 1 Ergänze die Beschreibung der Ständetreppe.

2. Wir erklären ▶ Das Bild zeigt die Rangfolge der Stände im deutschen Reich. Der Auftraggeber muss ein Katholik gewesen sein, denn der Papst sitzt auf der Treppe ganz oben. Das Gerippe symbolisiert den Tod. Die Totenköpfe zu seinen Füßen geben deutliche Hinweise, dass nach dem Tod alle dem gleichen Stand angehören werden.

A 2 Ergänze die Erklärung der Ständetreppe.

3. Wir deuten ▶ Die Ständetreppe sagt nichts über den Anteil aus, den die abgebildeten Stände an der Gesamtbevölkerung haben. Hier machen Diagramme, wie M 2 auf Seite 124, deutlichere Aussagen. Im Schaubild kommt eine Kritik an der Ständegesellschaft zum Ausdruck. Oder ist es nur ein allgemeiner Hinweis auf die Sterblichkeit aller Menschen?

A 3 Vergleiche das Schaubild (M 1) und das Diagramm M 2 (Seite 124). Vervollständige die Deutung von oben.

A 4 Nimm Stellung zu der letzten Aussage (Kritik an der Gesellschaft).

A 5 Fasse den Sachverhalt, der im Diagramm M 2 dargestellt ist, in Worte.

Leben unter „Sonnenkönigen"

Was heißt „Barockzeit"?

Barocke Baukunst ▶ Im Dreißigjährigen Krieg wurden in Bayern ungefähr 900 Dörfer und Städte zerstört. Nach dem Westfälischen Frieden gab es somit viel Arbeit für Baumeister, Handwerker und Künstler. Sie bauten, schnitzten und malten im modischen Barockstil, der sich von Italien aus verbreitete. Die erste Kirche, die nach dem Krieg in Süddeutschland im neuen Stil erbaute wurde, war die Klosterkirche St. Lorenz in Kempten (Seite 102). Die Schlösser Versailles und Schleißheim sowie die Wallfahrtskirche Vierzehnheiligen (Seite 119, 128 und 129) sind markante Beispiele für Barockbauten.

Überall in Bayern sind barocke Schlossanlagen, Paläste, Kirchen und Wohnhäuser von Bürgern und Bauern erhalten geblieben (Seite 122 und 130). Die Kirchtürme mit den barocken Zwiebelhauben geben vielen Ortsbildern ihr charakteristisches Aussehen.

M 1 Typisch barock: Ornament aus Stuck, einem Gemisch aus Gips, Kalk, Sand und Wasser, das gut formbar ist; Teile davon sind vergoldet

Barock und Rokoko ▶ Bezeichnung für den Kunststil (Baukunst, Malerei, Bildhauerei), in dem die Schlösser und Kirchen im 17. Jahrhundert und bis weit in das 18. Jahrhundert hinein errichtet und ausgestattet wurden. Heute bezeichnet man diese Epoche auch als „Barockzeit". „Barocco" heißt im Portugiesischen „schiefe Perle". Gemeint sind damit hauptsächlich die Bewegung und der Schwung, die in der Barockkunst zum Ausdruck kommen. Die letzte Phase des Barock (1730 – 1780) wird auch als Rokoko (von rocaille = Muschelwerk) genannt. Die Schmuckelemente werden noch bewegter und feiner (M 1 und M 4).

M 2 Gläubige während einer Prozession bei der Wieskirche, die 1755 eingeweiht wurde. Die Wieskirche ist eine Wallfahrtskirche. Sie gilt als die schönste Barockkirche und gehört zum Weltkulturerbe. 1746 wurde der Grundstein gelegt. Der Baumeister Dominikus Zimmermann hat sie entworfen und errichtet. Die Trachten, die von den Frauen getragen werden, gehen auf die Barockzeit zurück. Sie bestehen aus wertvollen Stoffen. Dazu wird reicher Silberschmuck getragen.

M 3 Szene aus dem Passionsspiel in Oberammergau. Das Spiel setzt die Zeit zwischen dem Einzug Christi in Jerusalem und der Auferstehung am dritten Tag nach der Kreuzigung in Szene. Die Passion wird von Hunderten Oberammergauer Laiendarstellern aufgeführt.

M 4 Lebensgroßer Schutzengel, (1761) Tragefigur für eine Prozession, von dem Barockbildhauer Ignaz Günther (1725 – 1775). Typisches Bildmotiv für die Barockzeit: der Mensch findet in der Not überirdische Hilfe. Typisch barock auch: beide Figuren sind in lebhafter Bewegung dargestellt.

Barocke Frömmigkeit ▶ Die Barockzeit war von einer tiefen Frömmigkeit geprägt. In der evangelischen Kirche drückte sie sich in frommen Liedern und Texten sowie in der Unterstützung hilfsbedürftiger Menschen aus. Die Frömmigkeit der Katholiken äußerte sich in der glanzvollen Gestaltung der Gottesdienste und Prozessionen. In den Wallfahrtsorten suchten sie göttliche Hilfe in der Not (körperliche Gebrechen, Krankheiten, kriegerische Ereignisse, Unfälle). In Zeiten, in denen Ärzte und Medikamente viel weniger helfen konnten als heute, blieb den Menschen oft nichts anderes übrig, als in ihrer Not auf die Hilfe Gottes zu vertrauen.

An vielen Orten Süddeutschlands war es damals üblich, die Leidensgeschichte Christi in stummen Bildern oder als richtige Schauspiele darzustellen. Diese Passionsspiele sollten die Menschen in ihrem Glauben stärken. 1770 wurden sie zusammen mit den Wallfahrten in Bayern verboten, weil man sie für unzeitgemäß hielt. Eine Ausnahmegenehmigung erreichte Oberammergau. Dort hatte die Bevölkerung während einer Pestzeit 1633 gelobt, alle zehn Jahre Passionsspiele aufzuführen. Millionen Besucher aus der ganzen Welt haben sie schon gesehen.

A 1 Es gibt auch eine barocke Musik. Lasst euch von eurem Musiklehrer Musik von Komponisten aus der Barockzeit vorspielen und erläutern. Sicher kann er mit euch einen typischen Tanz aus dieser Zeit einüben. Vielleicht könnt ihr für eine Aufführung in der Öffentlichkeit barocke Kleider organisieren.

Leben unter „Sonnenkönigen"

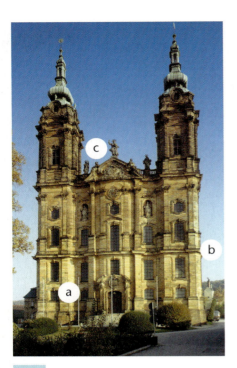

M 1 Die barocke Wallfahrtskirche Vierzehnheiligen im oberen Maintal (Oberfranken), erbaut zwischen 1742 und 1772

A 1 Führt die Erkundung eines barocken Kirchengebäudes durch und präsentiert eure Ergebnisse in einem kleinen Kirchenführer oder einer Ausstellung. Fragt vorher die Kirchenverwaltung, ob ihr in der Kirche schreiben, zeichnen und fotografieren dürft.

A 2 Ergänzt die Beschreibung von Vierzehnheiligen mit euren eigenen Beobachtungen (M 1 und M 2).

M 2 Das Innere der Wallfahrtskirche Vierzehnheiligen. An der Stelle der ersten Wunderheilungen steht der runde Altar mit den Figuren der vierzehn heiligen Nothelfer.

Wir besuchen eine Barockkirche

In Bayern gibt es viele Kirchen, die in der Barockzeit erbaut oder in dieser Zeit barockisiert wurden. „Barockisieren" heißt, bereits bestehende Kirchen werden im Barockstil umgebaut oder ausgestattet. Obwohl keine Barockkirche der anderen gleicht, lassen sich doch typische Merkmale finden, an denen man Kirchen als Barockkirchen erkennen kann, zum Beispiel Vierzehnheiligen in Oberfranken.

Erster Schritt: ▸ *Wir sammeln die wichtigsten Informationen zum Kirchenbau:* Vierzehnheiligen ist eine Wallfahrtskirche. Den Anlass für die Wallfahrt trägt sie in ihrem Namen: 1446 soll hier ein Hirtenjunge das Jesuskind und 14 weitere Kinder, so genannte „Nothelfer", gesehen haben, die den Bau einer Kapelle verlangten. Sie wurde errichtet. Im Laufe der Zeit nahm die Zahl der Hilfe suchenden Wallfahrer zu. Deshalb mussten immer wieder größere Kirchen erbaut werden. Den Plan für Vierzehnheiligen (M 1) erstellte der Barockbaumeister Balthasar Neumann (1687 – 1753). Er erbaute in Süddeutschland weitere bedeutende Kirchen und Schlösser.

Zweiter Schritt ▸ *Wir betrachten das Gebäude von außen:*
Die Kirche empfängt den Besucher mit ihrer Schauseite (M 1). Diese besteht aus einer Fassade mit zwei hoch aufragenden Türmen. Sie ist durch senkrechte Pfeiler (a), waagrechte Gesimse (b) und geschwungene Fenster unterschiedlicher Größe gegliedert. Der Giebel des Mittelteils (c) wird durch eine Uhr und frei stehende Figuren bekrönt. Typisch barock sind die Turmhauben. Sie gleichen Helmen, die lang gestreckte „Laternen" tragen.

Dritter Schritt ▸ *Wir sehen uns im Inneren des Gebäudes um und lassen die besondere Atmosphäre des Raumes auf uns wirken:*
Bei näherem Hinsehen fällt uns schnell auf, mit welchen Mitteln die Künstler Atmosphäre erzeugen:
Marmorsäulen mit reich verzierten Kapitellen (1) tragen das Gewölbe. Es schließt den Raum aber nicht ab, sondern öffnet ihn durch die Fresken (2). Sie geben den Blick in den Himmel frei, der mit Engeln und heiligen Gestalten bevölkert ist. Stuckornamente (3) überziehen die freien Flächen. Die Farben im Raum sind aufeinander abgestimmt: Beige, gelbe und braune Töne harmonieren mit dem Weiß. Das helle Licht bringt das Gold, das überall aufgetragen ist, erst richtig zum Leuchten. Die Altäre sind wie Bühnen gestaltet, auf denen sich die Engel und die Heiligen bewegen (4).

Methoden-Werkstatt

Leben unter „Sonnenkönigen"

Wer sucht, der findet – ein Silbenrätsel zur Barockzeit

A 1 Löse die Aufgaben 1 bis 12 mithilfe der Silben. Schreibe deine Antworten auf ein Blatt. Unterstreiche die Buchstaben, die in Klammern stehen. Von oben nach unten gelesen ergeben die Buchstaben einen berühmten Satz aus der damaligen Zeit. Von wem stammt er?

abso – ade– ba– ema– fahrt – gaud – geist – heim – könig – lud – liche – lige – lutis – max – nuel – passions – ri – rock – sailles – Schleiß – Sonnen – spiele – tisch – ver – wall – wig – XIV.

1. Sie gehörten dem ersten Stand an. (2)
2. Sie gehörten dem zweiten Stand an. (2)
3. Hier ließ der französische König sein Schloss erbauen. (3)
4. So regierten die Könige und Fürsten. (9 und 10)
5. Er malte einen König in Pumphosen. (4)
6. Man nannte ihn den „Türkensieger". (3)
7. Eine fromme Reise zu einem heilsamen Ort. (9)
8. So heißt der Baustil, in dem im 17. und 18. Jahrhundert Schlösser und Kirchen erbaut wurden. (1)
9. Ihn ahmten die Fürsten in Europa nach. (5)
10. Er wollte strahlen wie der größte Stern am Himmel. (3)
11. Die Oberammergauer haben versprochen, es alle zehn Jahre aufzuführen. (5)
12. Das Versailles Max Emanuels (2 und 3)

M 1 Der barocke Bibliothekssaal des Klosters Schussenried in Oberschwaben, erbaut um 1750, mit einem Deckengemälde, das die Wissenschaften der damaligen Zeit darstellt

M 2 Diskussion unter Gelehrten über wissenschaftliche Probleme. Der Mann im Fass ist der antike Philosoph Diogenes (4. Jahrhundert vor Christus), der vorlebte, was er lehrte: Man braucht nicht sehr viel, um ein zufriedenes Leben zu führen.
Aus dem Deckengemälde in Schussenried.

Was geschah? Was bleibt?

Dottore stellt Fragen

Dottore: *Warum beschäftigt ihr euch mit der Zeit, aus der ich komme? Doch etwa nicht nur aus Spaß!?*
Die Zeit der „Sonnenkönige", oder – wie wir sie nennen – die Zeit des „Absolutismus" ist wichtig, weil sie eine ganze Menge mit uns zu tun hat. Manches von dem, was damals geschah, kommt uns heute zwar merkwürdig, ja lächerlich vor. Vieles, was damals eingeführt wurde, ist uns aber auch sehr vertraut.

Dottore: *Aber warum haben so viele Herrscher in Europa Ludwig XIV. nachgeahmt?*
Ist doch klar, der französische „Sonnenkönig" machte ihnen vor, was sie schon immer wollten: die Macht, möglichst alles allein zu bestimmen. Ludwig zeigte ihnen nicht nur, wie man die Stände ausschalten kann, sondern auch, wie der Staat zu Geld kommt oder wie man ihn durch Beamte wirksamer verwalten kann.

Dottore: *Was kommt euch heute so vertraut vor?*
Auch in einem demokratischen Staatswesen ist alle Macht an der Spitze des Staates konzentriert. Sie trifft alle Entscheidungen, die für die Gesamtheit der Bevölkerung wichtig sind. Außer dem Staat hat niemand das Recht selbst Polizist und Richter zu spielen. Auch wir haben den Gesetzen zu gehorchen, die vom Staat beschlossen werden, auch wir haben Beamte, die dafür sorgen, dass die Gesetze verwirklicht werden. Von den Steuern ganz zu schweigen, die uns ebenso lästig sind, wie den Menschen unter den Sonnenkönigen.

Dottore: *Lebt ihr denn auch in einem absolutistischen Staat?*
Wer so dumm fragt, hat nichts begriffen. Unser Staat ist kein absolutistischer Staat, in dem die Regierung vererbt wird. In unserer Verfassung wird sichergestellt, dass das Volk die Regierung wählt und dass die Gewalt des Staates nicht in einer einzigen Hand liegt, sondern aufgeteilt wird. Schließlich soll kein absolutistischer Herrscher mehr eine Chance haben unser Land zu regieren. Mehr davon erfährst du im Kapitel über die Französische Revolution.

M 3 Dottore, Porzellanfigur aus einer italienischen Komödie (lustiges Theaterstück), hergestellt in der Nymphenburger Porzellanmanufaktur in München. Sie wurde 1747 gegründet und existiert noch heute.
Manufaktur ist ein Fertigungsbetrieb, in dem weitgehend arbeitsteilig gearbeitet wird. Sie ist noch keine Fabrik, weil keine Maschinen für eine Massenproduktion eingesetzt werden.

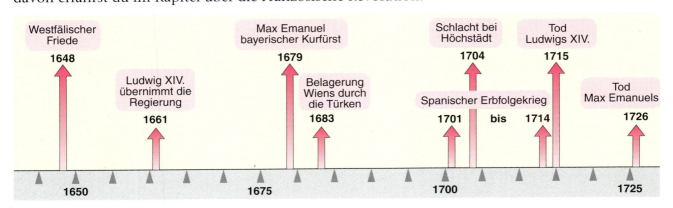

2 000 vor Chr.

1 500 vor Chr.

1 000 vor Chr.

500 vor Chr.

Chris

Die Französische Revolution

Freiheitsbäume pflanzten die Franzosen aus Freude über die gelungene Revolution, die 1789 begann und in den nachfolgenden Jahren nicht nur Frankreich veränderte, sondern ganz Europa beeinflusste.
Die dreifarbige Kokarde (Abzeichen), die sie tragen, ist ein Symbol für „Freiheit, Gleichheit und Brüderlichkeit", Werte, für die sie bereit waren zu kämpfen.

 500 nach Chr. 1 000 nach Chr. 1 500 nach Chr.  2 000 nach Chr.

Die Französische Revolution

1789 brach in Frankreich eine Revolution aus, die nicht nur das gesellschaftliche, sondern auch das politische Leben radikal veränderte. Von den Ereignissen in der Hauptstadt Paris ermutigt, machten die Bauern des Dorfes Caligny bei Paris ihre eigene Revolution.

M 2 „Für die Mühsal geboren." Französischer Bauer, der für seinen Grundherrn und für den König arbeiten muss. (Kupferstich um 1700)

A 1 Wie rechtfertigen der Bauer Marcel und der Pfarrer Mathieu den Wilddiebstahl (M 1)?

A 2 Welchen Ständen gehören der Marquis (deutsch Markgraf) und der Bauer Marcel an? Zu welchem Stand zählt sich der Pfarrer?

Ein stürmischer Tag in Caligny

M 1 ... was faul an diesem Königreich ist
Beschwerden der französischen Landbevölkerung aus der Zeit vor der Revolution haben einen modernen Autor veranlasst folgende Erzählung zu schreiben:

▶ „Sie haben Marcel geschnappt!" schreit der kleine Philippon, der die Straße des Dorfes Caligny hinunterrennt. Es ist der 25. Juli 1789. Überall werden die Türen aufgerissen. Am Eingang des Dorfes erscheinen zwei Jäger in der Livree des Marquis, sie zerren Marcel Valentin mit sich. Man sieht es dem jungen Bauern an, dass er sich nicht kampflos ergeben hat. Ein dritter Jäger trägt einen Rehbock, um dessen Hals noch die Schlinge baumelt.

Wir brauchen den Wandel! ▶ Es war keine gute Idee der Jäger gewesen, den kürzesten Weg zum Schloss durch das Dorf zu nehmen. Jetzt werden sie von allen Seiten beschimpft: „Dreckskerle! Schufte! Gekaufte Kreaturen!" Eine ruhige, feste Stimme bringt den Aufruhr zum Schweigen. Es ist Pfarrer Mathieu, der sehr geachtet ist, besonders seit er immer häufiger von dem notwendigen Wandel predigt, der das ganze Königreich erfassen müsse.
Da ertönt plötzlich die scharfe Frage: „Was geht hier vor?" Alles verstummt. Unbemerkt ist der Grundherr in das Dorf eingeritten. Unwillig blickt der Marquis von Oillamson vom Pferd auf seine Bauern herab. Sein Sohn, ein Offizier des Königs, der ihn begleitet, hat schon die Hand am Degen. Gaston nützt das plötzliche Schweigen und tritt vor: „Ich melde gehorsamst, euer Gnaden, dass wir den Bauern Marcel Valentin gefasst haben, als er einen Rehbock euer Gnaden wilderte!"

Wir haben Hunger! ▶ Marcel reißt sich los. „Ich weiß vor allem, was Hunger bedeutet! Wir haben einfach nichts mehr zum Beißen, begreift ihr das denn nicht! Die kläglichen Vorräte, die wir im letzten Jahr retten konnten, sind aufgegessen, ratzekahl! Und jetzt sollen wir zusehen, wie eure Rehe die neue Ernte vom Halm fressen?" „Mein lieber Valentin, wir wissen sehr genau, was für eine schreckliche Missernte uns alle im letzten Jahr getroffen hat – auch wir mussten uns einschränken! Du weißt, dass wir deshalb auch auf unsere Querfeldein-Jagden verzichtet haben!" „Oh ja – und das ungejagte Wild frisst jetzt unseren Weizen!", entgegnet Marcel trotzig. „Ich wollte doch nur unser Getreide schützen, das schließlich auch euer Getreide ist, euer Gnaden! Wenn wir nichts ernten, können wir auch keine Abgaben leisten."

Wir bezahlen die Steuern! ▸ „Vielleicht begreift ihr jetzt, was faul an diesem Königreich ist", ruft erregt der Pfarrer dazwischen. „Ich weiß sehr gut, dass es euch und eurer Familie nicht sehr gut geht. Und noch viel, viel schlechter geht es den Bauern im ganzen Land, die euch und die anderen Grundherren ernähren müssen und dann auch noch die Steuern alleine tragen. Wir quälen uns ab, damit der Hof in Paris in Saus und Braus leben kann und damit eine Handvoll Familien im Reichtum schwimmt, von dem sie keinen einzigen Pfennig Steuern zahlen!"

Wir stellen die Soldaten! ▸ „Eine Unverschämtheit!" Es fehlt nicht viel und der Leutnant stürzte sich auf den Priester. „Wer vergießt denn sein Blut für das Königreich? Wer führt denn die Armeen des Königs?" „Und was für eine herrliche Armee ist das!" Kampflustig schiebt sich Daniel Forment in den Vordergrund. Provozierend streckt er sein Holzbein aus: „Das Blut vergießen noch immer wir, die Söhne der Bauern und Bürger Frankreichs! Offizier kann nur werden, wer von Adel ist! Wie lange lässt sich Frankreich diese lächerlichen Vorrechte noch gefallen?"
Auf diesen Ausruf hin erhebt sich ein so lautes Geschrei, dass auch der Leutnant blass wird. Erst der Priester kann sich wieder durchsetzen: „Ruhe, Freunde, Ruhe! Regt euch nicht auf!" Es sieht ganz so aus, als ob dieser stürmische Tag ein friedliches Ende finden würde. Doch da treffen fünf oder sechs verwegen aussehende Gestalten im Dorf ein, an der Spitze Etienne, der vor ein paar Jahren nach Paris gezogen war, um dort nach Arbeit zu suchen.

Wir werfen die Fesseln ab! ▸ „Es lebe Frankreich, Bürger!" ruft er der staunenden Versammlung zu. „Ich hab's mir nicht nehmen lassen, meinen alten Freunden persönlich die Freiheit zu verkünden!" „Die Freiheit?" Den Bauern steht der Mund offen. „Jawohl, die Freiheit! Die Zeiten der Tyrannei sind vorbei! Wir, die Bürger von Paris, haben die Bastille, das verhasste Stadtgefängnis, gestürmt. Und was ist mit euch? Wollt ihr die letzten sein, die ihre Fesseln abwerfen? Dort drüben ist das Adelsnest; dort liegen die ganzen Urkunden, die eure Freiheit und euer Wohlergehen verhindern. Reißt sie in Stücke!"
Gegen diesen „Befehl" gibt es kein Halten mehr. Mit Geschrei läuft die Menge auf das Schloss zu, Etienne und seine Genossen voran. Niemand achtet mehr auf den Priester, der sie aufzuhalten sucht, oder auf den Marquis und dessen Sohn, die vor Schreck nicht wissen, ob sie ihr Schloss verteidigen oder fliehen sollen.

M 3 Kritik an der französischen Gesellschaft. Karikatur aus dem Revolutionsjahr 1789. Zu sehen sind eine Bäuerin, eine adelige Dame und eine Nonne.

A 3 Berichte, wie die Einwohner von Caligny auf die Nachricht reagieren, dass in Paris die Revolution ausgebrochen ist. Was ist der Grund für ihre Reaktion?

A 4 Beschreibe zunächst, was in der Karikatur M 3 dargestellt ist. Deute sie und formuliere eine Forderung, die die Bäuerin in einem Beschwerdebrief aufstellen könnte.

Die Französische Revolution

Wir werten Karikaturen aus

Karikatur ▶ (abgeleitet aus dem italienischen caricare = übertreiben) In jeder Tageszeitung sind neben Nachrichten, Kommentaren, Anzeigen und Fotos auch Karikaturen zu finden. Sie geben gezeichnete Äußerungen des Künstlers zum politischen Tagesgeschehen wieder. Viele Karikaturen sind mit spitzer Feder gezeichnet, das heißt, sie reizen nicht nur zum vordergründigen Lachen oder Schmunzeln, sondern sie können – mithilfe witziger Darstellungsmittel – auch protestieren, anklagen und angreifen.
Karikaturisten arbeiten mit den Mitteln der Vereinfachung, Verzerrung oder Überspitzung. Sie verwenden gern Metaphern. Das sind Bilder, die dem Betrachter geläufig sind, zum Beispiel aus dem Alltagsleben, der Geschichte und dem Märchen. Sie werden vom Karikaturisten auf aktuelle Sachverhalte übertragen und erhalten so eine neue Bedeutung.

Wir führen einen Test durch ▶ M 1, M 2 und M 3 sind Karikaturen, die alle im Jahr 1789 in Frankreich erschienen sind. Schon beim ersten Blick fällt auf, dass immer drei Personen dargestellt sind. Sie verkörpern die französischen Stände zu drei verschiedenen Zeitpunkten.

Erster Schritt: Bildbeschreibung ▶ Was ist auf jedem der Bilder zu sehen? Der Vertreter des ersten Standes ist ein Geistlicher. Wo befindet er sich in jedem Bild? Wer sind die Vertreter des zweiten und des dritten Standes? Beschreibe, woran du sie erkennen kannst. Berichte, wie sich die Vertreter der Stände zueinander verhalten.

Zweiter Schritt: Bilderklärung ▶ Welche Aussage macht jedes der drei Bilder über die französische Gesellschaft? Du kannst die drei Bilder auch zeitlich ordnen. Welches Bild zeigt den Ist-Zustand der französischen Gesellschaft? Welches Bild schildert ein befürchtetes oder auch schon eingetretenes Ereignis? Welches Bild bietet eine ziemlich revolutionäre Wunschvorstellung des Bildautors an?

Dritter Schritt: Überprüfung der eigenen Deutung ▶ Wenn du die Erzählung auf den Seiten 134 und 135 und M 4 durchliest, kannst du deine Bilderklärung überprüfen. Wird sie bestätigt oder musst du sie korrigieren?

M 1 Karikatur aus dem Jahr 1789. „Es lebe der König. Es lebe die Nation!", ruft der Mann mit dem Hasen über der Schulter.

M 2 Karikatur aus dem Jahr 1789. Im Hintergrund ist die Bastille in Paris zu sehen, ein Wahrzeichen der Französischen Revolution.
Warum sind die beiden Herren links so entsetzt?

Methoden-Werkstatt

M 3 Karikatur aus dem Jahr 1789. Die französische Ständeordnung. Auf den Zetteln, die den Männern aus den Taschen hängen, sind Vorrechte und Abgaben aufgelistet.

A 1 Sammle Karikaturen aus Zeitungen und Informationen über das Geschehen, das sie karikieren. Stelle ein Beispiel der Klasse vor und erläutere es.

A 2 Welche zeichnerischen Mittel setzen die Karikaturisten von M 1, M 2 und M 3 ein, um die von ihnen beabsichtigte Wirkung zu erzeugen? Welche Metaphern verwenden sie?

M 4 Seid ihr endlich entschlossen? *Aus dem Aufruf eines französischen Philosophen aus dem Jahr 1788:*

▶ Ist es wirklich wahr, dass ihr davon träumt, die entwürdigenden Ketten zu zerbrechen, die der hochmütige Adel euch seit unendlich langer Zeit tragen lässt? Seid ihr endlich entschlossen, der demütigenden Sklaverei zu entspringen, in deren Staub ihr bis jetzt gekrochen seid? Seid ihr es müde, den zahlenmäßig stärksten, kräftigsten und wirksamsten Teil des Staates zu bilden, ohne davon das geringste Aufheben zu machen? Mit einem Wort, wollt ihr eure ursprüngliche Freiheit wiederentdecken, diese Freiheit, die den schönsten Teil des Menschen ausmacht; diese Freiheit, ohne die ihr nichts habt als ein Leben voller Willkür, Unsicherheit und Unglück? Adel und Geistlichkeit, diese beiden räuberischen Stände, haben sich alle Vorteile der Gesellschaft gesichert und haben sich aller Zugänge bemächtigt, die zu Ehren und Würden führen.

M 5 Beispiele für Metaphern: Das Bild des absolutistischen Königs wird auf einen Politiker der Bundesrepublik Deutschland übertragen. Er ist ein Denkmal: er hat Verdienste. Auch die Wolken und die Bauarbeiter sind übertragene Bilder. Was sagen sie aus?

Die Französische Revolution

Warum bricht eine Revolution aus?

A 1 Was haben die „Aufklärer" mit der Revolution zu tun?

Die bisherige Ordnung gerät in die Kritik ▸ Schon lange, bevor die Revolution in Frankreich ausbrach, gab es Kritik an der veralteten Ständegesellschaft, am absolut regierenden König, am Wirtschaftssystem des Merkantilismus und vielen anderen Dingen. Besonders von den „Aufklärern" wurde diese Kritik geäußert. Das waren englische, französische und deutsche Philosophen, die ihren Mitmenschen Mut machten, ihren eigenen Verstand zu gebrauchen und die Zustände zu verändern, die sie nicht mehr akzeptierten.

Was die „Aufklärer" fordern

M 1 Gezeichnete Forderung nach der Gleichheit der drei Stände

M 2 Toleranz Andersgläubiger
▸ Alle Religionen und Konfessionen sind gleichwertig. Die Landesfürsten haben deshalb kein Recht über die Religion ihrer Untertanen zu bestimmen oder jemanden wegen seines Glaubens zu verfolgen. Toleranz (= Duldsamkeit) gegenüber allen Menschen entspricht dem gesunden Menschenverstand.

M 3 Gewaltenteilung
▸ Wer Macht über seine Mitbürger ausübt, ist stets versucht sie zu missbrauchen. Um die Freiheit des einzelnen Menschen zu sichern, muss die Macht des Staates eingeschränkt werden. Das ist am besten möglich, wenn sie in drei Gewalten aufgeteilt wird, die sich gegenseitig kontrollieren:
die gesetzgebende Gewalt des Parlaments,
die ausführende Gewalt des Herrschers
und die richterliche Gewalt der Justiz.

M 4 Menschenrechte
▸ Jeder Mensch hat natürliche Rechte, die ihm niemand nehmen kann, vor allem das Recht auf Leben, Freiheit und Eigentum. Um diese Rechte besser schützen zu können, haben sich die Menschen freiwillig zusammengeschlossen, das heißt, einen Staat gegründet. Sie haben einen Regenten eingesetzt, der sich um Ordnung, Gerechtigkeit und den Schutz des Eigentums kümmert. Sollte ein Regent das Vertrauen des Volkes verspielen, kann es ihm seine Zustimmung entziehen und ihn absetzen.

M 5 Volkssouveränität
▸ Alle Gewalt geht vom Volk aus. Es ist der einzige und wirkliche Herrscher in einem Staat. Das Königtum und alle Vorrechte des Adels sind abzuschaffen. Es darf keine andere Staatsform als die Demokratie geben.

M 6 Freie Wirtschaft
▸ Die staatliche Lenkung der Wirtschaft (Merkantilismus) behindert die freie Entfaltung des Einzelnen, die Freizügigkeit und den freien Handel. Die Zwangsherrschaft der Zünfte muss aufgehoben werden.

Dem Staat geht das Geld aus ▶ Ludwig XIV. hinterließ bei seinem Tod einen Schuldenberg in Milliardenhöhe. Unter seinen Nachfolgern wurde er noch größer. Als Ludwig XVI. beschloss von den ersten beiden Ständen nun auch die volle Steuerlast zu fordern, weigerten sie sich ihre Vorrechte ohne Gegenleistung preiszugeben. Zusammen mit dem dritten Stand verlangten sie vom König die Generalstände einzuberufen. Nur diese waren berechtigt Steuern zu bewilligen. Zum letzten Mal hatten die Generalstände vor über 150 Jahren getagt.

Eine Wirtschaftskrise lähmt das Land ▶ Auch die 26 Millionen Untertanen Ludwigs XVI. plagten zu Beginn des Jahres 1789 große Sorgen. Nach einer längeren Blütezeit erlitt die französische Wirtschaft einen Rückschlag. Hohe Arbeitslosenzahlen waren die Folge. Zur Wirtschaftskrise kamen mehrere Missernten und Viehseuchen, die die Preise für Fleisch, Getreide und Brot kräftig ansteigen ließen. Die schlechten Ernten führten zu einer Hungersnot. In Paris wurden Lebensmittelgeschäfte und Bäckereien geplündert.

Der König gibt nicht nach ▶ Im Mai 1789 berief der König die Generalstände ein. Die Geistlichen waren mit 291, die Adeligen mit 270 und der dritte Stand mit 578 Abgeordneten vertreten. Schon in der ersten Sitzung gab es Streit. Der König verlangte, dass nach Ständen abgestimmt und nur über die Staatsfinanzen gesprochen werde. Die Abgeordneten des dritten Standes forderten die Abstimmung nach Köpfen und die Diskussion über die Beschwerden ihrer Wähler. Als der König sie aussperren und Truppen zusammenziehen ließ, erklärten sich die Abgeordneten des dritten Standes zur Nationalversammlung. Das war der erste Schritt zur Revolution.

> **Generalstände** ▶ In Frankreich die drei Stände (der Adeligen, Geistlichen und Stadtbürger), deren Abgeordnete die Franzosen „generell", also alle Franzosen, vor dem König in Paris vertraten. Dieser benötigte zum Beispiel ihre Zustimmung, wenn er neue Steuern festsetzen wollte.

A 1 Zähle die unmittelbaren Auslöser der Revolution auf.

A 2 Die Revolution begann gewaltlos. Was geschah?

A 3 Erkläre das Schaubild M 1 mit eigenen Worten. Stelle eine Verbindung zwischen der Gesellschaftspyramide und dem Balkendiagramm (Steuern) her.

M 1 Schaubild: Die französische Gesellschaft und ihre Steuerbelastung (1789)

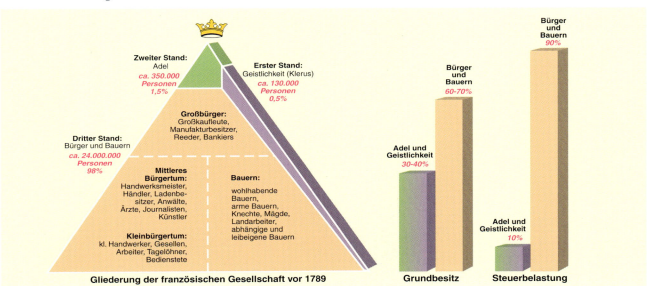

Die Französische Revolution

„Es ist eine Revolution"

Als König Ludwig XVI. am Spätnachmittag des 14. Juli 1789 von der Jagd nach Hause kam, meldete ihm ein Herzog, dass das Volk von Paris die Bastille gestürmt habe. „Hören Sie, mein Herr", rief der aufgebrachte König, „das ist ja eine Revolte!" Der Herzog sagte: „Sie irren, Sire: es ist die Revolution!"

Der dritte Stand setzt sich durch ▶ Der mutige Entschluss des dritten Standes, sich zur Nationalversammlung zu erklären, spaltete die Abgeordneten des ersten und zweiten Standes. Während viele sich der Nationalversammlung anschlossen, drängten hohe Adelige und Geistliche den König die Versammlung aufzulösen. Ludwig ließ diesen Plan erst fallen, als der Vorsitzende der Nationalversammlung ankündigte, dass die Abgeordneten nur der Macht der Waffen weichen werden. Widerstrebend gab der König der Versammlung den Auftrag eine Verfassung auszuarbeiten.

Am 14. Juli 1789 wird die Bastille erstürmt ▶ Trotz der Zugeständnisse ließ der König Truppen zusammenziehen. Die Pariser befürchteten, dass damit die Revolution erstickt werden sollte. Redner riefen sie auf, sich zu bewaffnen. Am 14. Juli 1789 forderte eine Menschenmenge den Kommandanten der Bastille (Staatsgefängnis) auf, Waffen und Munition herauszugeben. Als dieser sich weigerte, kam es zu einem Kampf, bei dem es an die 100 Tote gab. Die Nachricht von den Ereignissen löste überall Aufstände aus. Auf dem Land bewaffneten sich die Bauern. Sie zwangen ihre adeligen Grundherren auf die drückenden Abgaben und Dienste zu verzichten. Wer sich weigerte, dem wurde mit dem Tode gedroht. Viele Adelige flohen daraufhin aus Frankreich. In den Städten übernahmen revolutionäre Ausschüsse die Verwaltung und schufen ein eigenes Bürgermilitär.

M 1 Nach dem Sturm auf die Bastille: Klöster und Schlösser der Grundherren werden von den Bauern in Brand gesetzt (Stich um 1800).

M 2 Die Eroberung und anschließende Zerstörung der Bastille am 14. Juli 1789 wurde zum Symbol für den Sturz der absolutistischen Herrschaft. Alljährlich wird am 14. Juli, dem französischen Nationalfeiertag, daran erinnert.

Die alte Herrschaftsordnung wird zerstört ▶ Die Unruhen auf dem Land und die Kämpfe um die Bastille zwangen die Nationalversammlung zum Handeln. In einer Nachtsitzung vom 4. auf den 5. August 1789 schaffte sie alle Vorrechte der ersten beiden Stände ab, das heißt:
Alle Franzosen haben gleiche Rechte und Pflichten. Sie erhalten Zugang zu allen Berufen und zu allen Ämtern, die der Staat vergibt. Alle Bürger müssen Steuern bezahlen. Die Kirche und der Adel verlieren ihre Herrenrechte über die Bauern. Die Gewerbefreiheit wird eingeführt.

Eine Verfassung wird geschrieben ▶ Für die Diskussion der Verfassung hatte die Nationalversammlung zwei Jahre Zeit. Nur wenige Tage brauchte sie im August 1789 für die Verabschiedung der Menschen- und Bürgerrechte, die zum großen Teil aus Amerika übernommen wurden (Seite 144 und 145).

1791 war die Verfassung fertig. Sie wandelte die absolute Königsherrschaft in eine konstitutionelle Monarchie um und übernahm auch andere Forderungen der Aufklärer:

- Alle Gewalt geht vom Volk aus (Volkssouveränität). Sie wird von den Bürgern durch Wahlen ausgeübt.
- Die Staatsgewalt wird in drei Gewalten geteilt.
- Der König wird auf die ausführende Gewalt (Exekutive) beschränkt, das heißt seine Regierung muss die Gesetze ausführen, die die Nationalversammlung beschließt.

Konstitutionelle Monarchie
▶ Die Herrschaft des Königs (Monarchie) wird durch eine Verfassung (Konstitution) eingeschränkt (M 3).

A 1 Worin bestand der Konflikt, der zwischen dem dritten Stand und dem König entstand? Wie wurde er gelöst?

A 2 Die französische Verfassung von 1791 setzte nicht den König ab. Welche entscheidende Neuerung enthält die Verfassung trotzdem?

A 3 Beschreibe das Schaubild M 3. Erläutere, was sich im Vergleich zur Herrschaft eines absoluten Königs geändert hat.

A 4 Die Verfassung von 1791 erfüllte nicht in allen Bereichen die Forderung nach Gleichheit aller. Das Schaubild M 3 gibt Auskunft. Berichte.

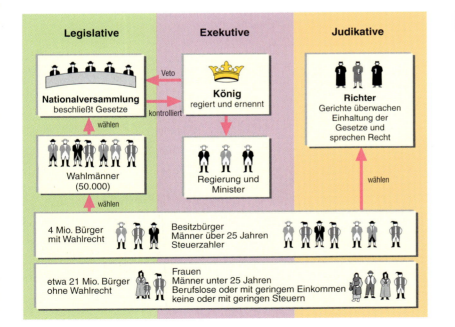

M 3 Schaubild der französischen Verfassung von 1791. Sie war noch keine demokratische Verfassung in unserem Sinne, weil nur ein Teil der Bürger wahlberechtigt war.

Kurz und klar
▶ Am 14. Juli jeden Jahres begehen die Franzosen ihren Nationalfeiertag. Er erinnert sie an den Sturm auf die Bastille, mit dem 1789 die Revolution begann. In der ersten Phase der Revolution wurde die absolute Monarchie in eine konstitutionelle Monarchie umgewandelt: Der König blieb im Amt, musste aber seine Herrschaft einschränken.

Die Französische Revolution

Die Revolution gewinnt an Fahrt

Der König versucht zu fliehen ▶ Ludwig XVI. war entschlossen, seine unbeschränkte Herrschaft wieder zu erlangen. Er bat deshalb um Hilfe bei ausländischen Mächten. Im Juni 1791 wollte er mit seiner Familie aus Frankreich fliehen, wurde aber kurz vor der Grenze erkannt und wie ein Gefangener nach Paris zurückgebracht. Im September musste er den Eid auf die Verfassung ablegen.

Ausländische Mächte greifen ein ▶ Das Schicksal des französischen Königs beunruhigte die europäischen Herrscherhäuser. Sie befürchteten, die eigenen Untertanen könnten die französische Revolution nachahmen. Österreichische und preußische Truppen überschritten als erste die französische Grenze, mussten sich nach einigen Niederlagen aber wieder zurückziehen.

Eine zweite Revolution bricht aus ▶ In Paris warf man dem König vor, sich mit den fremden Fürsten gegen das eigene Volk verbündet zu haben. Jetzt kam die Revolution erst richtig in Bewegung:
- Am 10. August 1792 wurde das königliche Schloss gestürmt und der König verhaftet.
- Eine neu gewählte Versammlung (Nationalkonvent) schaffte im September 1792 die konstitutionelle Monarchie ab und rief die Republik aus.
- Der König wurde des Hochverrats angeklagt und zum Tode verurteilt. Die Königin erlitt ein halbes Jahr später dasselbe Schicksal.

M 1 König Ludwig XVI. in einem Käfig. Vor dem Gitter steht sein Schwager, der deutsche Kaiser Leopold II. Er fragt: „Was machst du da, Schwager?" Ludwig antwortet: „Ich unterzeichne!"
(Zeitgenössischer Stich)

A 1 Warum spricht man von einer zweiten Revolution?

A 2 Warum führte das revolutionäre Frankreich immer wieder Kriege?

A 3 Nenne Gründe für den Ausbruch des Bürgerkriegs und für die Einführung der Diktatur.

A 4 Erkläre M 1. Was meint Ludwig XVI. mit dem Satz „Ich unterzeichne!"?

Girondisten, ▶ genannt nach einer französischen Landschaft (Gironde), vertraten mehr die Mittelschicht und wollten die größere Selbstständigkeit der Regionen erhalten.

Jakobiner, ▶ genannt nach ihrem Treffpunkt, dem Kloster St. Jakob in Paris, vertraten mehr die Unterschichten. Sie waren radikale Vertreter einer zentral regierten Republik.

M 2 Ludwig XVI. wurde am 21. Januar 1793 in Paris durch die Guillotine (Fallbeil) hingerichtet.

M 3 Plakat aus der Zeit der französischen Republik, mit Sinnbildern (Emblemen), die die Werte der Revolution veranschaulichen, und einem Text für die deutschsprachigen Franzosen im Elsass:

Gegenstand	Sinnbild
Rote Jakobinermütze	Befreiung (aus der Sklaverei)
Waage	Gleichheit
Rutenbündel	Einheit, Zusammenhalt
Kranz aus Eichenlaub	Krone für die Bürger (Souveränität des Volkes)
Band in den Farben der Revolution	weiß (königliche Familie) rot und blau (Stadtfarben von Paris)

Francken = Franzosen

Die Republik gerät in Gefahr ▶ Nach der Hinrichtung des Königs 1793 wurde die Republik von innen und von außen bedroht. In den Provinzen brachen immer wieder Aufstände von Anhängern des Königs aus. Ein Machtkampf zwischen den Girondisten und den Jakobinern lähmte den Konvent. Im Juni 1793 wurden die Girondisten ausgeschlossen und ihre Führer verhaftet. Das führte zu einem Bürgerkrieg, der halb Frankreich erfasste. Die Republik befand sich mit fast allen europäischen Nachbarstaaten im Krieg. Weil eine englische Seeblockade die Zufuhr von Getreide erschwerte, stiegen die Lebensmittelpreise. Paris stand wieder vor einer Hungersnot.

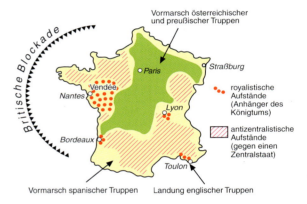

M 4 Kartenskizze: Die innere und äußere Bedrohung der Republik 1793

Die Jakobiner errichten eine Diktatur ▶ Im Juli 1793 kam der Jakobiner Maximilian Robespierre an die Macht. Mit diktatorischen Maßnahmen versuchte er die Revolution zu retten. Er ließ die Aufstände niederschlagen, die politischen Gegner aufspüren und hinrichten. Innerhalb eines Jahres wurden so 16 500 Verdächtige getötet. Der Staat setzte Höchstpreise für die Grundnahrungsmittel und Rohstoffe fest und beschlagnahmte Waren für die Versorgung der Armeen an der Front.

In der Regierungszeit Robespierres wurde die allgemeine militärische Dienstpflicht eingeführt. So erhielt Frankreich eine große Zahl von Soldaten. Schnell stellte sich heraus, dass die französischen Revolutionstruppen den Söldnerheeren der europäischen Fürsten überlegen waren. Bald konnten Siege gefeiert werden. Dazu trug auch das militärische Talent des Generals Napoleon Bonaparte bei. Die Diktatur der Jakobiner endete im Juli 1794.

Kurz und klar

▶ In der zweiten Phase der Französischen Revolution wurde der König abgesetzt und zum Tode verurteilt. Frankreich wurde in eine Republik verwandelt.

▶ Um der inneren und äußeren Bedrohung Herr zu werden, errichteten radikale Revolutionäre 1794 eine diktatorische Herrschaft. Das war die dritte und letzte Phase der Revolution.

Die Französische Revolution

Menschenrechte – Bürgerrechte

Ein Geschenk der Franzosen an die Welt ▶ 1789 wurden zum ersten Mal in Europa Menschen- und Bürgerrechte verkündet und 1791 in die französische Verfassung aufgenommen. Sie wurden zum Vorbild für alle Erklärungen der Menschenrechte, die heute gültig sind. Kein Land der Erde kann sich demokratisch nennen, das nicht die Menschenrechte in seiner Verfassung garantiert.

Ein Rechtsexperte gibt Auskunft:

Was sind Menschenrechte? ▶ Menschenrechte sind Rechte, die auf der ganzen Welt gelten und jedem Menschen zustehen, gleichgültig ob jemand Deutscher oder Chinese, Christ oder Muslim, weißer Europäer oder Schwarzafrikaner, ein Sieger oder ein Gefangener, reich oder arm ist. Man erkennt die Menschenrechte in der Regel an Formulierungen, die wie die Artikel 1 und 7 in der französischen Erklärung (M 2) beginnen.
Den Kern der Menschenrechte bilden die Freiheits- und die Gleichheitsrechte. Sie schützen mich vor der Willkür staatlicher Behörden. So darf niemand benachteiligt werden, der einer anderen Religion angehört. Ich erinnere nur daran, dass lange Zeit die Landesherren die Religion ihrer Untertanen festgelegt haben. Und in manchen Staaten der Erde ist es heute noch üblich, politisch missliebige Personen ohne Gerichtsverhandlung einzusperren oder Gefangene zu foltern. Freiheits- und Gleichheitsrechte schützen mich aber auch vor Mitmenschen, die mich mobben oder misshandeln wollen.

Was sind Bürgerrechte? ▶ In der französischen Erklärung wird neben dem Menschen auch der Bürger angesprochen, zum Beispiel in den Artikeln 6 und 11 (M 2). Auch in unseren Verfassungen findet sich dieser Unterschied. Im Grundgesetz beginnen manche Artikel mit „Alle Deutschen haben das Recht …". Bürgerrechte sind also Rechte, die nur dem Bürger eines Staates zustehen. Das wichtigste Recht, das ich als Bürger eines demokratischen Staates besitze, ist das Recht zu wählen, wer regiert. Die Erklärung von 1789 machte das Volk zum „Herrscher" und verdrängte den König aus dieser Position. Bürgerrechte haben Bürgerpflichten zur Folge. Wenn ich nicht zur Wahl gehe, besteht die Gefahr, dass ich eines Tages kein „Herrscher" mehr bin.

> **Grundrechte** ▶ Unter diesem Begriff werden die Menschen- und die Bürgerrechte zusammengefasst, zum Beispiel im Grundgesetz der Bundesrepublik und in der bayerischen Verfassung.

A 1 Lest gemeinsam die einzelnen Artikel von M 2 und erklärt sie euch gegenseitig. Sammelt Beispiele, die zeigen, was passieren kann, wenn sie verletzt werden. Denkt dabei auch an eure unmittelbare Umgebung.

A 2 Besorge dir die bayerische Verfassung, schreibe Menschen- und Bürgerrechte heraus und vergleiche sie mit der französischen Erklärung von 1789. Beginne bei Artikel 98 der bayerischen Verfassung.

M 1 Medaillon mit einer schwarzen Sklavin in den Kolonien und der Umschrift „Auch ich (will) frei (sein)". In den französischen Kolonien wurde 1794 die Sklaverei abgeschafft, 1802 aber wieder eingeführt. 1848 wurde sie dort endgültig beseitigt.

M 2 Erklärung der Rechte des Menschen und des Bürgers. Einzelblatt aus dem Jahr 1789.
Der deutsche Text ist anstelle des französischen Textes von den Autoren dieses Buches eingefügt worden. Die meisten Symbole sind auf Seite 143 in M 3 erklärt. Die Figur mit den Flügeln stellt das Gesetz dar, das mit dem Zepter auf das „Auge der Vernunft" zeigt. Was drückt die linke Figur aus?

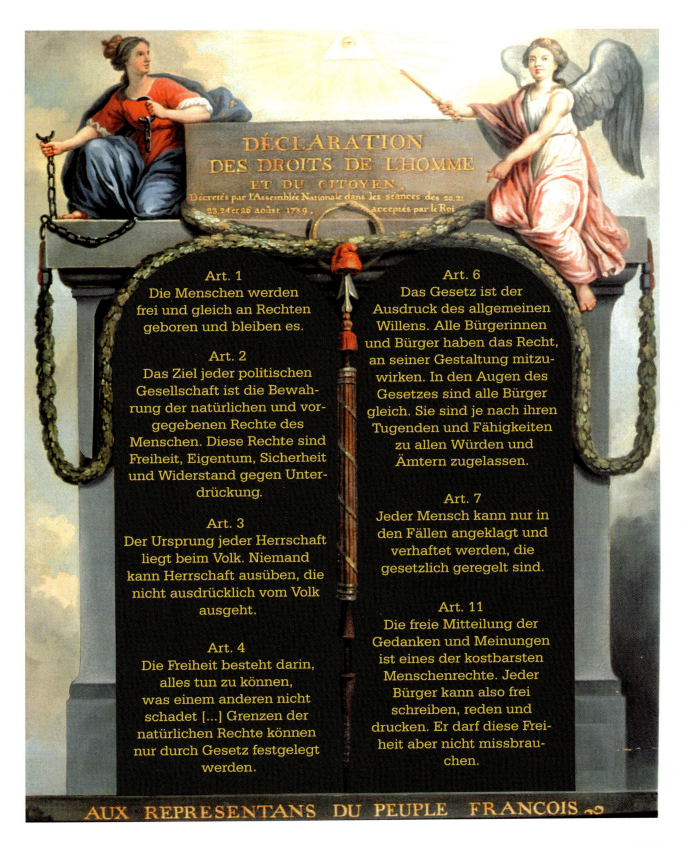

Die Französische Revolution

Menschenrechte – Bürgerrechte auch für die Frauen!

1791, zwei Jahre nach der Verabschiedung der Menschen- und Bürgerrechte in der Nationalversammlung, verfasste die Schriftstellerin Olympe de Gouges eine „Erklärung der Rechte der Frau und Bürgerin". Darin beklagte sie, dass die Revolution die Frauen übergangen habe. De Gouges trat öffentlich auf, schickte Appelle an die Nationalversammlung, gründete Vereine und sogar eine eigene Frauenzeitung. Sie trat gegen die Hinrichtung des Königs auf, weil sie die Umgestaltung der Gesellschaft durch sinnlose Gewalt ablehnte, sondern mit den von ihr praktizierten friedlichen Mitteln erreichen wollte. 1793 wurde die unbequeme Frauenrechtlerin enthauptet.

M 1 Olympe de Gouges (1748 – 1793) stammte aus einer kleinbürgerlichen Familie in Südfrankreich. In Paris versuchte sie sich als Schriftstellerin. Einen ersten Skandal verursachte sie durch ein Theaterstück, in dem sie die Sklaverei in den französischen Kolonien kritisierte. Während der Revolution wurde sie zur Frauenrechtlerin.

M 2 Eine Frau stellt dir diese Frage, Mann!

Olympe de Gouges im Begleitschreiben zur Erklärung der Rechte der Frau und Bürgerin (1791):

▶ Mann, bist du fähig gerecht zu sein? Ein Frau stellt dir diese Frage. Dieses Recht wirst du ihr zumindest nicht nehmen können. Sag mir, wer hat dir die selbstherrliche Macht verliehen mein Geschlecht zu unterdrücken? Deine Kraft? Deine Talente? [...] Suche, untersuche und unterscheide, wenn du es kannst, die Geschlechter in der Ordnung der Natur. Überall findest du sie ohne Unterschied zusammen, überall arbeiten sie in einer harmonischen Gemeinschaft an diesem unsterblichen Meisterwerk. Nur der Mann hat sich aus der Ausnahme ein Prinzip zurechtgeschneidert. Extravagant, blind [...] will er in diesem Jahrhundert der Aufklärung und der Vernunft in gröbste Unwissenheit zurück und glaubt, despotisch [diktatorisch] über ein Geschlecht verfügen zu können, das alle intellektuellen Fähigkeiten besitzt.

M 3 Die Frauen beteiligten sich aktiv an der Revolution. Am 5. Oktober 1789 zogen 7000 Pariser Markt- und Arbeiterfrauen zusammen mit der Bürgerschutztruppe nach Versailles. Als die Menschenmenge eintraf, unterzeichnete der König die Erklärung der Menschen- und Bürgerrechte, sagte die bessere Versorgung mit Brot zu. Am nächsten Tag mussten er und die Nationalversammlung nach Paris übersiedeln.

M 4 Sitzung einer der zahlreichen Frauenvereine (1790). Hier wurde über die Beschlüsse der Nationalversammlung diskutiert, eigene Vorschläge formuliert und Geld für die Unterstützung von bedürftigen Revolutionären gesammelt.

A 1 Berichte, wie Olympe de Gouges die Gleichwertigkeit der Frauen verteidigt (M 2).

A 2 Vergleiche die Erklärung der Rechte der Frau und Bürgerin (M 5) und die Erklärung der Menschen- und Bürgerrechte (M 2 auf der Seite 145).

A 3 Welche sprachlichen Mittel verwendet de Gouges in M 5, um auf die Benachteiligung der Frauen aufmerksam zu machen? Beachte, dass im Französischen l'homme sowohl Mensch als auch Mann bedeutet.

Art. 1
Die Frau ist gleich geboren und bleibt dem Manne gleich in allen Rechten.

Art. 2
Ziel und Zweck jedes politischen Zusammenschlusses ist der Schutz der natürlichen und unveräußerlichen Rechte sowohl der Frau als auch des Mannes. Diese Rechte sind: Freiheit, Sicherheit, das Recht auf Eigentum und besonders das Recht auf Widerstand gegen Unterdrückung.

Art. 3
Der Ursprung jeder Herrschaft liegt beim Volk, das nichts anderes darstellt als eine Vereinigung von Frauen und Männern. Niemand kann Herrschaft ausüben, die nicht ausdrücklich daraus hervorgeht.

Art. 4
Die Freiheit besteht darin, alles tun zu können, was einem anderen nicht schadet. So wird die Frau in der Ausübung ihrer natürlichen Rechte nur durch die fortdauernde Tyrannei, die der Mann ihr entgegen setzt, gehindert. Diese Schranken müssen durch Gesetz der Natur und Vernunft revidiert [zurückgenommen] werden. [...]

Art. 6
Das Gesetz ist Ausdruck des allgemeinen Willens. Alle Bürgerinnen und Bürger sollen persönlich oder durch ihre Vertreter an ihrer Gestaltung mitwirken. Alle Bürgerinnen und Bürger, die gleich sind vor den Augen des Gesetzes, müssen gleichermaßen nach ihren Fähigkeiten [...] zu allen Würden, Ämtern und Stellungen im öffentlichen Leben zugelassen werden.

Art. 7
Für Frauen gibt es keine Sonderrechte. Sie werden verklagt, in Haft genommen und gefangen gehalten in den durch das Gesetz bestimmten Fällen. Frauen unterstehen wie Männer den gleichen Strafgesetzen. [...]

Art. 11
Die freie Mitteilung der Gedanken und Meinungen ist eines der kostbarsten Rechte der Frau, denn diese Freiheit garantiert die Vaterschaft der Väter an ihren Kindern. Jede Bürgerin kann folglich in aller Freiheit sagen: „Ich bin die Mutter eines Kindes, das du gezeugt hast", ohne dass ein barbarisches Vorurteil sie zwingt die Wahrheit zu verschleiern. Dadurch soll ihr nicht die Verantwortung für den Missbrauch dieser Freiheit abgenommen werden.

M 5 Erklärung der Rechte der Frau und Bürgerin 1791 (Auszug)

M 6 Schamlose Frauen!
Als nach dem Tod von Olympe de Gouges die Frauenvereine verboten wurden, überreichte eine Frauenabordnung eine Bittschrift im Pariser Stadtrat. Der Ratsvorsitzende sagte daraufhin:
▶ Heh! Seit wann ist es schicklich, dass Frauen den Haushalt und die Wiege ihrer Kinder verlassen um auf öffentliche Plätze und in den Stadtrat zu eilen? Hat die Natur den Männern häusliche Aufgaben anvertraut? Hat sie uns Brüste gegeben, um unsere Kinder zu säugen? Nein! Sie hat zum Mann gesagt: Sei Mann! Die Jagd, die Landwirtschaft, die politischen Aufgaben, die Anstrengungen aller Art – das ist dein Reich. Sie hat zur Frau gesagt: Sei Frau! Schamlose Frauen, die ihr Männer werden wollt, wurde euch nicht gerecht zugeteilt? Was braucht ihr mehr?

Die Französische Revolution

Ich, Napoleon Bonaparte …

▸ Napoleon (1769 – 1821) hat die Französische Revolution beendet, bedeutende Errungenschaften der Revolution aber in Länder Europas exportiert, die mit ihm Bündnisse geschlossen hatten. Und so könnte er selbst seinen Lebenslauf beschrieben haben:

5 Eine Nation braucht ein ruhmreiches Oberhaupt und keine bloßen Verwalter, die nicht die Macht haben, Ordnung zu schaffen. Deshalb vertrieb ich 1799 die Regierung und ließ mich zum Ersten Konsul der Republik ausrufen und erklärte die Revolution für beendet.

4 Nach dem Sturz von Robespierre musste ich ins Gefängnis, doch nach ein paar Tagen kam ich wieder heraus. Ich sollte in Paris die aufständischen Königstreuen bekämpfen. 1796 erhielt ich den Oberbefehl über unsere Armee in Italien. Nach dem Sieg über die Österreicher eilte ich von einem Kriegsschauplatz zum anderen. Sogar in Ägypten kämpften wir gegen die Engländer.

3 Als die Revolution ausbrach, wurde ich Jakobiner und Offizier in der Revolutionsarmee. Meinen ersten größeren Erfolg hatte ich in Toulon, wo meine Soldaten 1793 einen Aufstand von Anhängern des Königs niederschlugen. Danach ernannte man mich – ich war gerade 24 Jahre alt – zum General.

2 Im Alter von neun Jahren schickte mich mein Vater nach Paris. Ich lernte Französisch und trat in eine Militärschule ein.

1 1769 wurde ich, Napoleon Bonaparte, als Sohn eines Rechtsanwalts auf der italienischen Mittelmeerinsel Korsika geboren, die kurz zuvor französisch geworden war.

M 1 Zeitgenössische deutsche Karikatur: „Bonapartes Stufenjahre"

6 Als Erster Konsul konnte ich fast uneingeschränkt regieren. Vor wichtigen Entscheidungen ließ ich Volksabstimmungen durchführen. Auf diese Weise wählte mich 1804 das französische Volk mit überwältigender Mehrheit zum „Kaiser der Franzosen".

7 Mein Abstieg beginnt nur in den Augen des deutschen Karikaturisten. Nach meiner Kaiserkrönung erzielte ich erst meine großen Erfolge. 1805 zum Beispiel errang ich einen glänzenden Sieg gegen Russland und Österreich. 1806 zerfiel das Deutsche Reich, weil ein Dutzend deutscher Fürsten mit mir ein Bündnis einging. Zu den größten Triumphen gehört mein Einmarsch in Berlin im selben Jahr. Richtig gesehen, war ich damals Herr über Europa.

8 Mit den Spaniern bekam ich Probleme – das gebe ich zu –, weil ich ihren König fortgeschickt und meinen Bruder als Nachfolger eingesetzt hatte. Nachdem ich sie 1809 besiegte, begannen die Spanier allerdings mit dem Untergrundkampf gegen die französische Herrschaft.

9 1812 begann ich einen Krieg mit Russland: Zar Alexander I. hatte die Wirtschaftsblockade aufgehoben, mit der ich England in die Knie zwingen wollte. Über den Ausgang machte ich mir keine Sorgen, ich hatte ja eine halbe Million Soldaten bei mir. Das war die größte Armee, die jemals aufgestellt wurde. Leider endete der Feldzug mit der größten Niederlage in meiner militärischen Laufbahn.

10 Ich gab aber nicht auf! 1813 hatte ich ein neues Heer beisammen. Und tatsächlich gelang es mir, die Russen und Preußen zu besiegen. Als aber Österreich, Bayern und andere Verbündete auf ihre Seite wechselten, verlor ich die „Völkerschlacht" bei Leipzig. Die Sieger verfolgten mich bis Paris. Es blieb mir nichts anderes übrig, als abzudanken.

11 Immerhin durfte ich den Kaisertitel behalten und bekam die Insel Elba als Fürstentum. Dort konnte ich nachdenken, weshalb meine Träume von einem napoleonischen Großreich wie Seifenblasen zerplatzt waren. Aber auch die schärfsten Kritiker werden mir zugestehen, dass ich doch auch Einiges geleistet habe, das man anerkennen muss. Immerhin wäre Bayern nicht das, was es heute ist, wenn ich nicht gewesen wäre!

A 1 Suche aus den Texten 1 bis 11 wichtige Jahreszahlen aus dem Leben Napoleons heraus und ordne sie in einem tabellarischen Lebenslauf.

Die Französische Revolution

Napoleon, Herr über Europa

A 1 Fragen zur Karte M 1:
- Nenne drei Gebiete, die heute nicht mehr zu Frankreich gehören.
- Nenne drei Gebiete, die von Verwandten Napoleons regiert wurden.
- Nenne mindestens fünf Länder (heutige Namen), die damals Verbündete Napoleons waren.

A 2 Berichte, warum der Kaiser Franz II. die Krone des deutschen Reiches niederlegte.

Napoleon nutzt seine Siege ▶ Fünfzehn Jahre war Napoleon an der Macht, vierzehn Jahre davon führte er einen Krieg nach dem anderen. Einerseits war er dazu gezwungen, weil die europäischen Nachbarstaaten immer neue Koalitionen gegen das revolutionäre Frankreich schlossen. Andererseits nutzte Napoleon die ihm ergebenen Revolutionstruppen, um eigene Ziele in Europa (M 1) zu verfolgen:

- Napoleon dehnte das Staatsgebiet Frankreichs bis an den Rhein aus und erweiterte es um Belgien, Holland und Nordwestdeutschland. Städte wie Kaiserslautern, Köln, Münster, Oldenburg und Bremen wurden französisch.
- Napoleon eroberte Nachbarländer und gründete neue Republiken und Königreiche. Seine Verwandten erhob er zu Fürsten und setzte sie als Regenten ein. Sein Bruder Jerome zum Beispiel wurde König in Westfalen.
- Napoleon besiegte 1805 Österreich und Russland in der Dreikaiserschlacht bei Austerlitz und ein Jahr später Preußen bei Jena und Auerstedt. Beide Staaten behielten ihre Selbstständigkeit, mussten aber Gebiete an Napoleons Verbündete abgeben, zum Beispiel an das von ihm gegründete polnische Großherzogtum Warschau.

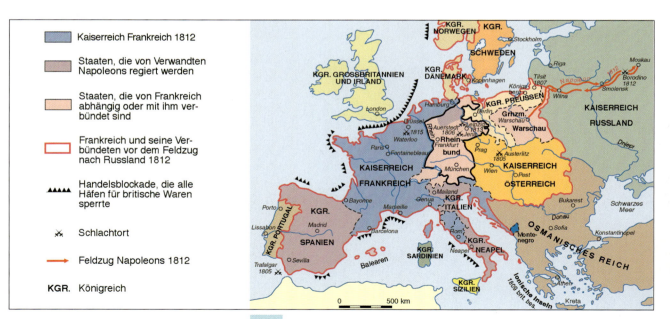

M 1 Europa im Jahre 1812. Napoleon auf dem Höhepunkt seiner Macht. 1812 unternahm der Kaiser einen Feldzug gegen Russland. Er endete in einer Katastrophe. Niederlagen in der Völkerschlacht bei Leipzig (1813) und in der Schlacht bei Waterloo (1915) beendeten Napoleons Karriere als selbst ernannter Herr über Europa.

▶ **M 2** Napoleon bei der Überquerung der Alpen. Propagandabild von Jacques Louis David, der für Napoleon arbeitete. Auf den Steinen im Vordergrund sind die Namen Hannibals und Karls des Großen eingemeißelt. In Wirklichkeit ritt Napoleon nicht auf einem Pferd, sondern auf einem Maultier.

▶ **M 3** Die Kaiserkrone des Heiligen Römischen Reiches Deutscher Nation, die um 1000 geschaffen wurde und bis 1806 das Symbol des Reiches gewesen ist.

Das deutsche Reich löst sich auf ▶ Napoleon war ein geschickter Politiker. Durch Verhandlungen gewann er eine Reihe von Fürsten des deutschen Reiches für sich und „beschenkte" sie reich.

▶ Fürsten, die linksrheinische Landesteile verloren hatten, erhielten als Entschädigung Gebiete rechts des Rheins. Dafür wurden alle geistlichen Territorien (Bischofs- und Klosterstaaten) aufgelöst und die Klöster geschlossen. Kurze Zeit danach wurden die Herrschaftsgebiete der Adeligen eingezogen, die in der großen Politik keine Rolle spielten. Auch alle Reichsstädte verloren ihre Selbstständigkeit. Von den 314 reichsunmittelbaren Territorien und Städten blieben gerade noch 30 übrig.

▶ 1806 gründeten sechzehn deutsche Fürsten den Rheinbund (M 1), traten aus dem Deutschen Reich aus und unterstellten sich dem Schutz des französischen Kaisers. Dafür wurden sie in ihrem Rang erhöht. Bayern zum Beispiel wurde ein Königreich. Da das „Heilige Römische Reich Deutscher Nation" zerfallen war, legte 1806 Kaiser Franz II. die Kaiserkrone nieder, blieb aber Kaiser von Österreich.

Kurz und klar

▶ Napoleon Bonaparte beendete die Französische Revolution. 1804 wählten ihn die Franzosen zu ihrem Kaiser. Napoleon war ein erfolgreicher Feldherr und Politiker, der nahezu ganz Europa unter seine Herrschaft brachte. Nach der verlorenen Schlacht bei Leipzig 1813 begann aber sein Niedergang.

Die Französische Revolution

Bayern – am Anfang war Napoleon

▸ Das Staatsgebiet des heutigen Bayern ist zwischen 1800 und 1816 entstanden. In dieser Zeit verdoppelte sich die Fläche Bayerns (M 2) und Millionen Untertanen kamen hinzu. Nach Österreich und Preußen stieg Bayern zum drittgrößten Staat in Mitteleuropa auf. Welche Gründe gibt es für diese Vergrößerung?

▸ Das Kurfürstentum Bayern hatte zahlreiche Gebiete, die links des Rheins lagen, an Frankreich verloren. Als Entschädigung dafür erhielt es eine Reihe geistlicher Herrschaftsgebiete, zum Beispiel die Fürstentümer Würzburg und Bamberg, außerdem alle fränkischen und schwäbischen Reichsstädte, zum Beispiel Nürnberg, Rothenburg, Regensburg und Augsburg.

M 1 Maximilian Graf von Montgelas (1759 – 1838), leitender Staatsminister, der Bayern zu Beginn des 19. Jahrhunderts – zusammen mit dem Kurfürsten/König Max – zu einem modernen Staat umformte. Man nennt ihn auch den „Gründer Bayerns". 1817 wurde er entlassen, weil Kronprinz Ludwig, der spätere König Ludwig I., nicht mit seiner frankreichfreundlichen Reformpolitik einverstanden war.

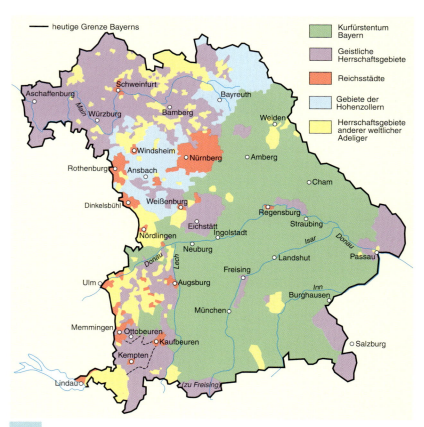

M 2 Die Vielfalt der Herrschaftsgebiete vor 1800 in den Grenzen des heutigen Bayern. Die fränkischen und schwäbischen Gebiete kamen zwischen 1800 und 1816 zu Bayern.

A 1 Suche die im Text genannten Reichsstädte auf der Karte M 2 und ergänze sie durch weitere.

A 2 Stelle eine Liste der fünf Städte auf, die Regierungssitze von geistlichen Fürsten waren.

▶ Seit 1805 kämpfte Bayern auf Seiten Napoleons. Dafür wurde es mit den Markgrafschaften von Ansbach und Bayreuth sowie mit anderen kleinen Fürstentümern und Grafschaften belohnt, zum Beispiel mit dem Herrschaftsgebiet der Fugger in Schwaben, der Schönborn und der Castell in Franken.

▶ 1806 wurde Bayern von Napoleon zum Königreich erhoben. Kurfürst Max IV. Joseph wurde nun König. Bayerns Bündnistreue zu Napoleon zahlte sich aus.

▶ Wenige Wochen vor der Völkerschlacht bei Leipzig 1813 wechselte Bayern auf die Seite der Gegner Napoleons. Dieser verlor die Schlacht, Bayern war bei den Siegern. Es konnte alles, was es unter Napoleons Einfluss gewonnen hatte, behalten und bekam sogar noch die Rheinpfalz (Hauptort Speyer) hinzu.

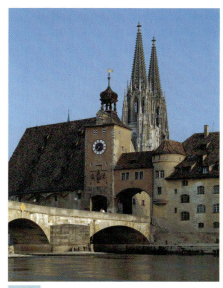

M 3 Die selbstständige Reichsstadt Regensburg, 150 Jahre lang Sitz des Reichstages, wurde 1810 bayerisch.

M 4 So vollzog sich vielerorts die Eingliederung nach Bayern: Vereidigung der Nördlinger Bürgerwehr auf den bayerischen König.

M 5 Das Opernhaus in Bayreuth, 1748 erbaut vom Markgrafen Friedrich, ist ein Beispiel für die zahlreichen künstlerisch wertvollen Bauwerke, die in der Zeit zwischen 1800 und 1816 mit der Markgrafschaft zu Bayern kamen und bis heute seine Kultur bereichern.

Die Französische Revolution

M 1 Das Wappen des Königreichs Bayern

Der König, ein Revolutionär?

Bayern wird modernisiert ▶ Kurfürst/König Max und sein leitender Minister Montgelas standen vor der Aufgabe, die neu zu Bayern gekommenen fränkischen, pfälzischen und schwäbischen Gebiete in das Kurfürstentum einzugliedern und einen einheitlichen Staat zu schaffen. Diese Ziel wollten sie nach dem französischen Vorbild durch eine „Revolution von oben" erreichen.

Es gibt nur eine Regierung ▶ Ein moderner Staat duldet innerhalb seines Gebietes keine anderen Herrschaftsträger. Deshalb mussten die zu Bayern gekommenen Fürstbischöfe, Fürsten, Grafen und Räte der Reichsstädte ihre Regierungsbefugnisse und Vorrechte abgeben. Ihre Beamten wurden entlassen und von ihnen verkündete Gesetze für ungültig erklärt. Falls sie eigene Maße, Gewichte, Münzen, Steuern und Zölle eingeführt hatten, wurden diese abgeschafft. Überall galten nur mehr die bayerischen Gesetze.

Es gibt nur eine Verwaltung ▶ Montgelas ließ das neue Bayern in acht etwa gleich große Kreise (heute Regierungsbezirke) und diese wieder in Landgerichte (heute Landkreise) einteilen. Ihnen wurden die Stadt-, Markt- und Dorfgemeinden untergeordnet. Gut ausgebildete Beamte erhielten ihre Weisungen von den Staatsministern und wurden von ihnen auch kontrolliert.

Vor dem Gesetz sind alle gleich ▶ Das alte Bayern war seit dem Religionsfrieden 1555 ausschließlich katholisch. In den neubayerischen Gebieten lebten aber Tausende Protestanten und Juden. Die Zeiten, in denen sie vertrieben oder zur Aufgabe ihrer Konfession gezwungen werden konnten, waren nun vorbei. Deshalb erließ 1803 Max IV. Joseph, der selbst mit einer evangelischen Christin verheiratet war, das „Toleranzedikt" (Toleranzgesetz), das die christlichen Konfessionen gleichstellte. Auch die Juden durften ihre Religion frei ausüben. Das Recht, sich überall niederzulassen, wurde ihnen aber verweigert. Erst 1871 wurden auch sie in allen Bereichen gleichberechtigte Staatsbürger.

Alle müssen lesen, schreiben und rechnen lernen ▶ 1802 wurde in Bayern die Schulpflicht eingeführt. Sie galt vom sechsten bis zum zwölften Lebensjahr. 13- bis 18-Jährige mussten Sonntags- und Feiertagsschulen besuchen, in denen sie nach dem Gottesdienst in Religion und anderen nützlichen Dingen weitergebildet wurden. Das waren die Vorläufer der Berufsschulen. Der bayerische Staat unternahm große Anstrengungen, die benötigten Lehrer auszubilden und die Gemeinden zu zwingen, Schulen zu errichten.

M 2 Nach französischem Vorbild wurde das neu gestaltete Bayern unter Montgelas in Kreise eingeteilt, die nach Flüssen benannt wurden. Ludwig I. ließ sie 1837 wieder umbenennen. Die Kreise entsprechen den heutigen bayerischen Regierungsbezirken. Ausgenommen ist der Rheinkreis (Rheinpfalz), der 1945 zum Bundesland Rheinland-Pfalz kam.

M 3 Ein großer Schritt in die Moderne: Schulpflicht für alle Kinder. Es dauerte noch lange, bis in den Volksschulen jeder Schülerjahrgang eine eigene Klasse bilden und ein eigenes Schulzimmer bekommen konnte. (Radierung aus dem Jahr 1823)

A 1 Berichte, was man unter einer „Revolution von oben" versteht. Welche der Maßnahmen, die Montgelas durchgeführt hat, waren damals revolutionär?

A 2 Wieso war damals ein „Toleranzedikt" (Toleranzgesetz) nötig?

A 3 Sucht Unterschiede zwischen der Kammer der Abgeordneten von 1818 und dem bayerischen Landtag heute (Expertenbefragung oder Internet). Stellt die Ergebnisse einem Landtagsabgeordneten aus eurer Region vor.

Die erste bayerische Verfassung

▶ Frankreich erhielt 1791 eine Verfassung, die von der Nationalversammlung ausgearbeitet worden war. Bayern bekam 1818 eine Verfassung, die dem Volk von König Maximilian II. Joseph geschenkt wurde. Zum ersten Mal wurden in Bayern wichtige Grundrechte niedergeschrieben: Gleichheit vor dem Gesetz – Freiheit der Person – Freiheit der Auswanderung – Meinungsfreiheit – Schutz des Eigentums.

Der König schränkte seine Macht ein, indem er eine Volksvertretung zuließ, die aus 120 gewählten Vertretern des Adels, der Geistlichkeit, der Stadtbürger und der Grundbesitzer bestand. Die Abgeordneten hatten keine demokratischen Mitspracherechte, wie sie der bayerische Landtag heute besitzt. Aber sie hatten das Recht Steuern zu bewilligen, Beschwerden vorzubringen und Gesetze abzulehnen. Selbst Gesetze einbringen konnten sie aber nicht.

Aller Anfang ist schwer

▶ Schon beim ersten Zusammentreten der Volksvertretung musste der König die Erfahrung machen, dass die Abgeordneten keine bloßen Ja-Sager sein wollten. Sie lehnten die vom Kriegsminister beantragten Gelder ab und genehmigten nur eine kleinere Summe, da sie die Steuerzahler schonen wollten. Außerdem verlangten sie, dass die Armee verkleinert werde. Der König war empört. Er hatte zwar das Recht die Entscheidungen der Abgeordneten zu verwerfen, er konnte sogar die Kammer auflösen, aber er akzeptierte die Entscheidung schließlich doch. Immerhin: Der Anfang zu einer echten Volksvertretung, wie sie der bayerische Landtag heute ist, war gemacht.

Kurz und klar

▶ Man nennt Napoleon den „Geburtshelfer" des modernen Bayern: Er war die Ursache, dass Bayern im ersten Jahrzehnt des 19. Jahrhunderts sein Staatsgebiet um Schwaben und Franken erweiterte und so der drittgrößte Staat in Deutschland wurde. Napoleon machte aus dem Kurfürstentum 1806 ein Königreich. Die Reformen des Staatsministers Montgelas fügten die unterschiedlichen Gebietsteile zu einem einheitlichen Staat zusammen, der bis heute Bestand hat.

Die Französische Revolution

Was geschah? – Was bleibt?

Die Französische Revolution

Die Ursachen ▶ Die Französische Revolution brach aus, weil die Bevölkerung mit den Zuständen im Land nicht mehr zufrieden war. Die wichtigsten Ursachen waren
- der Unmut über die Vorrechte des ersten und zweiten Standes,
- die Kritik am absolutistischen Regierungssystem,
- der Ärger über ungerechte Steuerverteilung,
- eine Wirtschaftskrise und Missernten, die die Preise in die Höhe trieben und vor allem in Paris Hunger hervorriefen,
- nicht zuletzt die Lehren der Aufklärer. Sie verkündeten, dass die Regierenden nicht von Gott eingesetzt, sondern von den Bürgern gewählt sind.

Die drei Phasen der Revolution (1789 – 1795) ▶ Zur ersten Phase der Revolution zählt, dass die Generalstände sich zur Nationalversammlung erklärten.
Die Nationalversammlung
- schaffte die Stände ab, indem sie dem ersten und zweiten Stand alle Herrschaftsrechte nahm.
- entzog dem König Machtbefugnisse und führte die konstitutionelle Monarchie ein.
- verkündete die Menschen- und Bürgerrechte, klammerte aber die Rechte der Frauen weitgehend aus. Das geschah 1789.

In der zweiten Phase der Revolution wurde der König abgesetzt und hingerichtet. Frankreich wurde in eine Republik verwandelt. In der dritten Phase kamen radikale Jakobiner an die Macht, die ein Terrorregime errichteten und die Errungenschaften der ersten Phase weitgehend wieder beseitigten.
Am Ende war ein starker Mann gefragt, der Ordnung auf seine Weise schuf: Napoleon Bonaparte. Sein Ziel war in Europa die Vorherrschaft zu erringen, was ihm auch zeitweise gelang.

M 1 Plakat der amnesty international zum Menschenrechtstag am 10. Dezember

Geburtshelfer des modernen Bayern ▶ Das Kurfürstentum Bayern verbündete sich mit Napoleon, wurde zum Königreich erhoben und konnte sein Territorium um schwäbische, fränkische und pfälzische Gebiete vergrößern. Es behielt diese Landesteile auch, als Napoleons Herrschaft zusammenbrach.

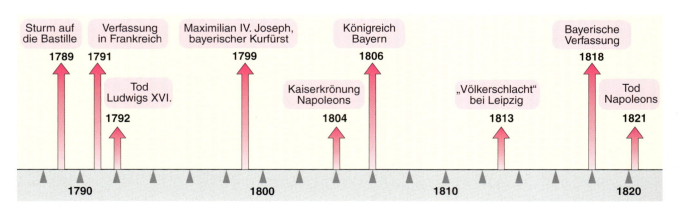

Die Menschenrechte

Zu den großen Verdiensten der französischen Revolutionäre gehört die Verkündung der Menschen- und Bürgerrechte. Sie setzen bis heute Maßstäbe, an denen man überall in der Welt, auch in unserer unmittelbaren Umgebung, Verletzungen der Menschenwürde erkennen kann.

M 1 Kinder hungern – weltweit
Aus einem Zeitungsbericht:
▸ Jedes dritte Kind auf der Welt ist wegen mangelnder Ernährung schon früh in seiner Entwicklung und Widerstandskraft beeinträchtigt. Jedes Jahr sterben nach Erkenntnissen des Kinderhilfswerkes der Vereinten Nationen (Unicef) deshalb etwa acht Millionen Kinder an Krankheiten, die sie unter besseren Bedingungen überstanden hätten.
Wie es in dem Bericht heißt, leben die meisten der 165 Millionen mangelernährten Kinder in Asien. Besonders benachteiligt seien die Mädchen, die von klein auf weniger Nahrung und seltener medizinische Hilfe als Jungen erhalten. Dies aber hat verheerende Auswirkungen auf die nächste Generation: Körperlich geschwächte Frauen bringen wiederum untergewichtige Kinder zur Welt.
Der Unicef-Jahresbericht weist aber auch auf die Lage der Kinder in den Industrieländern hin. In den USA zum Beispiel lebe bereits jedes fünfte Kind unterhalb der Armutsgrenze.

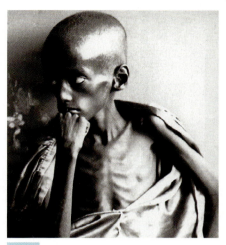

M 2 Zum Skelett abgemagert: Der vierjährige Ali Abdi Ali im Krankenhaus von Mogadischu

M 3 Tödliche Attacke auf dem Pausenhof
Schüler stirbt nach Schlägerei

Wolfen (dpa) Schockierender Gewaltakt auf einem Schulhof in Wolfen (Sachsen-Anhalt): ein 18-Jähriger hat einen 16-Jährigen so brutal verprügelt, dass der schwer verletzte Schüler in einer Spezialklinik gestorben ist.

Das Opfer war auf dem Hof der Schule von dem Älteren aus unerfindlichen Gründen angegriffen worden. Der 18-Jährige soll ihm mehrmals ins Gesicht geschlagen und auf ihn eingetreten haben, als er am Boden lag. Der Junge erlitt Hirnblutungen und Hirnquetschungen. Der Schläger flüchtete zunächst, stellte sich aber später der Polizei und gab alles zu. Er sitzt in Untersuchungshaft. Noch ist laut Staatsanwaltschaft unklar, warum der 18-Jährige so in Rage geriet. Bis zu der Attacke auf den Jüngeren galt er als unauffällig und freundlich.

amnesty international (www.amnesty.de) berichtet (1995):

▸ In 114 Staaten der Erde werden Gefangene gefoltert.
▸ In 41 Ländern werden Menschen willkürlich hingerichtet.
▸ Mindestens 300 000 politische Gefangene sitzen ohne Anklage im Kerker.

Die UNO (www.uno.de) berichtet:

Auf unserer Erde:
▸ sind 17 Millionen Menschen auf der Flucht und leiden unter Hunger und Gewalt,
▸ sind 700 Millionen arbeitslos oder unterbeschäftigt,
▸ sterben täglich 35 000 Kinder,
▸ leben 1,4 Milliarden in vollständiger Armut.

M 4

M 5 „DAS LEBEN VERLANGT, DASS WIR NICHT DURCH SCHWEIGEN HINNEHMEN, WAS WIR NICHT ERTRAGEN WOLLEN, SELBST WENN UNSERE WORTE ES NICHT SOGLEICH VERÄNDERN KÖNNEN."
Der ehemalige tschechische Präsident Vaclav Havel

A 1 Sammelt Berichte zu Menschenrechtsverletzungen und erstellt eine Bild-Text-Dokumentation für euer Klassenzimmer.

IHK INDUSTRIE- UND HANDELSKAMMER

Antrag auf Eintragung

in das Verzeichnis der Berufsausbildungs- verhältnisse zum nachfolgenden

Berufsausbildungs- vertrag

zwischen dem Ausbildenden (Ausbildungsbetrieb) und der/dem Auszubildenden

§ Jugend und Recht

Ohne Ordnung kein Zusammenleben

Für ihr Zusammenleben orientieren sich die Menschen an Regeln. Ohne diese Regeln gäbe es kein sicheres Leben. Ein unvorstellbares Chaos wäre die Folge. Die menschliche Gemeinschaft würde nicht funktionieren, egal ob zwei Menschen zusammenleben oder Staaten miteinander auskommen müssen.
Diese Regeln können in verschiedenen Ländern und Regionen unterschiedlich sein und werden im Laufe der Zeit auch verändert.

Jugend und Recht

Harry Rübezahl auf dem „Rechtsweg"

Aus dem Bürgerlichen Gesetzbuch

§ 1
Beginn der Rechtsfähigkeit
Die Rechtsfähigkeit des Menschen beginnt mit der Vollendung der Geburt.

§ 2
Eintritt der Volljährigkeit
Die Volljährigkeit tritt mit der Vollendung des achtzehnten Lebensjahres ein.

§ 106
Beschränkte Geschäftsfähigkeit Minderjähriger
Ein Minderjähriger, der das siebente Lebensjahr vollendet hat, ist in der Geschäftsfähigkeit beschränkt.

15. Geburtstag
- Beginn einer Ausbildung bzw. einer regelmäßigen beruflichen Tätigkeit.
- Führerscheinerwerb

14. Geburtstag
- Bedingte Strafmündigkeit (Jugendstrafrecht)

7. Geburtstag
- Beschränkte Geschäftsfähigkeit
- Schadenersatzpflicht soweit die nötige Einsicht gegeben ist

6. Geburtstag
(Vollendung des 6. Lebensjahres)
- Allgemeine Schulpflicht

Geburt
Harry hat ab sofort Rechte und Pflichten. Er ist rechtsfähig.

Erwachsener

16. Geburtstag
- Erstellung eines Testaments vor dem Notar
- Eidesfähigkeit
- Führerscheinerwerb
- Ehefähigkeit (Partner muss volljährig sein, Zustimmung der Eltern)
- Aufenthalt in Gaststätten und Teilnahme an öffentlichen Tanzveranstaltungen bis 24 Uhr
- Ausweispflicht

18. Geburtstag
- Volljährigkeit
- Geschäftsfähigkeit
- Deliktfähigkeit/Schadenersatz
- Ehemündigkeit
- Wehrpflicht/Zivildienst für Männer
- Führerscheinerwerb
- Gaststättenbesuch
- Erwachsenenstrafrecht möglich
- Aktives Wahlrecht
- Passives Wahlrecht (mit Einschränkungen)

21. Geburtstag
- Volle Strafmündigkeit (Erwachsenenstrafrecht)
- Passives Wahlrecht zum Bürgermeister und Landrat

M 5 Harry (18) setzt sich nach dem Besuch des Volksfestes ans Steuer seines neuen Autos. Seine Freundin Clara sowie Stefan und Katrin fahren mit. An der ersten Kreuzung wird er von der Verkehrskontrolle angehalten. Nach der Überprüfung der Papiere muss er als einziger ins „Röhrchen" blasen. Muss er das tun?

M 4 Harry (16 Jahre) war an einem Wochenende mit seiner Freundin Clara in einer Disco. Kurz nach Mitternacht kam die Polizei und kontrollierte die Ausweise. Wie entschied die Polizei?

M 3 Aufregung gab es zu Hause, als Harry, gerade 14 Jahre alt, das gebrauchte Fahrrad von Ron Speiche für 100 Euro kaufte. Seine Mutter meinte: Minderjährige können das nicht. Ron Speiche stellte sich auf den Standpunkt: Gekauft ist gekauft, egal, ob der Käufer 14 oder 18 Jahre alt ist, und außerdem habe er bereits das Geld.
Minderjährige können selbstständig nur Geschäfte abschließen, die sie mit ihrem Taschengeld bestreiten können (s. Seite 174). Da Harry lediglich 30,– Euro monatlich Taschengeld zur Verfügung hat, hätte er zum Kauf die Zustimmung seiner Eltern benötigt. Ron Speiche muss das Fahrrad zurücknehmen und das Geld herausgeben.

M 2 Bei der Feier zu seinem 10. Geburtstag spielte er mit seinen Freunden im Garten Fußball. Bei einem missglückten Freistoß zertrümmerte er versehentlich die Fensterscheibe und eine wertvolle Vase im Hause seines Nachbarn Egon Klirr. Der Schaden des Nachbarn musste von Harry bezahlt werden. Warum wohl?

M 1 Als Harry vier Jahre alt war, starb seine Tante. Sie vererbte ihm ein Wohnhaus. Auch Kinder können erben, weil sie rechtsfähig sind.

Jugend und Recht

Das Recht begegnet uns überall

▶ Ludwig (13 Jahre) hatte gerade ein großes Fest gefeiert – seine Firmung. Die Verwandten hatten sich recht großzügig gezeigt und kauften keine Geschenke, sondern gaben ihm Bargeld. Alle wussten nämlich, dass er gerne einen eigenen Computer wollte, denn am gemeinsamen PC gab es immer wieder Streit mit seinem großen Bruder.
Eine Tastatur hatte er schon von seinem Freund, den Bildschirm vom Vater, weil dieser inzwischen einen Flachbildschirm benutzte. So benötigte er eigentlich nur noch den PC selbst. Ausgestattet mit 600 € Bargeld, machte er sich auf den Weg zum Händler um einzukaufen. Unterwegs checkte er noch einmal alles durch: Festplattengröße, Arbeitsspeicher, Rechengeschwindigkeit, Soundkarte, externe Anschlüsse – all dies wollte er beim Kauf beachten.
Im Laden schaute er sich zunächst einmal gründlich um und informierte sich dann auch noch bei einem jungen Verkäufer. Bald hatte er sich für ein bestimmtes Modell entschieden.
Doch welches Entsetzen: Der Händler wollte ihm das Gerät nicht verkaufen: „Ich kenne dich nicht. Ich weiß nicht, woher du so viel Geld hast, ob deine Eltern einverstanden sind! Komm doch mit deinen Eltern wieder!" Ludwig war den Tränen nahe und verließ zornig den Laden.

Kaufen ▶ Der Kauf einer Sache ist eine rechtliche Handlung. Solche Geschäfte führen wir täglich viele Male durch, ohne dass wir dabei an ein Rechtsgeschäft denken. Wir bestellen die Wurstsemmel zur Pause, geben Geld dafür und packen sie ein. Das ist bereits ein Kaufvertrag. Der Hausmeister bietet die Ware an, den Preis dafür hat er auf einer Tafel angeschrieben. Wenn wir die Semmel bestellen, sind wir mit seinem Angebot und seinem Preis einverstanden. Er wiederum erwartet, dass wir bezahlen, dass wir ihm mit richtigem Geld den Gegenwert dafür geben.

Kaufvertrag ▶ Wenn du am Nachmittag eine neue CD/DVD deines Lieblingsstars, ein Fan-Trikot oder auch nur ein Eis kaufst, dann kommt immer ein Kaufvertrag zustande. Dieser ist in den vorigen Fällen mündlich gewesen. Er kann auch schriftlich oder online abgeschlossen werden. Dies hängt von der Bedeutung und natürlich vom Preis der Ware ab.

Bürgerliches Gesetzbuch ▶ Regelungen, die Käufe und Verkäufe betreffen, sind im Bürgerlichen Gesetzbuch (BGB) niedergeschrieben.

A 1 Darf Ludwig so ein teures Gerät überhaupt kaufen?

A 2 Hat der Händler Recht, wenn er Ludwig nichts gibt?

A 3 Diese Fragen kannst du mit Hilfe des § 110 BGB lösen. Schlage dazu im Buch auf Seite 174 nach.

A 4 Für weitere Arbeiten mit dem Gesetz leiht ihr euch am besten in der Bücherei eine Ausgabe des BGB aus – es gibt dies auch als Taschenbuch.

A 5 Ergänze M1 durch eigene Erfahrungen.

Kurz und klar

▶ Gesetze gelten in einem Rechtsstaat ohne Ausnahme für alle. Sie legen die Rechte und Pflichten des Bürgers fest und regeln damit das Zusammenleben. Sie schützen den Einzelnen vor Übergriffen durch andere oder durch den Staat.

M1 Rechtsfälle im Alltag

Jugend und Recht

Aus Gesetzen ergeben sich Pflichten und Rechte

Warum muss ich zur Schule gehen?

A 1 Frage deine Eltern und Großeltern, wie lange sie zur Schule gingen. Warum dauert heute die Schulzeit länger?

M 1 Thomas auf dem Weg zur Schule

A 2 Denke an deinen augenblicklichen Wunschberuf. Wie lange dauert es noch, bis du mit deiner Ausbildung fertig bist?

A 3 Warum wollen die Kinder in Afrika unbedingt in eine Schule gehen und etwas lernen?

A 4 Möchtest du mit einem Kind auf dem Foto tauschen (M 2)? Begründe.

A 5 Schule schwänzen gilt bei manchen als „cool". Wie stehst du dazu (M 4)?

> Eltern verzweifeln: Alex (15) weigert sich, in die Schule zu gehen!

> Polizei bringt Schülerin (13) mit Streifenwagen in die Schule

M 4 Zeitungsüberschriften

M 2 Schule in einem Savannendorf. Die Abbildungen M 1 und M 2 zeigen Schüler. Beschreibe die Situation auf den Abbildungen und stelle dir die Stimmung vor. Überlege, zu welchem Bild die Überschrift „Warum muss ich zur Schule gehen?" passt.

Das Recht auf Bildung steht jedem Menschen zu. Der Staat ist dazu verpflichtet, Bildungseinrichtungen zu schaffen, um den Menschen die bestmögliche Ausbildung zu ermöglichen:

M 3 Artikel 128 (1) der Bayerischen Verfassung
▸ Jeder Bewohner Bayerns hat Anspruch darauf, eine seinen erkennbaren Fähigkeiten und seiner inneren Berufung entsprechende Ausbildung zu erhalten.

Die Schulpflicht wurde in Bayern erst 1802 unter Minister Graf Montgelas (s. Seite 154) eingeführt.

M 5 Nach Artikel 129 der Bayerischen Verfassung
▸ Alle Kinder sind zum Besuch der Volksschule und der Berufsschule verpflichtet.
Der Unterricht an diesen Schulen ist kostenlos.

Im Straßenverkehr gilt für alle Verkehrsteilnehmer die Straßenverkehrsordnung. Unser Staat hat diese Ordnung aufgestellt und sie gilt nur hier. Die Verkehrszeichen der Staaten werden einander zwar immer ähnlicher, doch gibt es Länder, in denen auf der linken Straßenseite gefahren wird, zum Beispiel in Großbritannien.

A 6 Die angeführten Unfälle (M 6) haben zwar verschiedene Gründe, aber eine Ursache: Die jeweiligen Fahrer haben sich nicht an die Verkehrsregeln gehalten. Diskutiert darüber.

A 7 Suche im Bußgeldkatalog (Internet), welche Strafe den Schnellfahrer aus M 6 erwartet.

A 8 Besorgt euch eine Ausgabe des Jugendschutzgesetzes.
Zeigt an einem Punkt die Einschränkungen für Jugendliche verschiedenen Alters auf und versucht diese zu begründen. Tragt eure Ergebnisse der Klasse vor.

> **Geisterfahrer verursacht schweren Verkehrsunfall: Drei Tote, ein Verletzter**

> **In der Kurve überholt – Motorradfahrer landet am Baum**

> **Mit 120 durch den Ort – Führerschein weg**

M 6 Schlagzeilen aus Zeitungen

M 7 Aus der Straßenverkehrsordnung StVO:
§ 1 Grundregeln
1. Die Teilnahme am Straßenverkehr erfordert ständige Vorsicht und gegenseitige Rücksicht.
2. Jeder Verkehrsteilnehmer hat sich so zu verhalten, dass kein anderer geschädigt, gefährdet oder behindert oder belästigt wird.

Das Jugendschutzgesetz soll die Jugendlichen in ihrer körperlichen und geistigen Entwicklung schützen.

M 8 Aus dem Abschnitt 2 „Jugendschutz in der Öffentlichkeit":
§ 4 (1) Gaststätten: Der Aufenthalt in Gaststätten ist Kindern und Jugendlichen unter 16 Jahren nicht gestattet.
§ 5 (1) Tanzveranstaltungen: Die Anwesenheit bei öffentlichen Tanzveranstaltungen darf Kindern und Jugendlichen unter 16 Jahren nicht gestattet werden.
§ 9 (1) Alkoholische Getränke: In Gaststätten, Verkaufsstellen oder sonst in der Öffentlichkeit dürfen Branntwein und andere alkoholische Getränke an Kinder und Jugendliche unter 16 Jahren nicht abgegeben werden.
§ 10 Rauchen: In der Öffentlichkeit darf Jugendlichen unter 16 Jahren das Rauchen nicht gestattet werden.

Jugend und Recht

Mit dem Gesetz im Konflikt

M 1 Auszug aus dem Strafgesetzbuch

§ 202 a
Wer unbefugt Daten, die nicht für ihn bestimmt und die gegen unberechtigten Zugang besonders gesichert sind, sich oder einem anderen verschafft, wird mit Freiheitsstrafe bis zu drei Jahren oder mit Geldstrafe bestraft.

§ 303 a
Wer rechtswidrig Daten … löscht, unbrauchbar macht oder verändert, wird mit Freiheitsstrafe bis zu zwei Jahren oder mit Geldstrafe bestraft.

§ 303 b
Wer eine Datenverarbeitung, die für einen fremden Betrieb … oder eine Behörde von wesentlicher Bedeutung ist, dadurch stört, dass er … eine Datenverarbeitungsanlage oder einen Datenträger zerstört, beschädigt, unbrauchbar macht, beseitigt oder verändert, wird mit Freiheitsstrafe bis zu fünf Jahren oder mit Geldstrafe bestraft.

§ 223
Wer eine andere Person körperlich misshandelt oder an der Gesundheit beschädigt, wird mit Freiheitsstrafe bis zu fünf Jahren oder mit Geldstrafe bestraft.

§ 223 a
Ist die Körperverletzung mittels einer Waffe, insbesondere eines Messers … begangen, so ist die Strafe Freiheitsstrafe von drei Monaten bis zu fünf Jahren.
Der Versuch ist strafbar.

A 1 Wie wird die Anklage jeweils lauten? Womit werden die Parteien ihr Handeln rechtfertigen? Wie würdest du als Richter entscheiden?

M 2 Die Kripo räumt bei „Hackern" auf

Hausdurchsuchung beim Hamburger Computer-Club
▸ „Einen riesigen Müllsack voll Papier haben die mitgenommen – da steckt meine halbe Existenz drin", klagte Steffen W., Vorsitzender des berühmten „Chaos-Computer-Clubs" in Hamburg. In der Nacht zum Dienstag hatten erstmals Polizei und Staatsanwalt die mutigen „Hacker" aus der Hansestadt heimgesucht. Sie sollen in die Computersysteme der europäischen Organisation für Kernforschung (CERN) in Genf und einer Computerfirma in Frankreich eingedrungen sein.
Vier Wohnungen von Mitgliedern des „CCC" wurden von einem Kommando aus Hamburger Kripobeamten des Fachdezernates Computerkriminalität, Mitarbeitern des Bundeskriminalamtes und französischen Polizisten am Montagabend „völlig überraschend" fachgerecht durchstöbert, viele Stunden lang. Als mutmaßliches Beweismaterial für die verbotenen Machenschaften des Club seien, so sagte am Dienstag Staatsanwalt Lothar K., „umfangreiche Unterlagen, Datenträger und elektronische Datenanlagen" beschlagnahmt worden. Die Fahnder hatten einen Durchsuchungsbeschluss des Amtsgerichts Hamburg vorgewiesen, nach dem die Computer-„Chaoten" in dem „Verdacht des Ausspähens von Daten" stünden. Die Hacker hätten sich in die Datenverarbeitung eingeschlichen und dabei wichtige Informationen zum Teil gelöscht und verändert, sodass den Unternehmen Schäden von noch unabsehbarer Höhe entstanden seien. Von CERN soll eine Strafanzeige vorliegen.
Steffen W. beteuerte gestern seine Unschuld: „Mit diesen ‚Einbrüchen' haben wir nichts zu tun."

m Nachbarstreit weitet sich aus
Aus den Notizen eines Rechtsanwaltes: ▸ Familie Huber und Familie Schmidt wohnen seit Jahren als Nachbarn in der Blumenstraße. Seit zwei Jahren sprechen sie nicht mehr miteinander. Angefangen hatte es mit dem neu erbauten Grill von Herrn Huber. Von nun an wurde es für ihn tägliche Routine, für das Abendessen auf der Terrasse zu grillen. Die Rauchwolken beim Anzünden des Feuers und später der Geruch des gegrillten Fleisches zogen den Schmidts regelmäßig um die Nase. Sie konnten sich am Abend nicht mehr auf der eigenen Terrasse aufhalten. Ihren Bitten, doch nicht jeden Tag zu grillen, kamen die Hubers nicht nach. Daniel Schmidt, der 12jährige Sohn, sann auf Rache und stellte seine Stereoanlage von nun bei offenem Fenster extrem laut ein, sodass die Hubers seine Rockmusik mithören mussten. Hubers konnten nun auch nicht mehr auf der Terrasse sitzen, doch gegrillt wurde weiterhin.
Beide Familien haben nun Rechtsanwälte eingeschaltet. Demnächst sehen sie sich vor Gericht wieder.

M 3 Einbruch in Jagdhütte?
Aus einem Polizeibericht
▶ Der 20-jährige Roger H. fuhr am Samstag gegen 19 Uhr in die Kreisstadt zu einem Discobesuch. In einem abgelegenen Waldstück, in der Nähe der Jagdhütte „Friedensruh", lag ein Radfahrer im Straßengraben. Offensichtlich war er verletzt. Roger H. hielt an und kümmerte sich um ihn. Der Verletzte konnte sich kaum bewegen und klagte über heftige Schmerzen im Brustbereich und am rechten Bein. H. rannte zum Jagdhaus zurück und rüttelte an der Tür. Da niemand öffnete, schlug er mit einem Stein die Scheibe ein und holte zwei Decken und eine Liege heraus um den verunglückten Radfahrer zu versorgen. Als er zurückkam, war ein weiterer Autofahrer am Unfallort. Dieser hatte bereits die Polizei und den Notarzt verständigt. Sie waren nach wenigen Minuten am Unfallort.

M 4 13-Jährige auf Diebestour im Kaufhaus
Eine Kaufhausdetektivin meldete:
▶ Gestern stellte ich eine 13-jährige Schülerin beim Verlassen des Geschäfts. Sie wurde von mir über längere Zeit beobachtet. Ich forderte sie auf in mein Büro zu kommen. Sie hatte über 40 Waren bei sich, die sie offensichtlich entwendet hatte. Sie trug drei T-Shirts übereinander. Kassenzettel konnte sie nicht vorweisen.

M 5 Auszubildender schuldunfähig?
Aus einem Polizeibericht
▶ Der 17 Jahre alte Auszubildende, dem schwere Körperverletzung mit Todesfolge zur Last gelegt wird, ist jetzt im Bezirkskrankenhaus psychiatrisch untersucht worden. Es soll geklärt werden, ob der Jugendliche zur Tatzeit an einer seelischen Störung litt, was sich auf die Schuldfähigkeit auswirken würde. Der Jugendliche hatte sich bei einem Fahrradunfall vor einigen Jahren schwerste Schädelverletzungen zugezogen, an deren Folgen er heute noch leidet, so der Rechtsanwalt des Angeklagten.

M 6 Schülerin wehrt sich mit Dachlatte
Aus einer Tageszeitung
▶ Eine Schülerin (16) wurde vom Vorwurf der schweren Körperverletzung freigesprochen. Sie hatte mit einer abgebrochenen Dachlatte das Schlüsselbein des 17-jährigen Schlossers Alex M. zertrümmert.
Das Gericht: Das Mädchen handelte in Notwehr. Sie wurde von dem jungen Mann erheblich belästigt und sah deswegen keine andere Möglichkeit sich zu wehren.

A 2 Wie lauten die strafbaren Tatbestände, die in dem Pressebericht auf Seite 166 (M 2) angesprochen sind? Nimm M 1 auf Seite 166 zu Hilfe.

A 3 Warum werden Roger H. und die 16-jährige Schülerin (M 3 und M 6) nicht bestraft?

A 4 Wer kann nicht bestraft werden?

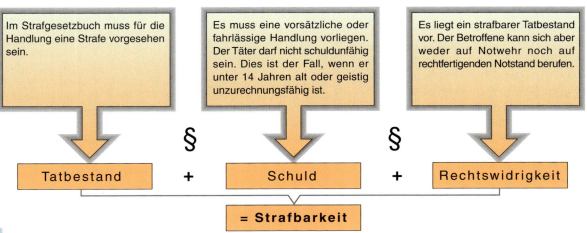

M 7 Voraussetzungen für Strafbarkeit

Jugend und Recht

Vor dem Jugendgericht

M 1 Im Haus überfallen
Frau M. ist in ihrem Haus überfallen worden. Der Täter bedrohte sie mit einer Waffe und raubte ihr die Geldbörse mit 350 Euro Inhalt.
Die Nachbarn verständigten die Polizei, denn Frau M. konnte vor Aufregung nicht telefonieren. Selbst Monate danach hat sie immer noch Herzrasen, wenn sie an dieses Ereignis denkt.
Nach umfangreichen Ermittlungen konnte die Polizei Ralf H. als Täter überführen. Er war geständig. Der Staatsanwalt erhob Anklage und es kam zur Hauptverhandlung, die von einem Jugendrichter geführt wurde.

Bei einer Meinungsumfrage über den Zweck des Strafens durch den Staat wurden von den befragten Menschen folgende Antworten am häufigsten gegeben:
- Die Strafe hat abschreckende Wirkung.
- Die Gerechtigkeit erfordert Vergeltung.
- Die Strafe ist eine Sühne für die Schuld des Täters.

Diese Befragung zeigt, dass viele Menschen beim Strafrecht zunächst an erwachsene Täter denken.
Für jugendliche Straftäter muss allerdings das Jugendstrafrecht angewandt werden. Die grundlegenden Regeln des Strafgesetzbuches gelten zwar auch hier, jedoch muss der Jugendrichter weitere erzieherische Überlegungen in seiner Entscheidung berücksichtigen (Jugendgerichtshilfe).
Das Jugendstrafrecht wird deshalb auch oft als Erziehungsrecht bezeichnet. Das Jugendgerichtsgesetz ergänzt das allgemeine Strafrecht. Jugendrichter und in der Jugendarbeit erfahrene Mitarbeiter des Jugendamtes wirken zusammen. Nicht die Bestrafung steht im Vordergrund, sondern der Gedanke der Wiedereingliederung des Jugendlichen in die Gemeinschaft spielt die vorrangige Rolle.
Dem Jugendlichen sollen Hilfen geboten werden, damit er auf den rechten Weg zurückfindet (= Resozialisierung).

Aufgaben der Polizei im Rechtsstaat
Die Polizeibeamten …
- schützen den Bürger rund um die Uhr,
- helfen dem Bürger bei der Sicherung seiner Ansprüche,
- bekämpfen die Kriminalität,
- klären Straftaten auf (Durchführung von Ermittlungen),
- leiten Erste-Hilfe-Maßnahmen ein, nehmen Unfälle auf,
- sichern Beweise und Spuren,
- schützen Besucher von Veranstaltungen,
- beraten Bürger.

M 2

Tipp: Zum Thema Jugend im Konflikt mit den Gesetzen gibt es eine Reihe von interessanten Ausgaben der Jugendliteratur.
Einige Beispiele daraus: Hans-Georg Noack, Rolltreppe abwärts
Inge Meyer-Dietrich, Und das nennt ihr Mut
Dieter Schliwka, Salto abwärts
Leiht euch diese Bücher aus oder lest sie als Klassenlektüre.

M 3 So könnte das Urteil eines Jugendrichters inhaltlich aussehen:

Aktenzeichen xy 39 78/05

Im Namen des Volkes

Urteil

Ralf H. ist eines Verbrechens des schweren Raubes schuldig.
Das Gericht erkennt auf eine Jugendstrafe von zehn Monaten, die auf Bewährung ausgesetzt wird.
Die Bewährungszeit wird auf zwei Jahre festgelegt.
Der Bewährungshelfer Martin G. wird ihn in dieser Zeit betreuen.
Er hat den Berufsschulbesuch fortzusetzen und seine Ausbildung als Mechaniker abzuschließen.
Er hat sich bei der geschädigten Frau M. zu entschuldigen und ihr den Schaden in Höhe von 350,– Euro zu ersetzen.
Innerhalb eines Zeitraumes von 12 Monaten hat er insgesamt 60 Stunden gemeinnützige Arbeit in einem Seniorenheim unentgeltlich abzuleisten.
Während der Zeit der Bewährung hat er seinen Wohnsitz bei seiner Mutter zu nehmen.
Angewandte Rechtsvorschriften: §§ 249, 250 Strafgesetzbuch sowie §§ 1, 3, 9, 10, 13, 15, 17–25 Jugendgerichtsgesetz.

Gründe

[Anmerkung: Jedem Urteil liegen eine umfangreiche Begründung bei und Hinweise, wie das Urteil angefochten werden kann.]

Die Kosten des Verfahrens trägt die Staatskasse.

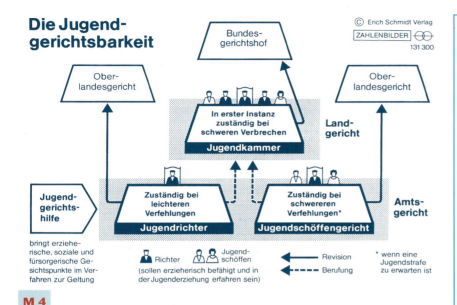

Das Gerichtsverfahren in einem Rechtsstaat:
- Das staatliche Handeln ist an die Gesetze gebunden.
- Die Staatsgewalt ist geteilt.
- Alle Bürger sind vor dem Gesetz gleich und werden in gleichen Fällen gleich behandelt.
- Die Menschenwürde, die Freiheit, das Eigentum und andere Grundrechte sind staatlich garantiert.
- Die Gerichte sind unabhängig und neutral.
- Ein ordentliches Beweisverfahren ist durchzuführen.
- Der Angeklagte kann sich äußern und einen Rechtsanwalt zu Rate ziehen.
- Die Entscheidung ergeht schriftlich und kann überprüft werden.
- Im Zweifelsfall ist für den Angeklagten zu entscheiden.

M 4

Je nach Tat, Persönlichkeit und Einsichtigkeit des Jugendlichen kann das Jugendgericht in seinem Urteil Folgendes festlegen:

Erziehungsmaßregeln
Zum Beispiel: Anordnung einer Heimerziehung oder einer Ausbildung; Verbot des Besuchs bestimmter Gaststätten und des Kontakts mit bestimmten Personen

Zuchtmittel
Zum Beispiel: Verwarnung, Auflage zur Zahlung eines Geldbetrages an eine gemeinnützige Einrichtung, Aufforderung zur Entschuldigung, Jugendarrest

Jugendstrafe
Zum Beispiel: Freiheitsentzug in einer Jugendstrafanstalt

A 1 Warum spielen im Jugendstrafrecht erzieherische Überlegungen eine besondere Rolle?

A 2 Wann wird ein Jugendrichter dennoch nicht umhinkommen eine Freiheitsstrafe zu verhängen?

A 3 Zeige Wege auf, wie gegen ein Urteil vorgegangen werden kann (M 4).

A 4 Diskutiert die Aussage: Die Polizei ist unverzichtbar in unserem Land (M 2).

A 5 Neulich stand in der Zeitung: Härtere Strafen verringern die Zahl der Straftaten. Besprecht diese Meinung in Gruppen.

M 5 Vor dem Jugendgericht

Jugend und Recht

Sicherung von Frieden und Freiheit

M 1 Tumulte auf dem Weg vom/zum Stadion

M 2 Schwerer Verkehrsunfall in der Nähe der Hauptschule

M 3 Ohne Baugenehmigung geht es nicht.

M 4 Auf dem Viehmarkt in Schneiselharting genügt noch der Handschlag

M 1

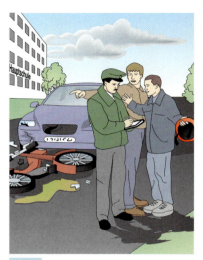

M 2

M 5 Artikel 2 des Grundgesetzes
▶ Jeder hat das Recht auf die freie Entfaltung seiner Persönlichkeit, soweit er nicht die Rechte anderer verletzt und nicht gegen die verfassungsmäßige Ordnung oder das Sittengesetz verstößt.

A 1 Welche Bedeutung hat Artikel 2 des Grundgesetzes für das Zusammenleben der Menschen?

M 3

M 4

Parlament (Bundestag)
▶ Die Bundesgesetze sind der wesentliche Teil der Rechtsordnung. Sie werden in Deutschland vom **Bundestag** beschlossen. Dort arbeiten die vom Volk gewählten Abgeordneten. Damit kommt in den Gesetzen indirekt der Wille des Volkes zum Ausdruck.
Über die Gesetze in den Bundesländern entscheiden die einzelnen **Landtage**.

Sind Gesetze notwendig? ▶ Beim Zusammenleben von Menschen entstehen immer wieder Spannungen, die entschärft und gelöst werden müssen. Unterschiedliche Interessen prallen aufeinander und müssen ausgeglichen werden.
Das Parlament, die Volksvertretung, legt deshalb für alle Menschen verbindliche Gebote und Verbote schriftlich fest.
Gleiche Behandlung und eine möglichst große Gerechtigkeit sollen verwirklicht werden.
Alle Lebensbereiche sind „rechtlich geregelt". Veränderte Situationen erfordern eine Anpassung und Erweiterung der Rechtsordnung.

Grundgesetz der Bundesrepublik Deutschland
Verfassung des Freistaates Bayern
Gesetze des Bundes und der Länder

Alle Gesetze des Bundes müssen mit dem Grundgesetz und die bayerischen Gesetze zudem mit der Bayerischen Verfassung im Einklang stehen.

M 6 Rangordnung innerhalb des geschriebenen Rechts

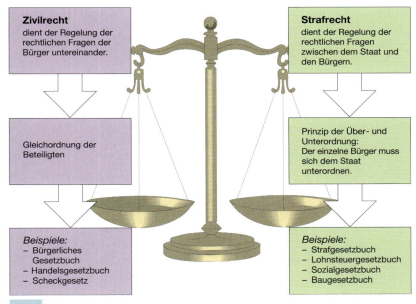

M 7 Zwei Hauptgebiete unserer Rechtsordnung

Fall 1: Der Bauer Max S. lässt seine Kühe auf der Wiese seines Nachbarn grasen. Dieser ist darüber sehr verärgert.
Prüfe die Angelegenheit anhand des § 823 Bürgerliches Gesetzbuch.

Fall 2: Der Mittelstürmer des FC Hackl versetzt während des Spiels dem Schiedsrichter einen Kinnhaken, weil dieser einen Elfmeter für die gegnerische Mannschaft des TSV Hausen gepfiffen hat.
Welche rechtlichen Folgen hat er zu erwarten?

Fall 3: Das Finanzamt schickt dem Unternehmer Egon W. einen Steuerbescheid über 36 000,– Euro. Dieser will nur 10 000,– Euro bezahlen.
Welches Rechtsgebiet ist betroffen? Welches Prinzip gilt bei diesem Rechtsgebiet? Muss Herr W. den Steuerbescheid akzeptieren?

M 8 Auszug aus dem Bürgerlichen Gesetzbuch
§ 823 Wer vorsätzlich oder fahrlässig das Leben, den Körper, die Gesundheit, die Freiheit, das Eigentum oder ein sonstiges Recht eines anderen widerrechtlich verletzt, ist dem anderen zum Ersatz des daraus entstehenden Schadens verpflichtet.

M 9 Auszug aus dem Strafgesetzbuch
§ 1 Keine Strafe ohne Gesetz. Eine Tat kann nur bestraft werden, wenn die Strafbarkeit gesetzlich bestimmt war, bevor die Tat begangen wurde.
§ 223 Körperverletzung
Wer eine Person körperlich misshandelt oder an der Gesundheit beschädigt, wird mit Freiheitsstrafe bis zu fünf Jahren oder mit Geldstrafe bestraft.

Kurz und klar
Rechtsverordnungen und Satzungen
- Die Ministerien können zur besseren Anwendung der Gesetze zusätzliche Regeln erlassen (so genannte Rechtsverordnungen).
- Gemeinden und Städte haben die Befugnis für ihren Bereich örtliche Regelungen zu beschließen. Man nennt sie Satzungen.

Jugend und Recht

Gleiches Recht für alle

A 1 Der Klassensprecher schlägt vor: „Geben Sie doch jedem Schüler eine Eins! Dann wird jeder gleich behandelt und alle sind zufrieden!" Nimm dazu Stellung.

A 2 Erkläre das Verhalten des Ordnungshüters (M 1).

M 1 Parksünder
▸ Der Ordnungshüter geht durch die Reihen der parkenden Autos. Immer wieder zückt er seinen Block, um Parksünder zu notieren und ihnen einen Strafzettel an die Windschutzscheibe zu stecken. Plötzlich stutzt er: „Das ist ja der Wagen unseres Oberbürgermeisters. Der hat sicher bloß vergessen, den Parkschein zu lösen." Ohne zu zögern geht er weiter zum nächsten Wagen.
Zuschauer Stefan S. ärgert sich, dass hier jemand „übersehen" und nicht bestraft wird. Eigentlich hätte er eine Gleichbehandlung aller Parksünder erwartet.

Die Rechtsgleichheit wird vom Grundgesetz vorgeschrieben (nach Artikel 3, GG)
▸ Alle Menschen sind vor dem Gesetz gleich.
▸ Männer und Frauen sind gleichberechtigt.
▸ Niemand darf wegen seines Geschlechts, seiner Abstammung, seiner Rasse, seiner Sprache, seiner Heimat und Herkunft, seines Glaubens, seiner religiösen oder politischen Anschauungen benachteiligt oder bevorzugt werden. Niemand darf wegen seiner Behinderung benachteiligt werden.

Diese Rechtsgleichheit bedeutet aber nicht, dass jeder Bürger vom Staat gleich behandelt wird. So sind beispielsweise die Steuersätze und gerichtliche Geldstrafen abhängig vom Einkommen.

Da in der Parkzone die entsprechenden Verkehrsschilder angebracht wurden, weiß jeder Autofahrer, wie er sich zu verhalten hat. Dies ergibt zusammen mit der Straßenverkehrsordnung die nötige Sicherheit, damit Tausende von Menschen sich mit geringer Gefahr bewegen können.

M 2 Ordnungshüter unterwegs

Kurz und klar
▸ Wir leben in einem **Rechtsstaat**. Alle Handlungen des Staates dürfen nur auf der Grundlage von Gesetzen erfolgen.
▸ Die **Rechtsgleichheit** sorgt für die Gleichheit der Bürger vor dem Gesetz.
▸ **Rechtssicherheit** bedeutet, dass Gesetze bindend sind und auch durchgesetzt werden.
▸ Rechtsstaat bedeutet, dass die Staatsgewalten aufgeteilt sind und sich gegenseitig kontrollieren. Man spricht von **Gewaltenteilung** (s. Seite 141).

Rechtssicherheit erleichtert das Zusammenleben vieler Menschen
Dazu gehören noch einige Grundsätze:
▸ Regelungen müssen eindeutig und erkennbar sein (zum Beispiel Verkehrszeichen).
▸ Vorschriften müssen lange Zeit gleiche Geltung haben.
▸ Übertretungen von Vorschriften werden geahndet; jeder Autofahrer kennt den Bußgeldkatalog.
▸ Vorschriften und Gesetze gelten ab einem bestimmten Termin, niemals rückwirkend.
▸ Die Gesetze werden vom Bundesverfassungsgericht (BVG) auf ihre verfassungsmäßige Ordnung überprüft.

Grundlagen für das menschliche Zusammenleben

Rechtsordnung ▶ Hierzu zählen alle Gebote und Verbote, die schriftlich festgelegt sind (zum Beispiel: Grundgesetz, Strafgesetzbuch). Der Staat kann die Einhaltung dieser Regeln erzwingen, auch gegen den Willen der Betroffenen. Wer sich nicht daran hält, muss mit einer Bestrafung rechnen.

Sitte – Brauch ▶ In allen größeren menschlichen Gemeinschaften (Religion, Volk) haben sich im Laufe der Zeit bestimmte Verhaltensweisen herausgebildet (zum Beispiel Tischsitten, Grußformen, Teilnahme an kirchlichen und weltlichen Festen). Die Menschen halten sich daran, wenngleich die Einhaltung nicht erzwungen werden kann. Oft ist die Kritik der Mitmenschen sehr hart, wenn der einzelne Mensch diese Verhaltensweisen nicht befolgt.

Moralische Vorstellungen ▶ Die „innere Stimme" des Menschen (Gewissen) sagt ihm oft, ob ein bestimmtes Verhalten gut, richtig oder notwendig ist.
Die Moral hat ihre Wurzeln im Religiösen. Je nach Weltanschauung, religiöser Einstellung oder dem Heimatland der Menschen können die Moralvorstellungen sehr verschieden sein. Sie verändern sich in größeren Zeitabständen. Es wird erwartet, dass sie eingehalten werden.

A 3 Nenne weitere Gesetze, mit denen du schon in Berührung gekommen bist.

A 4 Ordne die Bilder (M 3 – M 6) den einzelnen Fundamenten menschlicher Ordnung zu.

A 5 Was ist in deiner Gegend Sitte oder Brauch? Erstelle eine Liste.

A 6 Welche Ereignisse der Seiten 172 und 173 haben mit Moral zu tun?

M 3 Die Polizei nimmt einen Verdächtigen fest.

M 4 Der Münchner Oberbürgermeister zapft das erste Fass auf dem Oktoberfest an.

M 5 Gräberbesuch zu Allerheiligen

M 6 Ein gemeinsamer Spaziergang

Jugend und Recht

Wir arbeiten mit Gesetzestexten

Worauf muss geachtet werden?

Allgemein: Gesetzestexte sind oft schwierig formuliert, da sie für sehr viele Fälle „passen" müssen.
Sie müssen sehr genau gelesen werden.

Gesetze sind in Artikel (Art.) oder Paragraphen (§) unterteilt.

Mithilfe des Stichwortregisters findet man den Artikel oder Paragraphen, der für die Lösung des Falles benötigt wird.

Es muss immer der gesamte Artikel oder Paragraph gelesen werden. Manchmal ist es ratsam, auch die unmittelbar nachfolgenden Regelungen einzubeziehen.

Konkret: Kinder und Jugendliche unter 18 Jahren, Ausnahme: Kinder unter 7 Jahren; sie sind geschäftsunfähig (§ 104 BGB)

z. B. Kaufvertrag (§ 433 BGB)
Verkäufer: Käufer
Angebot : Annahme

Vater oder Mutter

gültig

§ 110
Bürgerliches Gesetzbuch (BGB)
„Taschengeldparagraph"

Ein von dem Minderjährigen ohne Zustimmung des gesetzlichen Vertreters geschlossener Vertrag gilt als von Anfang an wirksam, wenn der Minderjährige die vertragsmäßige Leistung mit Mitteln bewirkt, die ihm zu diesem Zwecke oder zur freien Verfügung von dem Vertreter oder mit dessen Zustimmung von einem Dritten überlassen worden sind.

Kaufpreis

Kauf eines bestimmten Gegenstandes

vom Taschengeld

Vater oder Mutter

Geld

z. B. Tante, Onkel, Großeltern

Gesetzestexte können geändert werden. Es muss immer geprüft werden, ob der gültige Text vorliegt.

Bei verschiedenen Regelungen gibt es Ausnahmen.

Die Bedeutung der Worte muss genau geprüft werden.

Gelegentlich werden verschiedene Gesetze benötigt um einen Fall zu lösen.

Wenn die Auslegung der Gesetze kompliziert ist, sollte ein Fachmann, zum Beispiel ein Rechtsanwalt, zu Rate gezogen werden.

Methoden-Werkstatt §

Aus einer Gaudi wurde bitterer Ernst ... ▶ Die Clique feierte ihr Sommerfest am Baggersee. Alle waren „sehr gut drauf". Kurz vor Mitternacht kam einer auf die Idee, man könne doch in dem benachbarten Wochenendhaus weiterfeiern. Aber alles war versperrt. Da nahmen die Freunde gemeinsam einen Anlauf und wuchteten die Tür auf. Sie feierten ausgiebig, räumten den Kühlschrank aus und nahmen anschließend noch eine Flasche Schnaps mit.

Am nächsten Tag entdeckte der Eigentümer die „nächtliche Überraschung" und erstattete Anzeige bei der Polizei.

Die Polizei ermittelte am Tatort, stellte Spuren und Beweismaterial sicher, befragte Badegäste und andere Eigentümer von Wochenendhäusern. Ein Kassenzettel über den Kauf einer Taucherbrille war am Tatort zurückgeblieben. Durch ihn kam es zur Aufklärung des Falles. Die Verkäuferin im Sportgeschäft konnte sich ziemlich genau erinnern, wer vor einigen Tagen eine Taucherbrille gekauft hatte.
Bei der Vernehmung des 17-Jährigen verwickelte sich dieser immer mehr in Widersprüche und gab schließlich seine Beteiligung zu.
Relativ schnell konnten dann seine Freunde ermittelt werden, die alle geständig waren.

Die Polizeibeamten erstellten einen umfangreichen Bericht und gaben ihn an die Staatsanwaltschaft beim Amtsgericht weiter. Alle Tatbeteiligten waren Jugendliche im Alter von 16 bis 19 Jahren, die in einem Ausbildungsverhältnis standen.
Lediglich einer war wegen einer ähnlichen Tat schon polizeilich registriert.

Der Staatsanwalt prüfte den gesamten Vorgang und hielt mehrmals Rücksprache mit den Polizeibeamten.

Die Jugendgerichtshilfe des Jugendamtes wurde eingeschaltet.

Es folgte das Hauptverfahren vor dem Jugendrichter.

Welche Fragen beschäftigten zunächst das Gericht?

- Liegt ein strafbarer Tatbestand vor?
- Sind die Angeklagten schuldig?
- Liegen Rechtfertigungsgründe vor?

Der Staatsanwalt erhebt die Anklage.

Die Beschuldigten können und sollen sich zum Vorwurf äußern. Sie können sich einen Rechtsanwalt zur Hilfe nehmen.

Letztlich muss das Gericht entscheiden, ob und in welchem Umfang die Jugendlichen bestraft werden sollen.

Staatsanwalt ▶ Er erhebt die Anklage und vertritt im Gerichtsverfahren die Interessen der Allgemeinheit (des Staates).

A 1 Wie werden die Beteiligten dieses Jugendgerichtsverfahrens in der Verhandlung argumentieren? Versucht diese Situation in einem Rollenspiel nachzustellen.
Dazu werden benötigt:
- Zwei Polizeibeamte,
- Staatsanwalt,
- Jugendrichter,
- Jugendgerichtshelfer des Jugendamtes,
- fünf Beschuldigte,
- Rechtsanwalt (für den Wiederholungstäter),
- folgende Gesetze (aus der Bibliothek):
Strafgesetzbuch,
Jugendgerichtsgesetz,
Kinder- und Jugendhilfegesetz.

Jugend und Recht

Wir besuchen eine Gerichtsverhandlung

Zuständig ist das **Amtsgericht Mühldorf a. Inn** als ordentliches Gericht der 1. Instanz in allen Zivil- und Strafsachen, Familien- und Vormundschaftssachen, Nachlass-, Grundbuchsachen und das Vereinsregister sowie für Insolvenz- und Zwangsversteigerungsverfahren und die übrigen Vollstreckungssachen.

Amtsgericht, Donnerstag, 10 Uhr: Zur Verhandlung kommt der Einbruch in ein Wochenendhaus am Baggersee (siehe Seite 175). Angeklagt sind der 17-jährige Patrick und seine Freunde Dennis (16), Fred (19), Richard (17) und Daniel (16).
Kurz vor Beginn ist der Verhandlungssaal schon gefüllt. Viele Jugendliche wollen sehen, wie es ihren Freunden vor Gericht ergeht, aber auch der Verein der Wochenendhausbesitzer ist stark vertreten.
Der Jugendrichter in schwarzer Robe betritt pünktlich den Raum, die Gespräche verstummen, die Anwesenden erheben sich. Nach der Begrüßung werden die Angeklagten zunächst zu ihren Personalien befragt. Vier sind noch minderjährig, alle im Ausbildungsverhältnis bei verschiedenen Betrieben und mit der Ausnahme von Dennis weder polizeibekannt noch vorbestraft.
Der Staatsanwalt erhebt Anklage. Er wirft den Jugendlichen Hausfriedensbruch vor, außerdem Sachbeschädigung mit erheblichem Schaden und besonders schweren Fall von Diebstahl von Lebensmitteln und Getränken.
Der Richter weist die Angeklagten auf das Recht hin, die Aussage zu verweigern. Dann nehmen sie zu den Vorwürfen Stellung. Sie sind geständig und geben alle ihre Beteiligung an dem Einbruch zu. Alle, besonders aber Fred, schieben die Schuld Patrick zu, der von allen als Boss angesehen wird und sie angestiftet haben soll. Beim Aufwuchten der Türe sei lediglich das Schloss kaputt gegangen, meint dann Richard. Daniel erklärt, dass sie danach nur noch wenig getrunken hätten. Der Schaden an Getränken sei also nicht so groß und sie würden diesen obendrein ersetzen.
Der Rechtsanwalt verweist dabei immer wieder darauf, dass die Jugendlichen zum Zeitpunkt der Tat bereits stark alkoholisiert waren und deshalb nur vermindert schuldfähig seien. Fred sollte nach seinem Wunsch noch als Jugendlicher behandelt werden.
Als Zeuge tritt der geschädigte Besitzer des Hauses auf. Er schildert dem Gericht, in welchem chaotischen Zustand er sein Haus vorgefunden habe und erwartet neben dem Schadenersatz auch eine saftige Strafe für die Jugendlichen.
Einige Zuhörer werden unter Androhung des Ausschlusses aufgefordert, nicht weiter lautstark dazwischen zu rufen.
Der Jugendgerichtshelfer vom Jugendamt beschreibt die Jugendlichen als vernünftig und verständnisvoll, die ihr Fehlverhalten durchaus eingesehen hätten.
Im Plädoyer weist der Staatsanwalt noch einmal auf die Schwere der Delikte und auf die Schuldfähigkeit der Angeklagten hin und wünscht eine Strafe zur Abschreckung.
Der Verteidiger sieht in der Tat einen groben, jugendlichen Unfug im alkoholisiertem Zustand und möchte nur eine Geldstrafe für die Jugendlichen.
Das Urteil wird nach einer kurzen Pause vom Richter verkündet.

A 1 Für diese Verhandlung werden folgende Artikel des Strafgesetzbuches StGB benötigt:
§§ 123, 242, 243,
§§ 20, 21, 25–27.
Außerdem werden aus dem Jugendgerichtsgesetz JGG angewandt:
§§ 1, 3, 9, 10, 13–18, 21–23.
Benutze die Bibliothek oder suche im Internet unter „Strafgesetzbuch" bzw. „Jugendgerichtsgesetz".

A 2 Kann Fred (19) als Jugendlicher behandelt werden?

A 3 Wie hättest du in diesem Fall entschieden? Begründe.

Methoden-Werkstatt §

Die Verhandlung im Gerichtssaal

Verhaltensregeln
Während der Verhandlung müssen die Anwesenden bestimmte Verhaltensregeln einhalten:
- Alle Beteiligten, auch die Zuschauer, erscheinen pünktlich zum angesetzten Verhandlungstermin.
- Alle Anwesenden erheben sich, wenn der Richter den Gerichtssaal betritt.
- Zuhörer dürfen während der Verhandlung nicht reden und dazwischenrufen.
- Zuhörer dürfen während der Verhandlung auch nicht essen oder trinken.
- Im Gerichtssaal darf nicht fotografiert oder gefilmt werden.

Äußerer Ablauf
Eine Gerichtsverhandlung folgt einem bestimmten Muster.

Beantworte diese Fragen:
- Welche Personen sind an der Verhandlung beteiligt?
- Wie treten die handelnden Personen auf?
- Welche Kleidung tragen sie?
- Welche Personen sind noch anwesend?
- Wie viele Zuschauer sind anwesend?
- Warum schauen die Zuschauer zu?
- Gibt es eine bestimmte Sitzordnung?
- Womit beginnt die Verhandlung?
- In welche weiteren Abschnitte ist es gegliedert?
- Treten Zeugen oder Sachverständige auf?

Inhalt des Verfahrens
Zur Verhandlung steht ein bestimmtes Vergehen gegen ein oder mehrere Gesetze.

Notiere.
- Was enthält die Anklageschrift?
- Wie lautet der Vorwurf?
- Muss der Richter den Angeklagten belehren?
- Steht der Angeklagte erstmals vor Gericht?
- Wie schildert der Angeklagte seine Tat?
- Wie will er seine Unschuld beweisen bzw. die Tat mildern?
- Welche Beweise führt die Anklage auf?
- Welchen Antrag stellt der Staatsanwalt?
- Wie sieht der Verteidiger den Fall?
- Was sagt der Angeklagte im Schlusswort?
- Wie lautet das Urteil? Wie wird es begründet?

Gerichtsinstanzen ▶ Der Gerichtsweg kennt mehrere Stufen, genannt Instanzen. Hält jemand der Beteiligten ein Urteil für nicht gerechtfertigt, so kann er beim nächsthöheren Gericht Berufung (neuer Prozess) oder Revision (Überprüfung) einlegen.

Bundesgerichtshof
▲
Oberlandesgericht
▲
Landgericht
▲
Amtsgericht

M 1 Ladendieb verurteilt

Aus einem Zeitungsbericht

▶ Vor dem Amtsgericht stand ein arbeitsloser 21-jähriger Mann. Er hatte in einem Kaufhaus CDs und DVDs im Wert von 300 Euro gestohlen. Die Richterin verurteilte ihn zu einer Geldstrafe in Höhe von insgesamt 250 Euro (25 Tagessätze á 10 Euro). Sie begründete dies damit, dass der Angeklagte nicht vorbestraft gewesen sei und nur ein geringes Einkommen, nämlich Arbeitslosengeld, bekomme.

A 4 Findest du das Gerichtsurteil gerecht (M 1)?

177

Auf dem hier gezeigten Gelände im Ruhrgebiet standen bis 1987 Hochöfen und ein Stahlwerk.
In den folgenden Jahren wurden die Industriebauten gesprengt.

Ab 1996 wurde hier das Centro Oberhausen errichtet. In dem größten Dienstleistungs- und Freizeitzentrum Europas arbeiten heute mehr Menschen als früher in den Industriehallen.

Deutschland

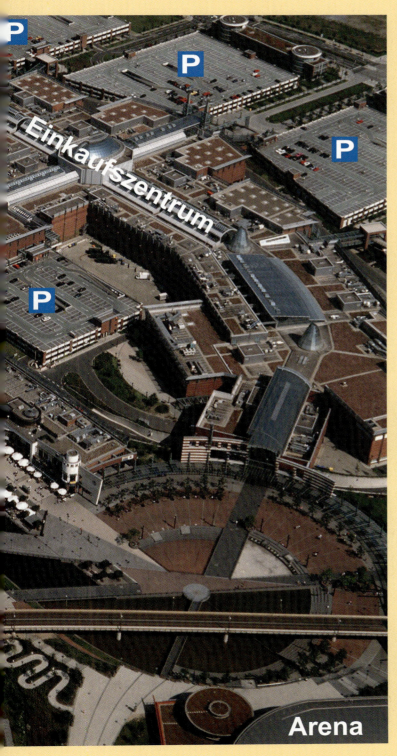

Lage Deutschlands

Deutschland liegt in der Mitte Europas. Es ist eine Wirtschaftsmacht, die in den letzten Jahrzehnten einen gewaltigen Wandel erlebte.

Industriegelände in Oberhausen 1960

Sprengung eines Hochofens 1987

Deutschland – vom Tiefland bis zum Hochgebirge

M 1 Der „Dreiklang" der Großlandschaften

M 2 An der Ostseeküste (Tiefland bis 200 m)

M 3 Im Schwarzwald (Mittelgebirge bis 1500 m)

M 4 Alpenvorland und Alpen im Allgäu (Hochgebirge über 1500 m)

A 1 Beschreibe Deutschlands Gliederung nach seinen Oberflächenformen. Miss die größte W-O-Erstreckung (M 1 – M 6, Atlas).

A 2 Nenne große Gebirgszüge des deutschen Mittelgebirgslandes (M 6 und Atlas).

A 3 Beschreibe das Gewässernetz in Deutschland (M1, M6, Atlas):
- Welche Flüsse fließen in S-N-Richtung?
- Welche in O-W- oder W-O-Richtung?
- In welche Meere münden die Flüsse?

M 5 Nord-Süd-Profil durch Deutschland

180

M 6 Satellitenbildkarte Deutschlands

Die Bundesrepublik Deutschland

Anleitung zum Spiel ▶ Auf den Spielkarten ist jeweils rechts der Name eines Bundeslandes und links der Name einer Landeshauptstadt eingetragen. Beginne am Start mit Bayern. Suche dann die zugehörige Hauptstadt. Finde dann die Hauptstadt von Hessen … Die Buchstaben auf den Spielkarten ergeben in der richtigen Reihenfolge den Namen eines Bundeslandes.

A 1 Nenne die Nachbarstaaten Deutschlands.

A 2 Erläutere den Namen unseres Staates (Republik = Staat).

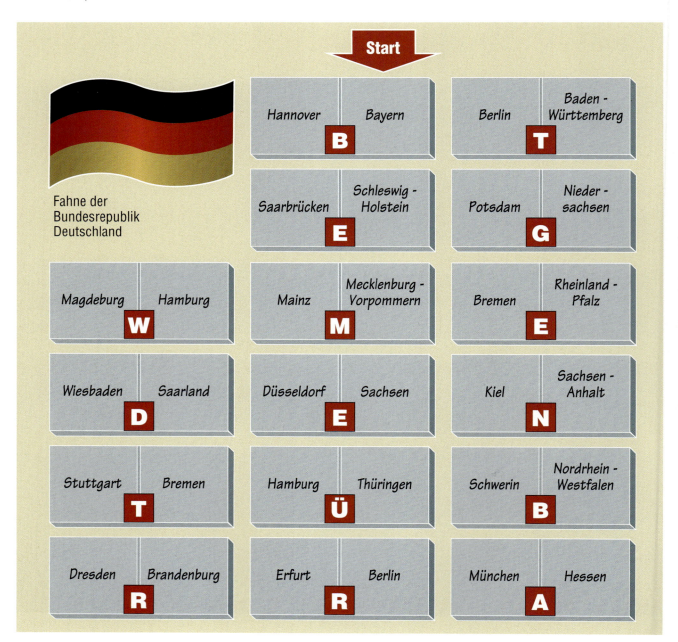

Deutschland – ein Industriestaat

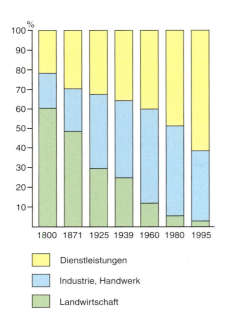

M 1 Entwicklung der Verteilung der Erwerbstätigen in den einzelnen Wirtschaftsbereichen

A 1 Beschreibe die Verbreitung der Industriegebiete in Deutschland (M 3).

A 2 Trage in eine Tabelle drei große Industriegebiete und ihre Industriezweige ein (M 3).

A 3 Welche Standortfaktoren sind für Industriebetriebe in deinem Heimatraum bedeutsam (M 2)?

A 4 Erläutere die Entwicklung der Verteilung der Erwerbstätigen in Deutschland (M 1).

Was sind Standortfaktoren?
Das sind die Bedingungen, die die Ansiedlung eines Unternehmens begünstigen.
- Harte Standortfaktoren sind Gelände, Lage, Rohstoffe, Energie, Verkehrsnetz und Arbeitskräfte.
- Als weiche Standortfaktoren gelten zum Beispiel die Nähe von Schulen und Hochschulen, Erholungs- und Freizeitmöglichkeiten, günstige Umweltbedingungen.

37 von 100 Erwerbstätigen arbeiten in der Industrie ▶ In Deutschland gibt es kaum eine Stadt ohne einen Industriebetrieb. Aber die Standortbedingungen für einen Industriebetrieb sind nicht überall gleich. Eine Eisenhütte braucht viel Platz und sie liegt dort, wo Eisenerz und Kohle vorkommen, oder wohin diese auf Flüssen und Kanälen kostengünstig transportiert werden können. Ein Betrieb, der Mikrochips herstellt, braucht in erster Linie hoch spezialisierte Fachkräfte. Für ihn sind die Rohstoffe nicht so wichtig.

In unserem dicht besiedelten Deutschland ist von besonderer Bedeutung, wie ein Industriebetrieb die Umwelt beeinflusst:
- Beim Bau von neuen Fabriken wird untersucht, ob sie den Boden, das Wasser oder die Luft verschmutzen.
- Alte Fabriken werden modernisiert: Abgasfilter werden eingebaut, die Industrieabwässer werden in Kläranlagen eingeleitet, der Lärm wird gedämmt.

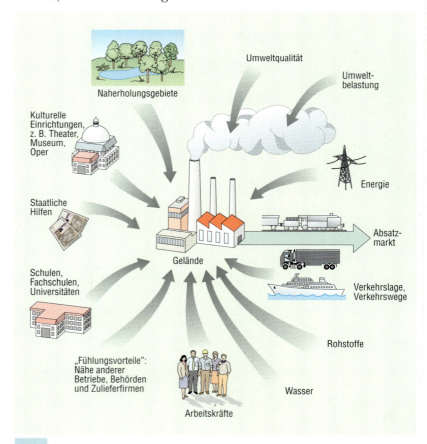

M 2 Standortfaktoren von Wirtschaftsunternehmen

M 3 Industriegebiete in Deutschland

Deutschland

M 1 Die Lage des Ruhrgebietes

Erz ▶ Metallhaltiges Gestein, aus dem man durch Schmelzen Metall gewinnt.
Zeche ▶ Bergwerk
Schachtanlage ▶ Der Zugang eines Bergwerks, der senkrecht nach unten führt.
Verhüttung ▶ Die Verarbeitung von Erzen im Hochofen zur Gewinnung von Metallen.
Schwerindustrie ▶ Steinkohlenbergbau, Eisen- und Stahlindustrie

Das Ruhrgebiet früher: Kohlenpott und Eisenschmiede Deutschlands

Das Ruhrgebiet – größter Verdichtungsraum Deutschlands

▶ In keinem Gebiet Deutschlands leben so vielen Menschen so dicht zusammen wie im Ruhrgebiet. Hier hat sich der größte und bedeutendste Wirtschaftsraum Deutschlands entwickelt. In diesem Gebiet befinden sich 14 Großstädte, von denen drei über eine halbe Million Einwohner aufweisen. Wie ist es zu diesem Verdichtungsraum an Rhein und Ruhr gekommen?

Steinkohlelager ▶ Sie wurden zu Beginn des 19. Jahrhunderts beiderseits des Flüsschens Ruhr entdeckt. Um den wertvollen Bodenschatz in der Tiefe abzubauen und nach oben zu befördern errichtete man Zechen. Die Kohle benötigte man zum Schmelzen des Eisenerzes (= Verhüttung).

Damals war der Bedarf an Eisen und Stahl so groß, dass man das Eisenerz sogar aus dem Ausland ins Ruhrgebiet brachte. Tatkräftige Unternehmer wie Krupp, Thyssen, Mannesmann oder Hoesch legten neue Kohlezechen an, gründeten Eisenhütten und bauten Fabriken für Lokomotiven, Eisenbahnschienen, Schiffe, Maschinen. Zu Tausenden strömten die Menschen aus Mittel- und Ostdeutschland, aus Polen und Holland ins Ruhrgebiet. Es entwickelte sich zum „Kohlenpott", zur „Eisenschmiede", aber auch zur „Waffenschmiede" Deutschlands.

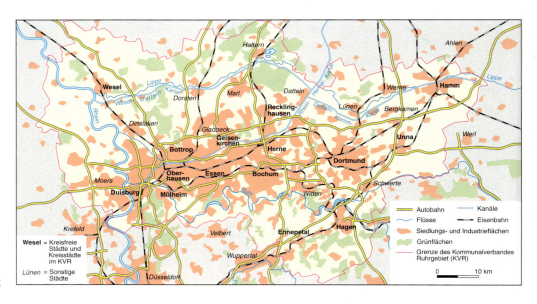

M 2 Das Ruhrgebiet

M 3 Essen von Südosten (1867)

M 4 Aus einem alten Erdkundebuch ▸ Kilometerlang dehnen sich im Ruhrgebiet Werkanlagen aus. Riesenschornsteine qualmen Tag und Nacht. Fördertürme ragen in den rauchigen Himmel der Industrielandschaft. Ein strenger Geruch nach Rauch und schädlichen Abgasen liegt fast ständig in der dickatmigen Luft. Ruß und Kohlestaub rieseln ununterbrochen aus der Dunstglocke auf das Meer von Häusern und Fabriken. Ohrenbetäubender Lärm herrscht in den Hüttenwerken. Schwerbeladene Güterzüge rattern zwischen Zechen, Kokereien, Eisenhütten und Walzwerken. Lastzüge und Omnibusse brausen über die Straßen der riesigen Ruhrstadt. Die eng gebauten Häuserzeilen der älteren Arbeitersiedlungen bieten keinen freundlichen Anblick.

Während des Zweiten Weltkrieges wurde das Ruhrgebiet weitgehend zerstört, aber nach dem Krieg wiederaufgebaut. Es entwickelte sich im Rahmen des deutschen „Wirtschaftswunders" wieder zum Zentrum der deutschen Schwerindustrie.

A 1 Beschreibe die Lage des Ruhrgebietes innerhalb Deutschlands (M 1 – M 3 und Seite 185).

A 2 Nenne Gründe dafür, warum das Ruhrgebiet zum größten Industriegebiet Deutschlands werden konnte (M 3 und M 5).

A 3 Zähle die größten Städte des Ruhrgebietes auf.
Welche dieser Städte sind die Heimat von Vereinen der Fußballbundesligen?

M 5 Hüttenwerk mit Arbeitersiedlung in Dortmund. Beachte die Verkehrsanschlüsse.

Deutschland

Krise und Wandel des Ruhrgebietes

M 1 „Kommen Sie zu uns!"
Aus der Ansprache des Oberbürgermeisters einer Großstadt im Ruhrgebiet vor Unternehmern 1965:

Unser Ruhrgebiet war bisher „einseitig auf Kohle, Eisen und Stahl ausgerichtet. Deshalb traf uns die Kohle- und Stahlkrise so hart. Wir müssen neue Industriebetriebe ansiedeln! Und wir bieten viele günstige Voraussetzungen!
- Betriebsgelände haben wir mehr als genug, seit so viele Kohlezechen und Eisenhütten geschlossen worden sind.
- Unsere Straßen und Eisenbahnlinien, die Flüsse und Kanäle sind hervorragende Verkehrswege.
- Wir verfügen über ein Heer von qualifizierten Arbeitskräften.
- Mit über fünf Millionen Menschen sind wir der größte Verbrauchermarkt Europas.

Das Ruhrgebiet hat Zukunft! Kommen Sie zu uns!

In den 1960er Jahren waren Heizöl und Erdgas sehr billig
▶ Die meisten Haushalte und Industriebetriebe stellten daher von der Steinkohle auf Heizöl oder Erdgas um. Kernkraftwerke wurden errichtet, die preiswerten Strom lieferten. Kohle aus Südafrika oder den USA wurde importiert, weil sie billiger war als Kohle aus dem Ruhrgebiet. Ausländischer Stahl wurde auf dem Weltmarkt billiger angeboten als deutscher Stahl. Außerdem wurden die Materialien Eisen und Stahl immer mehr von Kunststoffen verdrängt.

So zeigte sich ab 1960 die Krise im Ruhrgebiet
▶ Die Steinkohle wurde nicht mehr in den riesigen Mengen abgenommen wie früher. Deshalb wurden viele Millionen Tonnen auf Halde gelegt. Kohlezechen mussten schließen. Bergleute und Angestellte verloren ihre Arbeit.

Eisen und Stahl konnte nicht mehr in dem Maße verkauft werden wie früher. Eisenhütten und Stahlwerke wurden geschlossen. Die Menschen wanderten zu Tausenden aus dem Ruhrgebiet ab. Die Zahl der Arbeitslosen wuchs. Folglich verdienten auch die Gastwirte und Autohändler, die Spielwaren-, Bekleidungs- und Lebensmittelhändler weniger. Die Gemeinden nahmen kaum noch Steuern ein.

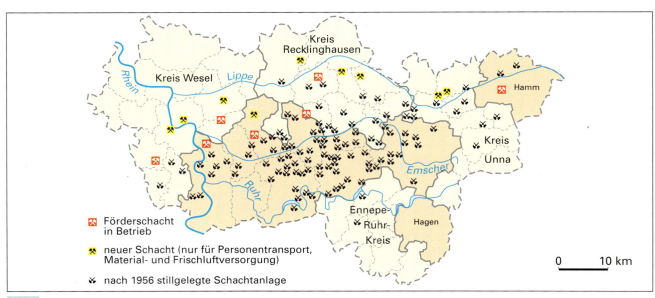

M 2 Zechenstandorte im Ruhrgebiet 1956 und 2002

	Steinkohlenzeche
	stillgelegte Zeche
	neue Nutzung durch:
	Industrie- und Gewerbebetriebe
	Wohnbebauung
	Grünanlagen
	vorwiegend Wohnbebauung
	Industrie- und Gewerbeflächen
	Verkehrsflächen
	Friedhof
	Wald
	Park-, Grün-, Sportanlagen
	landwirtschaftliche Nutzfläche, z. T. Freiflächen
	Autobahn
	Schnellstraße
	Bundesstraße
	sonstige Straßen
	Eisenbahn
	Industriebahn

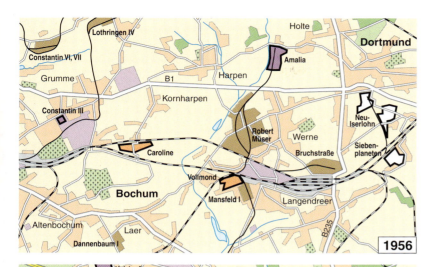

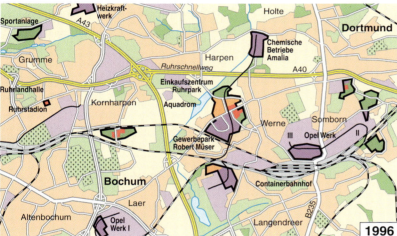

M 3 Steinkohlezechen in Bochum und ihre „Nachfolger"

Jahr	Förderanlagen	Beschäftigte in 1000	Förderung in Millionen Tonnen
1958	140	489	122
1969	56	203	110
1990	18	100	54
2002	7	37	19

M 4 Entwicklung des Steinkohlebergbaus im Ruhrgebiet

A 1 Berichte über die Entwicklung des Bergbaus im Ruhrgebiet (M 2 und M 4).

A 2 Nenne Ursachen und Folgen der Krise des Ruhrgebietes (M 1 – M 5).

A 3 Warum war das Ruhrgebiet so krisenanfällig?

A 4 Vergleiche die beiden Karten zur Entwicklung in Bochum. Beschreibe den Wandel, der sich dort ereignet hat (M 3).

	1820	1850	1871	1910	1940	1960	1980	2002
Essen	5	11	52	294	665	728	660	592
Dortmund	4	14	44	214	538	630	610	589
Duisburg	5	13	33	331	434	503	575	512
Gelsenkirchen	–	1	8	169	318	289	311	277

M 5 Entwicklung einzelner Großstädte des Ruhrgebiets (Einwohnerzahlen in 1000)

Das Ruhrgebiet heute – ein vielseitiger Wirtschaftsraum

A 1 Beschreibe den Wandel des Ruhrgebietes (M 1 – M 4 und Seite 178/179).

A 2 Erkläre, warum das Ruhrgebiet heute nicht mehr so krisenanfällig ist wie früher (M 1 – M 4).

A 3 Nenne die heutigen Standortbedingungen für Betriebe im Ruhrgebiet. Vergleiche sie mit den Standortbedingungen früher (M 1 – M 4).

A 4 Der Strukturwandel im Ruhrgebiet ist sichtbar: Flüsse sind sauberer, die Luft ist klar. Was hat sich noch geändert (M 2 – M 4)?

Der Wandel des Ruhrgebiets vom grauen Kohlenpott zum facettenreichen, vielfältigen Wirtschaftsraum begann in den 1960er Jahren

▸ 1963 wurde in Bochum die Ruhr-Universität gegründet. Eine Reihe von weiteren Hochschulen und Schulen folgten nach. Seitdem können die Schüler und Studenten im Ruhrgebiet Berufe erlernen, die es vorher hier nicht gegeben hatte.

▸ Es wurden Industriebetriebe gegründet, die im Ruhrgebiet früher nicht vertreten waren: Autofabriken, Elektro-, Möbel-, Bekleidungs-, Nahrungsmittelindustrie.

▸ In fast allen Städten sind Technologie- und Gründerzentren entstanden. Hier arbeiten junge Firmen mit Universitäten und Geldinstituten zusammen, ehe sie nach spätestens zehn Jahren das TGZ verlassen und sich zum Beispiel in einem benachbarten Technologiepark ansiedeln.

▸ Seit den 1990er Jahren lassen sich hoch spezialisierte Betriebe nieder. Sie haben die Schwerpunkte Umweltschutz, Recycling, neue Werkstoffe und Fertigungstechniken. Dazu kommen High-Tech-Firmen aus der Computersparte, Hersteller von Elektronikgeräten, Firmen für Kfz-Elektronik und Unterhaltungselektronik.

▸ In den letzten Jahren sind es immer mehr Dienstleistungsunternehmen, die neue Arbeitsplätze anbieten: Reisebüros, Gaststätten, Verkehrsbetriebe, Einkaufszentren.

M 1 Das „neue" Ruhrgebiet

M 2 Zeche Pörtingsiepen am Baldeneysee 1968

M 3 Auch das ist das Ruhrgebiet heute: das Erholungsgelände des Ruhrtales mit dem Baldeneysee

M 4 Renaturierung des Geländes der Zeche Pörtingsiepen 1985

Kurz und klar

- Das Ruhrgebiet hat einen Strukturwandel erfahren.
- Ursprünglich war es ein Bauernland, das wegen der Steinkohle im 19. Jahrhundert zum bedeutendsten Industriegebiet Deutschlands aufstieg.
- Ab 1960 erlebte das Gebiet das Zechensterben und die Stahlkrise.
- Seitdem wandelt sich das einseitige Industriegebiet zum vielseitigen Wirtschaftsraum.

Deutschland und die Weltwirtschaft

Deutschland gehört zu den größten Wirtschaftsmächten der Erde. Es führt so viele Waren aus wie kein anderes Land. Die meisten Waren exportiert Deutschland in die Staaten der EU. Ein freier Welthandel ohne Beschränkungen und ohne hohe Zölle ist für die deutsche Wirtschaft lebensnotwendig.

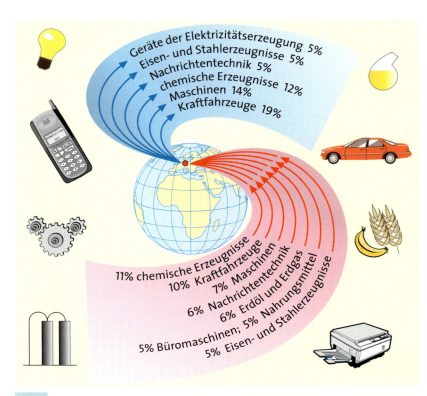

M 2 Anteile von Warengruppen an der deutschen Ein- und Ausfuhr 2002

	Einfuhr	Ausfuhr
USA	1180	730
Japan	350	571
Deutschland	486	404
Großbritannien	320	267
Frankreich	300	296
VR China	244	266
Italien	233	241
Kanada	221	260

M 1 Führende Welthandels-Länder 2001 (in Milliarden US-$)

A 1 Nenne Staaten, die mehr Waren aus Deutschland beziehen, als sie dorthin liefern – und umgekehrt (M 3).

A 2 Berichte über den deutschen Außenhandel mit den Staaten der EU (M 3).

A 3 Vergleiche die deutschen Einfuhren mit den Ausfuhren. Wodurch unterscheiden sie sich (M 2)?

A 4 Erläutere: Deutschland wird als Exportweltmeister bezeichnet (M 1).

M 3 Die wichtigsten Handelspartner Deutschlands 2003

Berlin – Hauptstadt und Dienstleistungszentrum

Berlin ist die Hauptstadt Deutschlands ▸ Hier haben der Bundespräsident, die Bundesregierung mit den Ministerien und der Bundestag ihren Sitz. Dazu kommen die diplomatischen Vertretungen anderer Staaten.

Berlin ist ein Dienstleistungszentrum ▸ Zeitungen und Rundfunk sowie Fernsehen, drei Universitäten und 14 Fachhochschulen, über 250 Forschungseinrichtungen, zahlreiche Theater, Museen und Sportstätten sind in der Stadt vertreten. 3,4 Millionen Menschen leben in der größten Stadt Deutschlands. Hier liegt der – nach dem Ruhrgebiet – zweitgrößte Verdichtungsraum Deutschlands. Berlin ist deshalb ein Verwaltungs- und Wissenschaftszentrum, ein kulturelles und wirtschaftliches Zentrum, ein touristisches und Verkehrszentrum, ein Geschäfts- und Wirtschaftszentrum. Die meisten Menschen verdienen ihren Lebensunterhalt in dem Wirtschaftsbereich der Dienstleistungen.
Was für Berlin zutrifft, gilt in fast dem gleichen Maße auch für die meisten Hauptstädte der Bundesländer sowie für eine Vielzahl von Großstädten, wie zum Beispiel das Finanzzentrum Frankfurt am Main.

> **Was sind Dienstleistungen?**
> ▸ Zu diesem Bereich der Wirtschaft gehören Verwaltung und Nachrichtenwesen, Bildung und Ausbildung, Handel und Verkehr, medizinische Versorgung, Rechtswesen, Fremdenverkehr und anderes.

A 1 Beschreibe die Lage Berlins innerhalb Deutschlands (Seite 194, M 1).

A 2 Berlin und die Hauptstädte der Bundesländer sowie die meisten Großstädte sind Dienstleistungszentren. Erkläre den Satz.

A 3 Nenne mehrere Berufe, die dem Bereich der Dienstleistungen angehören.

A 4 Zeige die Lage der Museumsinsel und des Potsdamer Platzes innerhalb Berlins (M 1, 2 und Seite 194/195, M 2).

M 1 Museumsinsel in der Stadtmitte

M 2 Potsdamer Platz mit Sony-Center

Deutschland

Hauptstadt Berlin

Berlin beliebt bei Städte-Touristen
Wiesbaden (dpa). Mit 7,7 Millionen Übernachtungen in- und ausländischer Gäste ist Berlin im vergangenen Jahr Spitzenreiter unter den deutschen Städten gewesen. Im erstmals für ganz Deutschland vorgenommenen Vergleich des Statistischen Bundesamtes lag die Hauptstadt vor München mit 6,5 Millionen Hotel- und Pensionsgästen.

M 1 Die Lage Berlins innerhalb Deutschlands

Bundeskanzleramt

Schloss Bellevue
Amtssitz des Bundespräsidenten

Reichstag
1884–1894 erbautes Parlamentsgebäude, Sitz des Deutschen Bundestages

Potsdamer Platz

M 2 Ausschnitt aus einer Panorama-Karte der Berliner Innenstadt

Brandenburger Tor
erbaut 1788–1791 nach griechischem Vorbild. Das Westtor des alten Berlins wurde zum Wahrzeichen der Stadt.

Museumsinsel
Im Dreieck zwischen Spree und Kupfergraben gelegen, findet man hier Berlins ältestes Ausstellungszentrum mit mehreren bedeutenden Museen.

Gendarmenmarkt
mit Deutschen Dom und Französischen Dom

Fernsehturm
Mit 365 Metern das höchste Bauwerk und ein modernes Wahrzeichen. In rund 200 Metern Höhe Aussichtsrundgang und Café. Am Alexanderplatz das 123 Meter hohe Hotel „Stadt Berlin".

Rotes Rathaus
Den roten Ziegeln verdankt der Sitz des Senats seinen Namen.

ehemaliger Palast der Republik

Unter den Linden
Reitweg zum Tiergarten, Prachtstraße vor allem im 18. Jahrhundert. Deutsche Staatsoper, St. Hedwigs-Kathedrale, Humboldt-Universität

ca. 1km

▲ = **Bundesministerien**

A 1 Suche auf dem Plan M 2 die Ministerien und die sonstigen Dienststellen des Bundes. Wie weit liegen sie vom Reichstagsgebäude entfernt?

A 2 Plane einen Rundgang durch die Innenstadt von Berlin. Lege dazu Transparentpapier auf den Plan und trage deine Route ein. Berücksichtige den Maßstab. Plane, wie viel Zeit du brauchst.

Landwirtschaft – Produktion wie in der Industrie?

Einige Zahlen zur Landwirtschaft in Deutschland:
- Vor 100 Jahren ernährte ein Landwirt vier Verbraucher, heute sind es 128.
- Vor 100 Jahren arbeitete jeder Dritte in der Landwirtschaft, heute sind es nur noch 2,4 Prozent.
- Neun Zehntel von dem, was wir essen und trinken, erzeugt die deutsche Land- und Ernährungswirtschaft.
- In den „alten" Bundesländern ist ein bäuerlicher Familienbetrieb im Durchschnitt 30 Hektar groß, in den „neuen" Bundesländern umfasst ein Landwirtschaftsbetrieb fast 200 Hektar.
- 93 Prozent der Landwirtschaftsfläche in den neuen Bundesländern bewirtschaften Großbetriebe (Agrargenossenschaften), in denen überwiegend Lohnarbeitskräfte beschäftigt sind.

> **Was ist eine Agrargenossenschaft?**
> Eine Vereinigung von Mitgliedern mit dem Ziel, gemeinsam Landwirtschaft zu betreiben und dadurch höhere Gewinne zu erzielen: durch gemeinsamen Einkauf, gemeinsamen Verkauf, gemeinsame Bearbeitung der Felder und Ställe u. a.

M 1 Einrichtungen einer Agrargenossenschaft

M 2 Getreideernte mit Mähdreschern

Die Steigerung in der Produktion durch immer weniger Menschen war nur möglich, weil die Landwirte ähnliche Herstellungsmethoden einsetzen wie in der Industrie:
▸ Sie spezialisierten sich auf Ackerbau oder Viehwirtschaft. Nur noch wenige Bauern betreiben beides.
▸ Sie setzen auf den Feldern und in den Ställen moderne Maschinen ein und können dadurch Arbeitskräfte einsparen.
▸ Sie verwenden Dünge- und Pflanzenschutzmittel.
▸ Sie bewirtschaften heute – im Unterschied zu früher – große Flächen, damit die Maschinen sinnvoll eingesetzt werden.
▸ Sie halten in den Ställen große Viehbestände, weil sie nur dadurch rentabel wirtschaften können.
▸ Sie wenden die Ergebnisse der wissenschaftlichen Forschung und des technischen Fortschritts an.

Bedenke: Unabhängig von ihren sonstigen Leistungen pflegen und erhalten die Landwirte unsere heimatliche Kulturlandschaft!

A 1 Erläutere: Landwirte sind Unternehmer, die viele Fähigkeiten besitzen müssen (M 2 und M 4).

A 2 Vergleiche die Produktionsweise in der herkömmlichen Landwirtschaft mit der in der Industrie (M 1 – M 4).

A 3 Wodurch unterscheiden sich ein bäuerlicher Familienbetrieb und eine Agrargenossenschaft?

A 4 Erörtere die Chancen und Gefahren einer industriellen Produktion in der Landwirtschaft.

M 3 Rinderstall

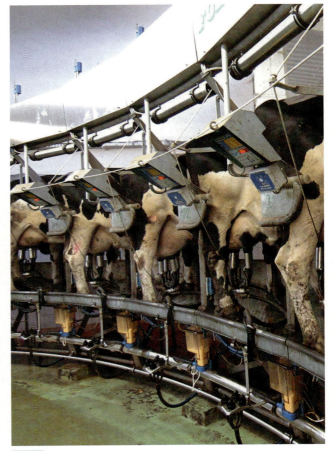

M 4 Melkanlage

Was macht ein Industrieland aus?

Was bedeutet „Industrie"?
Unter Industrie versteht man die Herstellung von Waren mit folgenden Eigenschaften:
- Sie werden in einer großen Stückzahl produziert.
- Sie sind in Aussehen und Qualität gleich.
- Für ihre Herstellung werden Maschinen verwendet.
- Für ihre Herstellung wird viel Energie eingesetzt.
- Zu ihrer Produktion benötigt man relativ viel Kapital.

Was versteht man unter einem Industrieland?
Aus einem Lexikon ▸ In einem Industrieland arbeitet ein großer Teil der Menschen in der Industrie; die meisten Menschen sind gut ausgebildet, üben verschiedene Berufe aus und erreichen ein hohes Pro-Kopf-Einkommen.
Die Verkehrsanlagen, Industriebauten, Städte und Wohnsiedlungen sind hoch entwickelt. Bevölkerung und Wirtschaft konzentrieren sich in großen Verdichtungsräumen. In den letzten Jahren haben in den Industrieländern die Dienstleistungen eine immer größere Bedeutung gewonnen.
Neben den Industrieländern gibt es die so genannten Entwicklungsländer, in denen die Menschen sehr viel ärmer sind als bei uns. Immer mehr Staaten der Erde entwickeln sich von Entwicklungsländern zu Industrieländern. Sie werden als Schwellenländer bezeichnet.

M 1 Menschen in Industrieländern gehen relativ lange zur Schule.

	Städtische Bevölkerung in %	Erwerbstätige in der Landwirtschaft in %	Säuglingssterblichkeit in %	Analphabeten unter den Frauen in %	Energieverbrauch in kg Öleinheiten/Ew.	Wirtschaftsleistung je EW in US-$
Deutschland	88	2,7	0,4	> 5	4 100	25 120
USA	77	2,6	0,7	> 5	8 160	34 100
Portugal	66	12,5	0,5	10	2 365	11 120
Tschechien	75	4,6	0,4	> 5	3 750	5 250
Russland	73	7	1,8	1	4 120	1 660
Indien	28	60	6,7	46	480	450
Brasilien	82	24	3,1	13	1 068	3 580
Mali	31	81	14,1	83	k. A.	240

M 2 Ausgewählte Merkmale von einzelnen Staaten

M 3 In ihrem Erscheinungsbild gleichen sich die Zentren der Industrie- und der Entwicklungsländer. Hier: Stadtzentrum von Buenos Aires

A 1 Berichte über die Entwicklung der Wirtschaftsbereiche in Deutschland (Seite 184, M 1).

A 2 Nenne wesentliche Merkmale eines Industrielandes (M 1 – M 4).

A 3 Vergleiche einzelne Merkmale der in der Tabelle aufgelisteten Staaten. Unterscheide zwischen Industrieländern, Schwellenländern und Entwicklungsländern (M 2).

A 4 Beschreibe die Darstellung Indiens in M 4 und vergleiche sie mit der Deutschlands.

A 5 Zeichne selbst ein Achsenkreuz der Entwicklung in dein Heft und stelle darin mehrere Staaten dar (M 4).

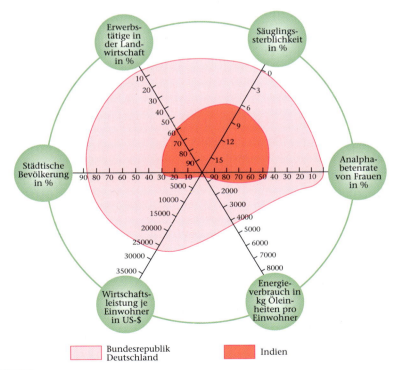

M 4 Achsenkreuz der Entwicklung. Die in der Tabelle M 2 aufgelisteten Merkmale werden in der Grafik anschaulich dargestellt. Beachte die Einteilung der sechs Skalen.

Kurz und klar

Folgende Merkmale kennzeichnen ein Industrieland:
- hohe Wirtschaftsleistung,
- hoher Energieverbrauch,
- Erwerbstätigkeit in Industrie und Dienstleistungen,
- dichtes Verkehrsnetz,
- hoher Bildungsstand,
- gut ausgebautes Gesundheitswesen.

199

Deutschland

Kennst du dich in Deutschland aus?

A 1 Die meisten Antworten auf die folgenden Fragen findest du in der nebenstehenden Bildkarte. Schreibe die gesuchten Begriffe in dein Heft. Jeder Punkt steht für einen Buchstaben (Ü = UE). Die durch rote Ziffern gekennzeichneten Buchstaben ergeben, von oben nach unten gelesen, den Lösungsspruch.

- In der Ostsee liegt ......, die größte Insel Deutschlands
- Diese Großstadt ist das Zentrum des Ruhrgebiets: .....
- Wilhelm Busch, nahe Hannover geboren, war der Erfinder der beiden bösen Buben ... und ......
- Der „Pyr", ein Pinienzapfen, ist das Wappensymbol von ....
- In der Pfalzkapelle zu ...... ist Karl der Große begraben
- Der Zwinger ist ein Barockschloss in der sächsischen Stadt .... an der Elbe
- Der ....-.....-..... verbindet den Main mit der Donau
- Die Steinerne Brücke und der gotische Dom sind die Wahrzeichen von ....
- Der Liebfrauendom mit seinen beiden Türmen steht in der bayerischen Landeshauptstadt ....
- Die Hafenstadt .... an der Elbe gilt als „Deutschlands Tor zur Welt"
- Viele Touristen besuchen jedes Jahr die Insel .... inmitten der Nordsee
- Ein Bankenhochhaus ist das Symbol für die Bankenstadt .... am Main
- Die Wartburg erhebt sich über Eisenach am Rande des .... Waldes
- In .... wirkte der große deutsche Komponist Johann Sebastian Bach
- .... ist die Stadt mit dem größten Bierausstoß in Deutschland
- Die Lebkuchen und die Spielwarenmesse sind mit dem Namen der Stadt .... verbunden
- Das Münster zu ... besitzt den höchsten Kirchturm in Deutschland
- Als große Wasserstraße verbindet der .... Berlin mit dem Rheinisch-Westfälischen Industriegebiet
- Dass man in der Hauptstadt Hessens auch baden kann, sagt schon ihr Name: ....
- Auf dem größten oberbayerischen See, dem ...., lässt sich gut segeln
- Die Heidschnucken grasen auf der ....
- Viele Seebäder finden sich auf den .... vor der Küste Schleswig-Holsteins
- Nach alten Sagen tanzen die Hexen auf dem Brocken im ....
- Roland der Riese steht am Rathaus zu ......
- Vier-Tore-Stadt nennt sich .... in Mecklenburg-Vorpommern

200

Naturkräfte bedrohen den Menschen

Immer und überall beeinflussen die Kräfte der Natur den Menschen und seinen Lebensraum. Vulkane brechen aus, Flüsse treten über ihre Ufer, Erdbeben erschüttern die Erdoberfläche, Lawinen stürzen zu Tal, Orkane rasen über das Land…

Diese Naturereignisse bezeichnen wir als Katastrophen, wenn durch sie Menschen zu Schaden kommen.

Lassen sich diese Ereignisse vorhersagen? Können wir uns vor Naturkatastrophen schützen?

linke Seite:
Obdachlose nach einem Erdbeben in Osaka/Japan

Suche nach Erdbebenopfern in der Osttürkei

Ausbruch des Mount St. Helens/USA 1980

rechte Seite:
Thailand während der Tsunami-Katastrophe 2004

Naturkräfte bedrohen den Menschen

Ein Vulkan bricht aus

M 2

Augenzeugenbericht des niederländischen Oberleutnants Campen vom Ausbruch des Krakatau:

Sonntag, 26. August 1883 ▶ Seit drei Monaten hatten wir verfolgt, wie immer wieder Aschewolken von der kleinen Insel in der Meerenge zwischen Sumatra und Java aufstiegen. Am Sonntag, nachmittags um vier Uhr, schlug unser Interesse in Entsetzen um. Nun begannen mit schwerem Donnergetöse die Ausbrüche des Krakatau. Sie waren von fürchterlichen Blitzen und Donnerschlägen begleitet. Am dunklen Himmel zeigte sich ein gewaltiges Feuerwerk. Wie Raketen sausten Feuerkugeln durch die Luft. Dann setzte Ascheregen ein. Es wurde so dunkel, dass man die Sonne nicht mehr sehen konnte.

Montag, 27. August 1883 ▶ Die Asche bedeckte das gesamte Küstenland im Westen von Java. Das Land glich einer schneebedeckten Wüste. Am Morgen zeigte sich im Westen eine Unheil drohende, von Blitzen durchzuckte schwere Wolke, die sich immer weiter ausbreitete. Da erfolgte in den späten Morgenstunden plötzlich ein furchtbarer, alles übertönender und betäubender Schlag. Zugleich erhob sich ein furchtbarer Sturm, der noch in 100 Kilometern Entfernung vom Vulkan die Äste von den Bäumen brach. Es wurde immer dunkler. Dann fiel schwerer Schlammregen.
Das Meer zog sich weit zurück, um sich wieder mit voller Wucht auf den Strand zu wälzen, jeden Widerstand vernichtend. Dieses furchtbare Schauspiel wiederholte sich dreimal. Über 30 Meter hoch waren die Wellen, die das gesamte Küstenland überfluteten.

Dienstag, 28. August 1883 ▶ Der Krakatau ist verschwunden. Nur noch einzelne Felsen ragen aus dem Meer hervor. Ganze Städte und Dörfer mit Tausenden von Einwohnern sind vom Erdboden getilgt.

M 1 Lage des Krakatau

Die Erdkruste ist in viele einzelne Platten zerbrochen. Wo diese Erdplatten nicht fest miteinander verschweißt sind, ist die Erdkruste nicht starr. Dort liegen die Schwächezonen der Erde. Dort kommt es zu Vulkanausbrüchen und Erdbeben.

A 1 Stelle die Lage des Krakatau fest (M 1 und Atlas).

A 2 Beschreibe mit eigenen Worten den Ausbruch des Krakatau (M 3).

A 3 Nenne die möglichen Folgen von Vulkanausbrüchen (M 3 und M 4).

A 4 Erläutere, wo auf der Erde besonders viele Vulkane vorkommen (Seite 207, M 3).

A 5 Sammle Zeitungsberichte zu Vulkanausbrüchen.

M 3 Zeichnung eines Schiffspassagiers kurz vor dem Ausbruch des Krakatau vom 27. August 1883: Dichte, schwarze Aschesäulen breiten sich in der Höhe pilzartig aus.

M 4 Im Riesenkrater des alten Krakatau baute sich nach vielen Jahren der Kleine Krakatau (Anak Krakatau) auf, ein Inselvulkan. Er ist ständig aktiv und fördert Lava und Asche.

M 5 Bericht eines Erdwissenschaftlers ▶ Der Ausbruch des 2000 Meter hohen Krakatau gehört zu den gewaltigsten Vulkanausbrüchen, die jemals Menschen erlebt haben. Am 27. August 1883 schossen unvorstellbar große Mengen Gas und Lava durch den Schlot des Vulkans nach oben. Wie der Korken einer Sektflasche wurde der oberste Pfropfen der Erdkruste weggesprengt. Den Knall hörte man noch in 5000 Kilometern Entfernung. 700 Kilometer weit konnte man den Ausbruch sehen. Die Asche stieg bis in 80 Kilometer Höhe auf und verdunkelte erdweit zwei Wochen lang die Sonne. Noch drei Jahre später gab es besondere Dämmerungserscheinungen in der Atmosphäre. Eine Fläche von der doppelten Größe Deutschlands wurde von einem Ascheregen bedeckt.

Insgesamt sind 18 Kubikkilometer Material ausgestoßen worden.
Als die unterirdischen Magmakammern geleert waren, brach der Vulkan in sich zusammen. Es bildete sich ein Riesenkrater. Meerwasser stürzte in die Tiefe, traf auf das glühende Gestein und wurde explosionsartig als über 20 Meter hohe Riesenwelle ausgeschleudert. Die „Killerwelle" raste bis zur 40 Kilometer entfernten Insel Java. Dort riss sie bis 25 Kilometer landeinwärts alles mit sich fort. Dabei kamen 36 000 Menschen ums Leben.
Seit dem Januar 1928 wächst im Riesenkrater des ehemaligen Vulkans ein kleiner Inselvulkan über den Meeresspiegel empor, der Anak Krakatau. Weil er ständig glühende Lavabomben auswirft, darf die Insel nicht betreten werden.

Naturkräfte bedrohen den Menschen

Erdbeben erschüttern die „feste" Erdkruste

Wie entstehen Erdbeben? ▶ Die Erdkruste besteht aus vielen einzelnen Erdplatten (M 3), die auf dem zähflüssigen Gestein des Erdmantels „schwimmen". Wo die Platten aneinander stoßen, verhaken sie sich. Wenn eine Platte sich von einer anderen entfernt, zerreißt das Gestein. Dabei wird die Erdkruste erschüttert.

Alle 30 Sekunden bebt die Erde ▶ Die Erde bebt somit ungefähr eine Million mal im Jahr. Davon spürt der Mensch etwa 10 000. Es sind aber nur wenige Erdbeben, die große Schäden anrichten. Wie hoch der Schaden ist, den ein Erdbeben anrichtet, das hängt von mehreren Voraussetzungen ab:

▶ Ist das betroffene Gebiet dicht oder dünn besiedelt?
▶ Welche Gebäude stehen in dem Erdbebengebiet? Aus welchem Material sind sie errichtet?
▶ Um welche Uhrzeit ereignet sich das Beben?
▶ Zu welcher Jahreszeit bebt die Erde?

Schutzmaßnahmen ▶ Schutzmaßnahmen ergreifen die Menschen, um die Schäden gering zu halten. Man baut möglichst erdbebensichere Häuser, die gefedert sind und auf Rollen stehen. Es werden Anweisungen verbreitet, wie die Menschen sich im Katastrophenfall verhalten sollen. In den Schulen wird geübt, was die Kinder im Falle eines Erdbebens tun sollen. Notunterkünfte werden errichtet. Hilfsmannschaften proben den Ernstfall.

Was sind Tsunamis?

▶ Darunter versteht man Meereswellen, die eine gewaltige Energie entwickeln. Auf dem offenen Meer sind die Wellen nur wenige Dezimeter hoch, sie können aber am Ufer bis zu 30 Meter hoch werden. Mit einer Geschwindigkeit von über 500 Stundenkilometern breiten sie sich aus und verrichten an den Küsten ihr Werk der Zerstörung.
▶ Tsunamis werden in erster Linie durch Erdbeben und Seebeben ausgelöst.
▶ Am 26. Dezember 2004 fielen rund um den Indischen Ozean über 300 000 Menschenleben einem Tsunami zum Opfer. Er war durch ein starkes Seebeben vor der Insel Sumatra ausgelöst worden.
▶ Die Staaten rund um den Pazifik haben bereits vor langer Zeit einen Tsunamiwarndienst eingerichtet.

A 1 Nenne Schäden, die durch Erdbeben entstehen (M 1 und Seite 202).

A 2 Erkläre, wodurch es zu Erdbeben kommen kann.

A 3 Wie kann der Mensch sich vor den Folgen von Erdbeben schützen (M 2)?

A 4 Berichte über die Verbreitung von Erdbeben (M 3 und Atlas).

M 1 Durch Erdbeben zerstörte Häuser in Süditalien

Ein Experiment zur Ausbreitung von Wellen

Schlagt mit der Hand oder mit einem Gegenstand an den Rand der Wasserschüssel. Beobachtet die Wasseroberfläche.

M 2 Das Transamerica Building in San Francisco ist ein erdbebensicher errichtetes Gebäude. Es ist 260 Meter hoch und kann die Belastung durch starke Erdbeben aushalten, weil sein tragendes Element aus elastischen Stahlsäulen besteht. Es schwingt bei einem schweren Erdbeben wahrscheinlich nur 60 Zentimeter weit aus.

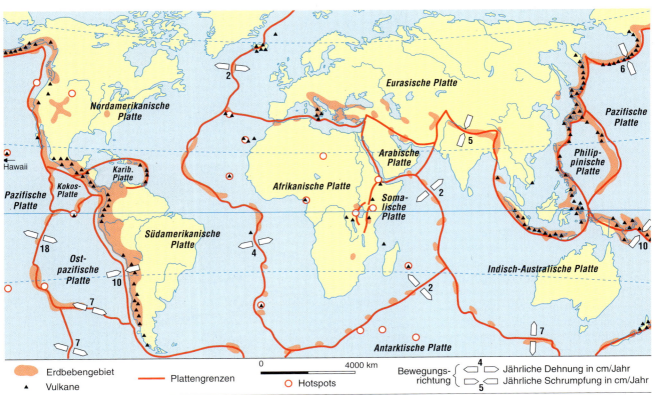

M 3 Die Erdkruste ist ein Mosaik aus Erdplatten

Naturkräfte bedrohen den Menschen

Stürme fegen über das Land

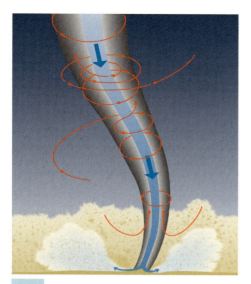

M 1 Querschnitt durch einen tropischen Wirbelsturm

Was sind Hurrikane und Taifune? ▶ Hurrikan und Taifun sind zwei Namen für die gleiche Erscheinung: tropische Wirbelstürme. Im Sommer und Frühherbst sind die Ozeane nahe dem Äquator mit einer Temperatur von mindestens 26°C besonders warm. Die Luft steigt sehr hoch auf, kondensiert und bildet riesige Quellwolken. Kältere Luft strömt von außen in einem Bogen zu, ein Wirbel entsteht. Er kann einen Durchmesser von über 500 Kilometern erreichen. In der Mitte besitzt er ein fast windstilles „Auge", um das herum sich Orkane mit über 200 Stundenkilometern drehen.

Der Wirbelsturm schiebt eine meterhohe Wasserwand vor sich her, die die tief gelegenen Küstengebiete verwüstet. Flüsse schwellen an und treten über die Ufer. Diese Flutwellen richten größere Schäden an als die Wirbelstürme selbst.

M 2/3 Im August 1969 zog ein Wirbelsturm über den Süden der USA hinweg. Dabei überquerte er auch diesen Landsitz in Pass Christian im Mündungsgebiet des Mississippi. Stürme mit einer Geschwindigkeit von 300 Stundenkilometern umkreisen das „Auge" des Hurrikans. Der Sturm drückte eine mehrere Meter hohe Wasserflut auf das Land. Starker Regen prasselte nieder. Sturm, Regen und Flut verrichteten ihr Werk der Zerstörung.

Stürme über Europa ▶ Wenn die Luftdruckgegensätze besonders groß sind, kommt es auch bei uns zu Orkanen mit über 100 Stundenkilometern Geschwindigkeit. Dann werden Bäume entwurzelt, Häuser abgedeckt, Hochspannungsleitungen zerrissen. Der Verkehr kommt zum Erliegen. Wegen der dichten Besiedelung Europas richten die Stürme große Schäden an. Wissenschaftler vermuten, dass es bei einer weiteren Erwärmung der Atmosphäre durch den Menschen zu noch mehr Sturmkatastrophen kommen wird.

A 1 Erläutere den Aufbau eines tropischen Wirbelsturmes (M 1).

A 2 Nenne Schäden, die durch Stürme entstehen (M 2 – M 4). Denke auch an die Flutwellen.

A 3 Beschreibe die Zugbahnen der tropischen Wirbelstürme. Nenne Staaten, die durch Wirbelstürme besonders betroffen sind (M 5).

Kurz und klar

▶ Tropische Wirbelstürme bewegen sich zwar nur langsam vorwärts, aber die Luftmassen rasen mit ungeheurer Geschwindigkeit um das Zentrum des Wirbelsturmes herum. Dadurch richten sie große Schäden an.

M 5 Verbreitung von tropischen Wirbelstürmen. Sie entstehen über den tropischen Meeren und bewegen sich mit einer Geschwindigkeit von etwa 30 Stundenkilometern westwärts. Bevor sie einen Kontinent erreichen, schwenken sie nach Norden oder Süden ein.

M 4 Sturmschäden in einem Wald

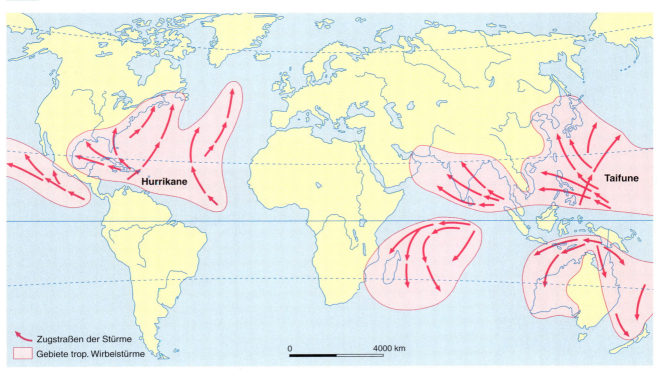

Naturkräfte bedrohen den Menschen

Lawinen – die weiße Gefahr in den Bergen

Fünf junge Skifahrer von Lawine begraben: Sie achteten nicht auf die Warnungen des Lawinendienstes!

Verschüttete Straßen versperren Touristen den Heimweg.

Dörfer durch Lawinen von der Außenwelt abgeschnitten.

M 1 – 6

Wodurch entstehen Lawinen?

Lawinen sind Schneemassen, die an Gebirgshängen abwärts gleiten oder stürzen. Sie entstehen, wenn in kurzer Zeit viel Neuschnee fällt, der sich nicht mit dem darunter gelegenen Altschnee verbinden kann. Dann besteht die Gefahr, dass der Neuschnee abgleitet. Als Schneebrett rutscht er zu Tal und ruft große Zerstörungen hervor. Trockener Neuschnee/Pulverschnee kann leicht vom Wind zu Wächten aufgetürmt werden, die abbrechen und als Staublawinen niedergehen.

Wenn es warm wird, sickert das Schmelzwasser durch und wirkt wie ein Schmiermittel, auf dem die auflagernden Schneeschichten – zum Beispiel feuchter Neuschnee/Pappschnee – talwärts gleiten.

Die Bedeutung des Waldes

Den wirksamsten Schutz der Menschen, ihrer Siedlungen, Verkehrswege und Felder vor Lawinen bildeten immer die dichten, geschlossenen Bergwälder. Seit rund 150 Jahren sind deshalb manche Wälder unter Schutz gestellt worden (= Bannwald).

Die meisten Bergwälder wurden gerodet; in viele sind Schneisen für Skiabfahrten und Straßen geschlagen worden. Manche werden durch einen zu hohen Wildbestand verbissen. Dadurch verlieren sie die Kraft, Lawinen aus Schnee oder Geröll zurückzuhalten.

Wenn der Wald dort fehlt, wo die Lawinen abgehen, errichtet man an diesen Stellen teurere Schneeverbauungen.

Lawinenwarnungen werden über Zeitungen, Rundfunk und Fernsehen verbreitet.

M 7 Der Lawinenwarndienst informiert über die Schneeverhältnisse und Lawinengefahr.

A 1 Beschreibe den Abgang einer Lawine. Beachte die Zeit (M 1 – M 6).

A 2 Nenne die möglichen Folgen von Schneelawinen (M 1 – M 6 und M 8).

A 3 Erläutere, wie man sich vor Lawinen schützen kann (M 8 und M 9).

A 4 Berichte über die Rolle des Waldes im Gebirge (M 8).

M 8 Der Bannwald und (darüber) Schneeverbauungen schützen das Dorf und die Verkehrswege.

M 9 Maßnahmen zum Schutz vor Lawinen sind dort notwendig, wo der gesunde Wald fehlt.

Naturkräfte bedrohen den Menschen

Flüsse treten über ihre Ufer

M 1 Köln vor und während einer Überschwemmung

M 2 Die Jahrhundertflut wird zur Katastrophe
Aus einem Zeitungsbericht

▶ Dresden. Am Samstag, 17. August 2002, erreichte der Pegel der Elbe um 7 Uhr morgens mit 9,44 Metern seinen Höchststand – fast 70 Zentimeter höher als die im Jahre 1845 in Dresden gemessene Rekordmarke. Seitdem fällt der Wasserstand, wenn auch nur langsam.

Die Dresdener standen fassungslos und machtlos vor dieser Naturgewalt. Noch in der vergangenen Woche hatten Tausende versucht, Sandsäcke zu stapeln, die Deiche zu verstärken und zu erhöhen und damit die Stadt vor der Wasserflut zu retten. Diese Mühe war vergebens. An mehreren Stelle brachen die Deiche und die braune Brühe ergoss sich in die Stadt, drang in die Keller ein, überschwemmte vielerorts Wohnungen und Geschäfte im Erdgeschoss und überflutete manche Häuser am Elbufer bis zum zweiten Stockwerk.

Viele Dresdener mussten von Polizei, Feuerwehr und Technischem Hilfswerk in Sicherheit gebracht werden. Menschen starben in den Fluten.

Vor ein paar Tagen wurden die Brücken für den Verkehr gesperrt. Sie durften nicht zusätzlich belastet werden. Aber dann drohten sie trotzdem zerschmettert zu werden. In Tschechien hatten sich nämlich fünf große Frachtschiffe von ihren Ankern gerissen und trieben führerlos auf die Brücken zu. Einem Sonderkommando der Polizei gelang es aber glücklicherweise, die Schiffe kurz vor ihrem Aufprall auf die Brücken zu sprengen.

Noch schrecklicher als in Dresden wüteten die ungebändigten Wassermassen der Bäche und Flüsse im Erzgebirge. Von einigen Orten blieb kaum ein Haus unbeschädigt.

Die Flutwelle der Elbe richtete auch in den flussabwärts gelegenen Bundesländern erheblichen Schaden an.

M 3 Im August 2002 überflutete Gebiete

A 1 Erläutere die Ursachen des Jahrhunderthochwassers vom August 2002 (M 3).

M 4 Soldaten verstärken Deiche

A 2 Nenne Folgen von Überschwemmungen (M 1, M 4 – M 6).

A 3 Durch welche Maßnahmen können in Zukunft die Folgen von Hochwassern gemildert werden?

Kurz und klar

▸ Wenn in kurzer Zeit sehr viele Niederschläge fallen oder sehr viel Schnee schmilzt, können die Flüsse das Wasser nicht mehr abführen. Sie treten über ihre Ufer und überschwemmen das Land. Durch Deiche kann man tief gelegenes Land und Siedlungen schützen.

Eine Expertin aus dem Umweltministerium in München ▸ „Zur gleichen Zeit, als die Jahrhundertflut Sachsen heimsuchte, führten auch die Donau und ihre Nebenflüsse in Südostbayern Hochwasser und es kam insbesondere in Passau zu Überschwemmungen.

Am 12. und 13. August 2002 fielen in dem Gebiet zwischen Erzgebirge und Bayerischem Wald bis zu 40 Zentimeter Regen, das sind 400 Liter pro Quadratmeter! So viel Wasser können Pflanzen und Böden in so kurzer Zeit nicht aufnehmen. Deshalb schwollen die Bäche und Flüsse an, traten über ihre Ufer und richteten Schäden in Milliardenhöhe an.

Damit sich derartige Katastrophen nicht mehr ereignen können, genügt es nicht, die Dämme zu erhöhen und das Wasser schneller an die flussabwärts gelegenen Gemeinden weiterzuleiten. Wir müssen die Sünden der Vergangenheit beseitigen.
▸ Wir haben zu viele Sümpfe und Auenlandschaften trocken gelegt und so den Flüssen ihre natürlichen Überschwemmungsgebiete und ihre „Schwämme" genommen.
▸ Wir haben Bäche und Flüsse begradigt. Dadurch wird das Wasser viel schneller abgeleitet.
▸ Wir haben zu viele Flächen abgedichtet. Der Regen prasselt auf die asphaltierten Straßen und Parkplätze und versickert nicht langsam, sondern wird sofort abgeführt.
▸ Wir haben Flussdeiche zu nahe an die Flüsse gebaut und ihnen dadurch viel Platz genommen."

M 5 Die zerstörte Einrichtung eines Lokals wird entsorgt

M 6 Überschwemmung in Passau

Naturkräfte bedrohen den Menschen

M 1 Lawinen-Warnschild

M 2 Hagelschäden

A 1 Nenne Möglichkeiten, sich vor Naturkatastrophen zu schützen (M 1–M 4).

A 2 Erkundige dich, an welche Stelle in der Gemeinde du dich im Falle einer Naturkatastrophe wenden kannst.

A 3 Berichte darüber, wie deine Eltern gegen die Folgen von Naturkatastrophen versichert sind.

Der Mensch setzt sich mit den Naturgewalten auseinander

Die Bedrohung ▶ Wer im Hochgebirge lebt oder wer dort im Winter seinen Urlaub verbringt, muss sich mit der Lawinengefahr auseinander setzen. Wer an der Küste lebt, ist sich der Gefahr von Sturmfluten bewusst. Wer zu Füßen eines aktiven Vulkans lebt, muss mit dessen Ausbruch rechnen. Und wer in einem durch Erdbeben gefährdeten Gebiet zu Hause ist, weiß um die Unsicherheiten in seinem Lebensraum.
Welche Möglichkeiten gibt es, sich vor den Naturkatastrophen und ihren Folgen zu schützen?

Kann man Naturkatastrophen vorhersagen? ▶ Bei Erdbeben kennt man den Ort, an dem sie sich ereignen werden, nicht aber den Zeitpunkt einer Erschütterung. Vulkane verraten sich vor einem besonders starken Ausbruch durch vermehrte Aktivitäten. Auch Überschwemmungen treffen den Menschen nicht unvorbereitet, weil man das Gebiet besonders ergiebiger Niederschläge kennt und weiß, wohin die Flüsse das Wasser transportieren werden. Sogar die Lawinengefahr lässt sich abschätzen. Trotzdem hält die Natur manchmal Überraschungen bereit, die man vorher nicht ahnen konnte.

Frühwarnsysteme helfen beim Schutz vor Wirbelstürmen
▶ Wettersatelliten beobachten ständig die Entwicklung von Wirbelstürmen. Deshalb können die Wetterdienste frühzeitig über den Standort und die Bewegungsrichtung von Stürmen berichten. Bei Gefahr werden die Menschen und – soweit möglich – die Tiere in Sicherheit gebracht, Fenster und Türen zugenagelt, Schiffe vertäut, Züge und Omnibusse gestoppt. Trotzdem kann ein Sturm, der zum Beispiel in einen Wald einbricht, verheerende Schäden anrichten.

Man kann sich informieren und richtig verhalten
Wann besteht zum Beispiel die Gefahr von Lawinenabgängen?
▶ Bei über 50 Zentimetern Neuschnee herrscht höchste Gefahr.
▶ Je steiler ein Hang ist und je weniger er mit Bäumen bestanden ist, umso leichter rutschen Schneemassen zu Tal.
▶ Wenn heftiger Wind lockeren Schnee verfrachtet, entstehen die gefährlichen Schneebretter und Wächten.
▶ Starke Sonneneinstrahlung erwärmt den Schnee. Besonnte Hänge sind besonders lawinengefährdet.
▶ Beim Queren von Hängen muss man bei Skitouren einen besonders großen Abstand halten, eine Lawinenschnur oder einen elektronischen „Piepser" einsetzen.

Kann man sich gegen Naturgefahren versichern? ▶ Es gibt eine Reihe von Versicherungen gegen Erdbebenschäden, die Folgen von Vulkanausbrüchen und bei uns vor allem gegen Sturm- und Hagelschäden. Die Versicherungen verlangen aber, dass Maßnahmen zur Schadensverhütung getroffen werden. Sie beraten auch die Versicherungsnehmer.

Zur Vermeidung von Hagelschäden wird empfohlen: Hagelschutznetze über wertvollen landwirtschaftlichen Kulturen, hagelsichere Gläser in Gärtnereien, hagelsichere Dächer aus Betondachpfannen, stabile Jalousien.

Den Betroffenen wird geholfen. Eine Reihe von internationalen Organisationen versucht die Not von Katastrophenopfern zu lindern.
- Das Internationale Rote Kreuz (IRK; www.icrc.org) setzt sich weltweit ein. Ihm gehören 169 Staaten als Mitglieder an.
- Das Internationale Kinderhilfswerk der Vereinten Nationen (UNICEF; www.unicef.de) versorgt Kinder und Mütter mit Nahrungsmitteln, Kleidung und Medikamenten.
- Das Technische Hilfswerk (THW; www.thw.de) in Deutschland leistet mit seinen 80 000 ehrenamtlichen Helfern bei Katastrophen und größeren Unglücksfällen Hilfe.
- Allein in Deutschland sammeln rund 2000 Organisationen Spendengelder für die Opfer von Naturkatastrophen.

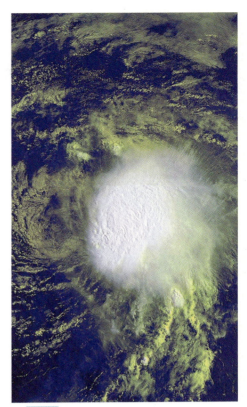

M 3 Satellitenaufnahme eines Wirbelsturms

A 4 Gestaltet Schautafeln zu Schutzmaßnahmen bei verschiedenen Naturkatastrophen. Erläutert die Darstellungen auf euren Schautafeln vor der Klasse.

M 4 Ein Sperrwerk an der Nordsee bei Rotterdam. Für die Schiffe muss die 306 Meter breite Wasserstraße zur Nordsee offen bleiben. Nur wenn Sturmflut droht, werden die beiden bogenförmigen Schutzwände ausgefahren und ihre Hohlräume mit Wasser geflutet. Dadurch sinken sie auf den Grund und halten die Sturmflut zurück. Eine Million Menschen im Hinterland schützt dieses Bauwerk. Jeder Arm ist 300 Meter lang, wiegt 680 Tonnen und hat ein Kugelgelenk mit einem Durchmesser von zehn Metern. Viermal in den letzten zehn Jahren wurden diese Schutzwände ausgefahren.

Naturkräfte bedrohen den Menschen

Wir gestalten eine aktuelle Karte der Naturkatastrophen

Diese Materialien braucht ihr:
- eine Pinnwand oder Korktafel oder Stellwand,
- eine vorgefertigte oder selbst gezeichnete Weltkarte mit den Umrissen der Kontinente,
- farbige Fäden (Wollfäden) oder Schnüre,
- farbige Reißnägel oder farbige Fähnchen.

Ihr könnt gemeinsam eine Karte erstellen, auf der ihr die aktuellen Naturereignisse eintragt. Dabei geht ihr so vor:
- Besorgt euch eine Weltkarte oder zeichnet selbst eine Weltkarte mit den Umrissen der Kontinente.
- Diese Weltkarte befestigt ihr an der Pinnwand, der Korktafel oder der Stellwand.
- Schneidet aus der Zeitung die fett gedruckte Überschrift zu dem Artikel aus, in dem über eine Naturkatastrophe berichtet wird.
- Befestigt den Abschnitt mit der Überschrift neben der Weltkarte an der Pinnwand.
- In die Weltkarte steckt ihr an der Stelle einen farbigen Reißnagel, an der das gemeldete Ereignis stattgefunden hat.
- Verbindet mit einem farbigen Faden den Reißnagel und die zugehörige Zeitungsüberschrift.

Achtung! Verwendet farbige Reißnägel und Fäden. Dadurch könnt ihr zwischen verschiedenartigen Ereignisse leichter unterscheiden: Zum Beispiel Überschwemmungen blau, Vulkanausbrüche rot, Erdbeben gelb u. a.

Wenn ihr eine deutsche Zeitung durchblättert, stellt ihr fest, dass die meisten Nachrichten aus Deutschland stammen. Auf unserer Weltkarte ist aber Deutschland sehr klein dargestellt. Deshalb ist es günstig, wenn ihr für die Ereignisse in Deutschland eine eigene aktuelle Karte anlegt.

Wer ist dran?
- Ihr könnt die Aufgaben so verteilen, dass während des Schuljahres abwechselnd jede Woche zwei andere Schüler die Zeitungen oder Zeitschriften sichten, die Artikel ausschneiden und die Überschriften anheften.

So könnt ihr eure eigene Weltkarte zeichnen:
- Besorgt euch einen großen Zeichenkarton.
- Befestigt ihn an der Tafel.
- Legt eine Folie mit den Umrissen der Kontinente auf einen Tageslichtprojektor und projiziert die Umrisse auf den Zeichenkarton.
- Zeichnet die Umrisse der Kontinente.

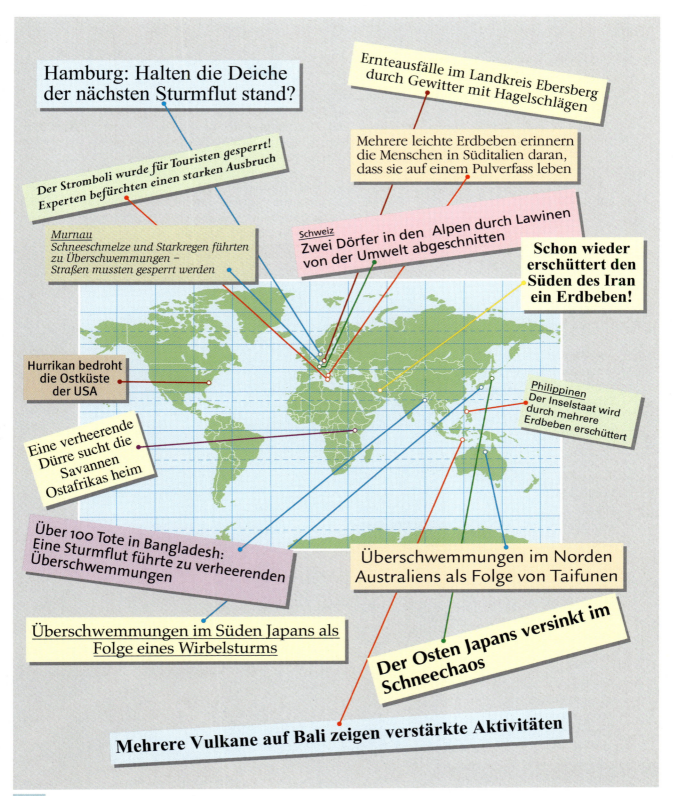

M 1 Beispiel für eine aktuelle Weltkarte der Naturkatastrophen

Naturkräfte bedrohen den Menschen

1 Wie heißt der Vulkan in Indonesien, der 1883 in einer gewaltigen Explosion ausbrach?
  T Vesuv
  O Ätna
  H Krakatau

2 Wie nennt man die einzelnen Teile, in die die Erdkruste zerbrochen ist?
  E Erdplatten
  R Krustenstücke
  N Erdteile

3 Wie lautet der Fachausdruck für die Erschütterungen der Erdkruste?
  A Ausbruch
  I Erdbeben
  D Schwächezone

4 Wie bezeichnet man die Meereswellen, die durch ein Seebeben verursacht werden?
  O Seismik
  S Taifun
  M Tsunami

5 Wie nennt man die tropischen Wirbelstürme im Südosten Nordamerikas?
  D Passat
  A Hurrikan
  U Orkan

6 Wie lautet der Fachausdruck für abwärts gleitende Schneemassen?
  E Schneeverfrachtung
  R Pulverschnee
  E Lawine

7 Wie nennt man den unter Schutz gestellten Wald?
  R Bergwald
  Y Bannwald
  E Urwald

Was weißt du über Naturkatastrophen?

Vor jeder Antwort des Quiz steht ein Buchstabe.
Wenn du die Buchstaben vor den richtigen Antworten in der Reihenfolge **1** bis **7** zusammensetzt, nennen sie die Insel vor Island, auf der am 23. Januar 1973 die Erde aufriss. Das Bild zeigt den Versuch der Bewohner, die Lavaströme zum Stehen zu bringen.
Die Buchstaben **8** bis **13** ergeben den Fachausdruck für die schwarze Asche, die der Vulkan ausgeworfen hat.
Wenn du zum Schluss die verbleibenden 26 Buchstaben von **1** bis **13** aneinander reihst, nennen sie drei weitere Naturkatastrophen, die im Schulbuch nicht behandelt sind. (Ü = UE)

8 Durch welche Baumaßnahmen versucht man an Flüssen, Überschwemmungen zu verhindern?
T Deiche
N Gräben
S Brücken

9 Welche Maßnahme trägt dazu bei, dass Regenwasser schneller in die Flüsse gelangt?
E Trockenlegung von Sümpfen
T Bau von Kläranlagen
U Anlage von Stauseen

10 Welches Frühwarnsystem hilft bei Schutz vor Wirbelstürmen?
R Radio
P Wettersatellit
M Fernsehen

11 Wodurch sollen Schneelawinen zurückgehalten werden?
F Gartenzaun
H Lawinenrechen
L Tunnel

12 In welchem der genannten Länder bebt die Erde besonders häufig?
U Polen
R Italien
T Norwegen

13 In welchem Gebiet der Erde heißen die tropischen Wirbelstürme Taifune?
A Ostasien
E Südafrika
N Australien

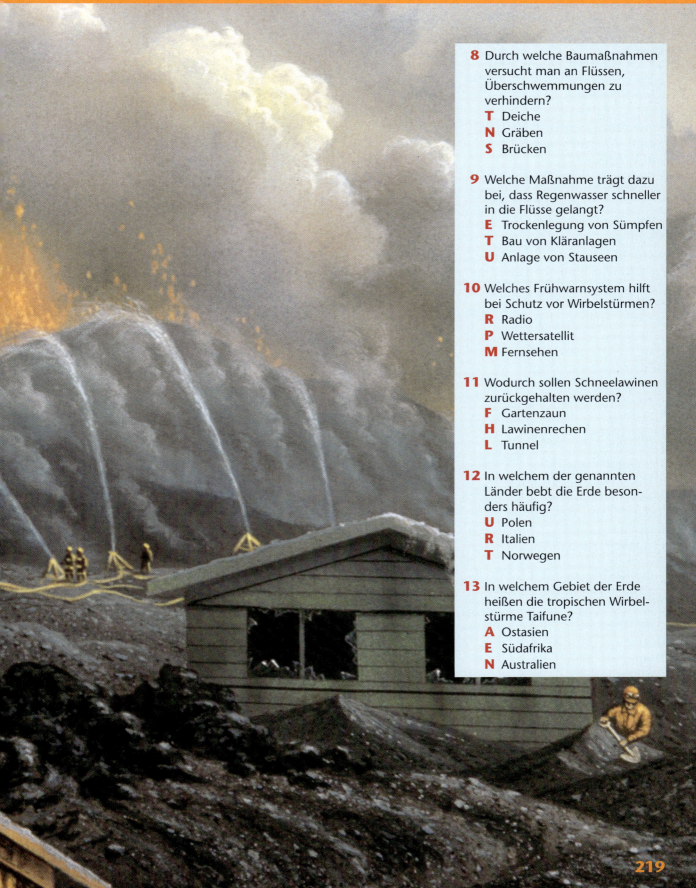

Stichwortverzeichnis

Ablass 90–91
Absolutismus 113–115
Agrargenossenschaft 196–197
Amerika (Entdeckung) 11
Amtsgericht 176
Augsburger Religionsfrieden 96
Azteken 12

Barockzeit 126–129
Bauernkrieg 94
Baugebiete 74
Bayern (Königreich) 152–155
Bebauungsplan 74/75
Berlin 193–195
Bundesrepublik Deutschland 182/183
Bürgerentscheid 80/81
Bürgerversammlung 80/81

Cashcrop 27

Deutschland 178–201
Dienstleistungen 193
Dreißigjähriger Krieg 100–103

Ehrenamt 83
Entwicklung 199
Erdplatten 206/207
Erdbeben 206–207
Flugblatt 104/105
Französische Revolution 135–147

Gemeinde 56
Gemeindeordnung 64
Gemeinderat 72/73, 78/79
Golfstrom 47
Großlandschaften 180

Haushalt / Haushaltsplan 67
Herrschaft 112/113
Hochwasser 50–51, 212–213
Hugenotten 98
Hurrikan 208/209

Indianer 14/15
Industrieland / Industriestaat 184, 198/199
Inkas 6–9

Jugendgericht 168
Jugendschutzgesetz 165

Karl V. (Kaiser des deutschen Reiches) 93
Karten 22/23
Kartoffel 28
Kirche 90/91
Klima 32–37, 52–53
Klimadiagramm 25, 33–35
Klimagürtel 36/37
Klimaschutz 48–49
Klimaveränderung 40–41
Kohlenpott 186
Kolumbus Christoph (Entdecker Amerikas) 10–11
Konfessionalisierung 96–98

Landkreis 70
Landwirtschaft 196/197
Lawine 210–211
Ludwig XIV. („Sonnenkönig") 112–117
Luther Martin (Reformator) 91–93, 109

Machu Pichu 7
Mais 29
Maßstab 23
Max Emanuel (bayerischer „Sonnenkönig") 118
Meeresströmung 32
Menschenrechte 138, 144–147

Napoleon Bonaparte (französischer Kaiser) 148–151
Naturkatastrophen 202–219
Niederschlagsdiagramm 33
Nordirland-Konflikt 108

Ozon 44/45
Ozonloch 44/45
Ozonsmog 44/45

Peru 7, 24–27
Pflanzengürtel 36/37
Prager Fenstersturz 99

Rechtsordnung 171
Reformation 94/95
Ruhrgebiet 178–179, 186–191

Satellitenbildkarte 181
Schaubild 125
Schleißheim (Schlösser) 119
Schokolade 28
Signatur 23
Ständegesellschaft 120–125
Standortfaktor 184
Steinkohle 186
Steinkohlezechen 189
Steuer 66
Strafgesetzbuch 171
Strukturwandel 186–191
Sturm 208–209

Tabak 29
Taifun 208/209
Temperaturdiagramm 33
Tomate 29
Treibhauseffekt 42–43
Tsunami 203, 206
Tundra 39

Überschwemmung 212/213

Versailles (Schloss bei Paris) 115
Vulkanismus 204–205

Wahlen 76 ff
Wahlrecht 77
Weltmeere 46–47
Weltwirtschaft 192
Westfälischer Frieden 106
Wetter 32

Zechenstandorte 188

Textquellenverzeichnis

S. 7, M 4: Gottfried Guggenbühl (Hrsg. und Übers.) / Hans Huber (Hrsg.): Quellen zur allgemeinen Geschichte, Bd. 3, Zürich (Schulthess) 1956, Seite 24 – S. 8/9, M 1, 2, 3, 4, 5 und 6: Hans Baumann: Gold und Götter von Peru, Gütersloh 1967 (Buchgemeinschaftsausgabe), Lizenzausgabe des Sigbert Mohn Verlages – S. 11, M 3: Christoph Columbus: Das Bordbuch 1492, Leben und Fahrten des Entdeckers der Neuen Welt in Dokumenten und Aufzeichnungen, hrsg. und bearb. von Robert Grün, Tübingen und Basel (Horst Erdmann Verlag für Internationalen Kulturaustausch) 1974, Seite 82 ff. – S. 14, M 1: Fritz Dickmann: Renaissance, Glaubenskämpfe, Absolutismus = Geschichte in Quellen, Band III, hrsg. von Wolfgang Lautemann und Manfred Schlenke, München (Bayerischer Schulbuch Verlag) 1966, Seite 73 – S. 16, M 1: Die Neue Welt, Chroniken Lateinamerikas von Kolumbus bis zu den Unabhängigkeitskriegen, hrsg. von Emir Rodriguez Monegal, Frankfurt am Main (Suhrkamp) 1982 – S. 17, M 3: Wolfgang Hug (Hrsg.) Geschichtliche Weltkunde; Quellenlesebuch Bd. 2. Vom Zeitalter der Entdeckungen bi zum Ende des 19. Jahrhunderts, Frankfurt am Main (Verlag Moritz Diesterweg) 1980, Seite 40 – S. 79, M 3: Mühldorfer Anzeiger, 16.11.2004 – S. 80, M 1: Informationsblatt der Stadt Passau (Auszug) Stadt Passau (Hrsg.), Stadtblick Ausgabe 3/2004 – S. 80, Aufruf: Stadt Passau (Hrsg.), Stadtblick Ausgabe 3/2004 – S. 81, M 3: Süddeutsche Zeitung, 19.07.2004 – S. 91, M 3: Martin Luthers Werke, Briefwechsel Band 1, Weimarer Ausgabe 1930, Seite 111 – S. 91, M 3: Paul Böger (Hrsg.) Quellen zur Geschichte der Reformation, Heidelberg 1953, Seite 4 f. – S. 102, M 1: aus der Geschichte der Stadt Kempten im Allgäu, erschienen 1984, Norbert Herrmann: Kempten und das Oberallgäu 1984 (Verlag f. Heimatpflege Kempten), Seite 164 ff. – S. 106, M 1: Auszug aus dem Westfälischen Frieden (1648), Klaus Bußmann und Heinz Schilling: 1648. Krieg und Frieden in Europa, Münster (Westfälisches Landesmuseum für Kunst und Kulturgeschichte) 1998, Seite 486 – S. 112, M 1: aus den Erinnerungen des Herzogs von Saint Simon, Wolfgang Kleinknecht und Herbert Krieger: Materialien für den Geschichtsunterricht, Band IV, Frankfurt am Main 1978 (Verlag Moritz Diesterweg) – S. 113, M 4: aus den Erinnerungen des Herzogs von Saint Simon, Geschichte in Quellen, Bd. III Renaissance, Glaubenskämpfe, Absolutismus, bearb. von Fritz Dickmann, hrsg. von Wolfgang Lautemann und Manfred Schlenke München (Bayerischer Schulbuch Verlag) 1966, Seite 432 – S. 114, M 1: Jean Bodin: Über den Staat. Auswahl. Übersetzung und Nachwort von Gottfried Niedhart, Stuttgart (= Reclam TB 981) 1987, Seite 19 ff. – S. 122, M 1: Statistische Aufschlüsse über das Herzogthum Baiern aus ächten Quellen geschöpft von Joseph Hazzi, 2. Band, Erste Abteilung, Nürnberg 1802, Seite 172–174 – S. 124, M 1: Statistische Aufschlüsse über das Herzogthum Baiern aus ächten Quellen geschöpft von Joseph Hazzi, 2. Band, Erste Abteilung, Nürnberg 1802, Seite 21 und 30 f. – S. 134, M 1: Geschichte mit Pfiff 3/1980, Seite 14 ff. – S. 137, M 4: Franz Metzger, in: Geschichte mit Pfiff 3/1980, Seite 14 ff. – S. 146, M 2: Olympe de Gouges im Begleitschreiben zur Erklärung der Rechte der Frau und Bürgerin (1791), Gerhard Seidel: Sind Menschenrechte Frauenrechte? Frauenforderung in der Französischen Revolution: In: Geschichte Lernen, Heft 6 / November 1988, Seite 36 – S. 147, M 5: Politik und Zeitgeschehen B 48/1977, Seite 50 f. – S. 147, M 6: Erklärung der Rechte der Frau und Bürgerin 1791 (Auszug), Chris E. Paschold und Albert Gier (Hrsg.): Die Französische Revolution, Stuttgart (Reclam UB 8535) 1989, Seite 96 ff. (gekürzt und bearbeitet) – S. 157, M 2: AZ Nr. 133 v. 12.06.1996 – S. 157, M 4: AZ Nr. 192 vom 20. August 2004 – S. 166, M 1: AZ v. 9.11.1996 – S. 166, M 3: AZ v. 9.11.1996 – S. 204, M 1: Augenzeugenbericht nach Mitteilungen der Geographischen Gesellschaft zu Wien 27, 1884, S. 266–272

Bildquellenverzeichnis

agrar-press: S. 197.3;
akg-images, Berlin: S. 21.3, 90, 91, 93, 94, 97.2, 116, 117 (Erich Lessing), 129 (Erich Lessing), 144, 145, 146.3, 147, 151.3;
Anthony-Verlag, Starnberg: S. 173.6;
AP, Frankfurt/M.: S. 157.3 (Delay), 203.1 (APTN/Television), 203.2 (CP/Deddeda Stemler, Stringer);
Archiv Gerstenberg: S. 148/149;
Artothek, Peissenberg: S. 151.2;
Avenue Images/Index Stock: S. 27.2 (Inga Spence);
Bayerische Staatsbibliothek, München: S. 21.4;
Bayerische Zugspitzbahn, Garmisch-Patenkirchen: S. 210;
www.panorama-berlin.de: S. 194/195;
Bibliothèque Nationale de France, Paris: S. 22;
Bildarchiv Preußischer Kulturbesitz, Berlin: S. 4/5, 19, 20.2, 123.5, 142.2;
Bilderberg, Archiv der Fotografen, Hamburg: S. 36.3 (Kunz);
Bridgeman Art Library, London: S. 113 (Giraudon), 114, 134, 136.1, 137.4, 140;
Brucker, Dr., Ambros: S. 7.2, 24.2, 26.3, 27.1+3, 41;
Bulloz, Paris: S. 135;
Bundesanstalt THW, Bonn: S. 202.2 (Bachtler);
Bundesdruckerei GmbH, Berlin: S. 64.2;
Horst Haitzinger/CCC, www.c5.net: S. 45.3, 53.2, 137.5;
LUFF/CCC, www.c5.net: S. 53.1;
Felix Mussil/CCC, www.c5.net: S. 77;
Jan Tomaschof/CCC, www.c5.net: S. 67;
Charmet, J. L., Paris: S. 9.4/5;
Cinetext: S. 109;
Das Fotoarchiv: S. 164 (Goertz/missio), 172 (Jochen Tack), 198 (Manfred Vollmer);
ddp, Berlin: S. 203 (Uwe Meinhold), 213.4 (Joerg Koch), 213.5 (Maurizio Gambarini);
Deutscher Alpenverein, München: S. 211.7;
Deutsche Luftbild, Hamburg: S. 180, 187;
Deutsches Museum, München: S. 20.1;
Diemand, Martina: S. 126.2;
dpa: S. 158.5 (Weissbrod), 159.2 (Ebeling), 169 (Fotoreport), 173 (Fotoreport), 178/179 (Bildarchiv), 197.4 (Bildarchiv), 202.1 (Yamanaka), 206 (Bildarchiv), 209 (Bildarchiv), 213.3 (Fotoreport), 214.2 (Fotoreport), 215.3 (Bildarchiv);
EFEU: S. 51.2;
Filser, Dr., Karl, Augsburg: S. 6, 103, 107, 119.2-4, 127.4, 128, 130;
Fink, E., München: S. 158.4;
Focus Bildagentur, Hamburg: S. 218/219 (David/Hardy, Science Photo Library);
Foto-Braun, Ottobeuren: S. 126.1;
foto-present: S. 173.5 (Herzog);
Friedrich, F., München: S. 158.2;
Gallimard, Paris: S. 12;
Gemeinde Oberammergau: S. 127.3 (Th. Klinger);
Germanisches Nationalmuseum, Nürnberg: S. 92, 125;

Gerster, Dr., G., Zumikon-Zürich: S. 36.2;
Gesellschaft für ökologische Forschung: S. 40.1.1 (Daniela Grosse);
Sammlung Gesellschaft für ökologische Forschung: S. 40.1.2;
Glasauer, W., Berlin: S. 122.2, 146.1;
Globus Infografik GmbH: S. 43, 192;
Hansmann Bildarchiv, München: S. 111, 131, 155;
2004 Roland Schraut/www.hmps.de: S. 103.1;
Haus der Bayerischen Geschichte, Augsburg: S. 123.4 (G. u. E. von Voithenberg);
Heimatverein Immenstadt: S. 124;
HOA-Qui/Altitude, Paris: S. 115 (Arthus Bertrand);
Holston, D.: S. 208;
Interfoto, München: S. 105 (Karger-Decker);
Jürgens Ost- und Europa Photo, Berlin: S. 38, 39;
Kestner-Museum, Hannover: S. 112;
Keystone Pressedienst, Hamburg: S. 142.1;
Königliche Bibliothek, Kopenhagen: S. 8.1, 9.6;
laif, Köln: S. 212;
www.luftbild-bertram.de: S. 119.1;
Mack, Dr., A., Buchdorf: S. 86/87;
Mairs Geographischer Verlag, Ostfildern: S. 181;
Mauritius, Mittenwald: S. 26.2 (age), 37.7 (Thonig), 196.2, 199 (age), 207 (Raga), 214.1 (Ascher);
MEV-Verlag, Augsburg: S. 30/31;
Ministerie van Verkehr en Waterstaat: S. 215;
Monheim Bildarchiv: S. 96 (Achim Bednorz), 153.5 (Florian Monheim);
Mors, Bernadette, Burgberg: S. 51.4;
Mühldorfer Anzeiger: S. 73;
Musée Carnavalet, Paris: S. 138;
Musée du Dolder, Riquewihr (Elsass): S. 143;
Musée de la Ville, Paris: S. 132/133, 136.2;
Museo del Prado, Madrid: S. 10;
Museum für Völkerkunde, Berlin: S. 7.3;
Natura 2000: S. 205.4 (Edmaier);
Oechslin, K., Forstamt Uri: S. 211.8;
Okapia: S. 44 (D. H. Thompson);
OTTO Werner: S. 153.3;
Partner für Berlin/FTB-Werbefotografie: S. 193;
Photopool: S. 82 (Roland Hottas);
Picture Press: S. 28 (Schnell), 159.1 (Zeitenspiegel/Life);
Preuß, Gunar, Halle: S. 97.3;
Regionalverband Ruhr, Essen: S. 191;
Rijksmuseum, Amsterdam: S. 88/89;
Rosenquist, H.: S. 202.3-5;
Ruhrlandmuseum, Essen: S. 187.3;
Rumler, J., München: S. 158.3;
Schmid, Uwe – Fotografie: S. 63.6;
Schreyer-Löbl Foto, Bad Tölz-Ellbach: S. 122.3;
Silvestris-Fotoservice, Kastl: S. 54/55 (Postl);
Simon, S., Essen: S. 158.1;
Staatsbibliothek, Bamberg: S. 95;

Staatsarchiv Nürnberg: S. 107.3 (Bildsammlung 38.2);
Stadt Ichenhausen: S. 120/121;
Stadtarchiv Mühldorf a. Inn: S. 56-57, 58, 59.3, 61, 176;
Stadtarchiv Oberhausen: S. 179.1+2;
Stadtmuseum, München: S. 154;
Stadtmuseum, Nördlingen: S. 153.4;
Stadtverwaltung Passau: S. 80;
Stadtwerke Mühldorf GmbH: 62.3, 63.5;
Süddeutscher Bilderdienst, München: S. 99, 100, 173.3;
U. S. Geological Survey: S. 205.3;
Wanka, Dr., Reinhard: S. 59.5, 62.2+4, 64.1, 66, 68.1+2, 70, 74, 79, 83;
Wasserwirtschaftsamt Kempten, 87439 Kempten im Allgäu: S. 50; 51.2;
Wildlife: S. 45.2;
Seite 8 M2/M3 aus: Baumann, Hans: Gold und Götter von Peru. S. 72, 74. Gütersloh 1963.

Seite 15/16/17 aus: America de Bry. 1590-1634. Amerika oder die Neue Welt. Die „Entdeckung" eines Kontinents in 346 Kupferstichen. Bearbeitet und herausgegeben von Gereon Sievernich. S. 188, 213, 221,236. Berlin und New York 1990.
Seite 110 aus: Lenning, Gertrud: Kleine Kostümkunde. S. 95. Berlin 1949.
Umschlagfotos: Bibliothèque Nationale de France, Paris; Donna Disario/CORBIS;

Trotz entsprechender Bemühungen ist es nicht in allen Fällen gelungen, den Rechteinhaber ausfindig zu machen. Gegen Nachweis der Rechte zahlt der Verlag für die Abdruckerlaubnis die gesetzlich geschuldete Vergütung.

Das Papier ist aus chlorfrei gebleichtem Zellstoff hergestellt, ist säurefrei und recyclingfähig.

© 2005 Oldenbourg Schulbuchverlag GmbH, München, Düsseldorf, Stuttgart
www.oldenbourg-bsv.de

Das Werk und seine Teile sind urheberrechtlich geschützt. Jede Nutzung in anderen als den gesetzlich zugelassenen Fällen bedarf der vorherigen schriftlichen Einwilligung des Verlages. Hinweis zu § 52 a UrhG: Weder das Werk noch seine Teile dürfen ohne eine solche Einwilligung eingescannt und in ein Netzwerk eingestellt werden. Dies gilt auch für Intranets von Schulen und sonstigen Bildungseinrichtungen.

Der Verlag übernimmt für die Inhalte, die Sicherheit und die Gebührenfreiheit der in diesem Werk (diesem Heft; diesem Band) genannten externen Links keine Verantwortung. Der Verlag schließt seine Haftung für Schäden aller Art aus. Ebenso kann der Verlag keine Gewähr für Veränderungen eines Internetlinks übernehmen.

1. Auflage 2005 R E

Druck 09 08 07 06 05
Die letzte Zahl bezeichnet das Jahr des Drucks.
Alle Drucke dieser Auflage sind untereinander unverändert und im Unterricht nebeneinander verwendbar.

Umschlagkonzept: Mendell & Oberer, München
Umschlag: Lutz Siebert-Wendt
Lektorat: Uschi Pein-Schmidt, Sickte; Margarethe Bartoli (Assistenz)
Herstellung und Layout: Doris Haßiepen
Illustration: Jörg Mair, Herrsching; Klaus M. Puth, Mühlheim; Lob&Partner, Kleindingharting; Detlef Seidensticker, München
Kartographie: Achim Norweg, München
Satz und Reproduktion: Oldenbourg:digital GmbH, Kirchheim
Druck: J. P. Himmer & Co. KG, Augsburg

ISBN 3-486-83617-X